숲너머 문학의 향연

김현순 문학평론집

숲너머 문학의 향연

초판인쇄 2025년 2월 20일
초판발행 2025년 2월 20일

지은이 김현순
펴낸이 김경근
편집디자인 김하은

펴낸 곳 도서출판 묵향인
주소 서울특별시 금천구 범안로12길 33, 102동 303 (독산동, 지오빌)
전화 010-5547-5215
전자우편 jinxs68@126.com
등록 제 2025-000004 호

값; 20,000원
ISBN 979-11-991157-1-2
ⓒ 김현순. 2025

이 책은 저자와의 협의에 의하여 인지는 생략하며 판권은 저자와 도서출판 묵향인에 있습니다.
양측의 서면동의 없이 무단 전재나 복사, 복제를 금합니다.
책에 대한 더 나은 생각, 고민, 독자를 생각하는 마음으로 보다 좋은 책을 만들어가며
잘못 된 책은 바꾸어드립니다.

조선족문학 진맥

숲너머 문학의 향연

김현순 문학평론집
제1부 성인시문학평론
제2부 아동문학평론

도서출판 묵향인

■ 책머리에

　문학창작 40년이 흘렀다. 그동안 성인문학과 아동문학을 나름대로 섭렵하면서 문학본연의 이론을 토대로 조선족 문학의 한 명맥을 두루 조명해왔다.
　성인문학에서는 시문학, 시문학에서도 초현실주의 경향의 신형류파인 복합상징시에 치중해 왔으며 아동문학에서는 현존하고 있는 이런저런 병폐들을 꼬집으며 혼란스런 창작경향을 바로 잡고저 애써왔다.
　작품평에 있어서는 어디까지나 일가견임을 밝혀두면서 세월의 검증을 거치고저 작심하였다.
　조선족문학의 한 측면에 대한 조명이 될 수 있었으면 하는 바램으로 이 책자를 묶어보았다.
　독자와 학계의 기탄없는 지적이 계시기를 바랄 뿐이다.

　　　　ー김현순

차례

■ 책머리에/ 5

제1부 성인시문학평론

복합상징시의 가능성과 존재이유/8
복합상징시의 갈래/17
이미지와 詩의 언어/31
우리 삶에 시가 다가서는 이유/62
현실초탈이 불러오는 가상세계의 충격/95
이념의 상징, 환각의 능동적 가시화/99
달관의 경지, 초탈의 미학/107
환각의 하늘, 별빛의 향연/114
침묵 움켜쥔 숙녀의 언덕/120
생각의 저널에 흐르는 불빛/128
장면의 흐름, 베일 가린 허상/136
환각의 혼설기에 반짝이는 씨앗의 꿈/144
일상 속에 감춰진 환각의 따스함/152
환각의 여백, 마음의 여유/161
어둠 더듬는 사나이의 색깔/167
안개의 대안에 미소 짓는 메아리/175
성숙의 뒷안길에 미소 짓는 이유/182
이방인의 역에 별이 흐른다/190

상징의 복합구성은 화자의 정서에 뿌리 내린다/197
움직이는 그림, 부채살이 춤춘다/204
인간심성의 은닉과 영혼의 경지/211
눈뜬 퍼즐들의 변신술/219

제2부 아동문학평론

동심의 푸른 하늘을 닦아가는 시인/228
중국 조선족아동문학 개황/235
아동문학의 독자대상과 장르 및 스토리의 경지에 대하여/242
동시의 본질과 그 창작에서의 표현의 갈래/256
동시창작에서의 환각의 표현과 상관물의 변형/272
탐구를 부르는 김만석의 동시세계/288
조선족동시단에 피여난 10군자의 향기/302
미래지향적 동화의 이미지/323

제1부

김현순 문학평론집 · 성인시문학평론

복합상징시의 가능성과 존재이유

1. 복합상징시에 대한 정의

  복합상징시란 상징의 복합조합으로 화자의 영혼경지를 그려낸 시 문학작품을 가리킨다.
  인류사회에 문명이 개입되면서부터 인간은 상징을 동반하였고 그것은 예술로의 승화를 거듭해왔다.
  자신의 심성에 걸맞는 인간의 표현은 단순한 직설로부터 은닉, 굴절, 에두름의 표현을 곁들여가며 자신의 품위를 높이게 되었다.
  가령 함께 식사를 하다가 불시에 뒤가 마려워 화장실에 잠간 다녀오고 싶을 때 사실 그대로 직설하여 버린다면 우아하지 못하다. 그럴 땐 "잠간 실례하겠습니다만 화장을 고쳐하고 오겠습니다."라고 표현한다면 장소의 분위기를 흐리지 않을 수 있는 것이다.
  언어의 생성과 더불어 상징의 개입은 인류문명을 날로 높은 차원에 끌어올리고 있다. 인간은 언어와 기호를 통한 정감세계를 세상에 전달함으로 하여 공감의 세계를 열어가고 있는 것이다.

위에서 언급했다 싶이 상징은 문명에로 통하는 건널목이며 그것은 예술로 승화되는 지름길이기도 하다. 상징은 세상으로 하여금 심미적 자극을 느끼게 하며 그것은 또한 흥분을 오르가슴에 끌어올리는 필수적 계기로도 된다.

상징예술을 통한 아름다운 자극 속에서 향수를 누리게 하는 것, 그것이 예술의 사명이다.

복합상징시는 상징들의 복합적인 조합으로 이루어지는데 여기서 제기되는 상징은 이미지로 표현이 된다. 이미지에는 기성이미지와 변형이미지가 있는데 여기서는 변형이미지표현으로 그 사명이 실현된다.

화폭의 이미지, 소리의 이미지, 감각의 이미지, 스토리이미지, 이념의 이미지, 선율의 이미지… 등 각종 이미지의 유기적인 조합은 화자의 경지를 그려 보이는데 무조건 언어라는 기호를 통하여 구성된다는 것이다. 때문에 시는 언어로 펼쳐 보이는 화자 영혼의 그림이라고도 하게 되는 것이다.

고대 그리스의 철학자이고 소요학파의 창시자이며 서양고전시학의 분수령을 이룬 아리스토텔리스(B.C.384~B.C.322)는 시는 이미지로 감동을 안겨주는 언어예술이라고 하였으며 스위스의 언어학자 소쉬르(1857~1913)는 "언어기호학"에서 시는 언어라는 기호로 펼쳐 보이는 화자 정감의 화폭이라고 말한바가 있다.

그러나 붓끝에서 그려지는 경지는 시인의 실재로 존재하는 현실세계가 아닌 현실 밖 또 다른 현실 즉 가상세계인 것이다.

복합상징시에서 다루어지는 그 가상세계는 단지 변형으로 이루어진 이미지들 조합이 아닌 환각의 무의식 공간 즉 무아경에서 영혼이 점지해주는 계시를 이미지로 전환시켜 그것을 다시 변형이미지의 조합으로 세상에 펼쳐 보인다는데 그 의의가 있다.

때문에 복합상징시는 그냥 상징들 복합조합이 아닌 영혼의 경지를 팝아트(1950년대 후반에 미국에서 일어난 회화의 한 양식)의 기법으로 펼쳐 보인 예술이라고도 할수 있다.

복합상징시가 국제적으로 새로운 유파로 두각을 내밀 수 있게 된 근거는 진화론과 해체론, 상태론과 구조론에 기초를 두고 있으며 이 차원異次元 영혼의 경지를 다룬다는 데서 그 의미를 지니고 있다고 해야 할 것이다.

2. 환각으로 펼쳐 보이는 영혼의 계시

인간에게 있어서 오감五感은 세상을 인지해나가는데 있어 필수적인 요소로 된다. 하지만 이 오감 외에도 인간은 예감에 대한 중시를 자고로 멈추어 본적이 없다.

미지의 세계에 대한 추측은 예감에 의하여 이루어졌으며 이것은 무속현상으로 그 양상을 드러내기도 하였다.

정신분석학의 창시자인 오스트리아 프로이트(1856~1939)는 그의 저서 "꿈의 해석"에서 인간의 본능은 잠의식의 표현이며 꿈은 현실에 대한 재연 또는 미래에 대한 예측의 기능을 가지고 있다고 피력하였다.

그렇다면 그 꿈은 어데서 오는 것일까. 그것은 인간의 영적 자기마당에서 보내주는 에너지가 환각의 계시로 전달되는 것이다. 그 계시는 또한 내함의 직설로 전달되는 것이 아니고 변형의 양상으로 전달을 이룩하고 있다. 그럼 그것은 또 왜 변형의 전달이어야 하는가? 그것 또한 수수께끼가 아닐 수 없다.

조선 선조 때의 학자 토정 이지함 선생(1517~1578)은 토정비결에서 총론 전부를 알쏭달쏭한 상징으로 펼쳐 보이고 있다.

이를테면 "천뢰무망天雷無妄"괘에서는 이렇게 말하고 있다.

막근시비莫近是非, 세우동풍細雨東風, 허화만발虛花滿發. 입시구록入市求鹿, 불견두족不見頭足, 일인경지一人耕地, 십인식지十人食之

이걸 그냥 보면 무슨 뜻인지 해독하기가 어렵다. 직설이 아닌 상징이기에 그 뜻은 오랜 경험을 누적하였거나 지적인 사람만이 가려볼 수 있게 된다.

자고로 앞날을 예측하거나 우주의 비밀을 제시해주는 계시는 다 이런 식의 은어隱語를 사용하는 것이 관례로 되고 있다. 그것을 꼬치꼬치 캐어묻자면 "천기누설 하면 안 된다"는 게 답이었다. 무속인들은 그냥 뇌리에 비친 계시를 그대로 전달하기 때문이란다.

그럼 왜 그렇게 되는 것일까.

인간은 왜 허다한 수수께끼 세상에 갇히어 사는 존재가 되는 것일까.

인간은 어데서 왔으며 또 어데로 가는 것인가. 육체에 영혼이 부착되어 이 땅에서 육신의 생명이 끝나는 순간 영혼은 또 어데로 가는가.

이와 같은 수많은 물음을 해독하고 터득해가는 것이 인생이기도 하다.

그 깨달음은 세상이라는 보이지 않는 커다란 질서에 의하여 계시를 획득하는 것에서 이루어진다. 누가 그 계시를 던져주는 것인가. 영혼인 것이다.

각자 육체에 부착되어있는 영혼은 이 세상의 질서를 부단히 환각의 양식으로 인간에게 비춰 보이고 있다. 하지만 인간은 그것을 홀시하거나 아예 무시해버리는 경우가 많다. 시시각각 환각으로 그 양상을 드러내는 영혼의 계시, 그것에 대한 포착과 그것에 대한 영감(영혼의 감각)의 가르침에 따라 거듭되는 재조합 과정에서 새로운 질서를 찾아내는 것이 바로 깨달음인 것이다.

그렇게 획득한 깨달음은 언어를 통한 시인의 작업을 통하여 이제 곧 세상에 예술로 펼쳐지게 되는 것이다.

3. 변형의 미학과 자극을 통한 공감대의 형성

진화론의 선구자의 한사람인 영국의 의사이며 철학자인 다원은 (1731~1802)은 그의 저서 "종의 기원"에서 생물의 진화는 외계의 직접적인 영향에 의하여 변화하는 것이 아니라 생물 내에 있는, 외계의 변화에 반응하는 힘에 의한다고 주장하고 있다.
무릇 모든 생명체는 한 개 모식에 오래 머물게 되면 그에 대한 진화내지 탈변을 꾀하게 마련이다. 만물의 영장으로 불리는 인간 역시 그 법칙에 순응하면서 낯선 것에 대한 집착으로 거듭난다. 옆집 각시가 더 고와보이고 옆집 김치가 더 맛있어 보이는 이유가 바로 그런 것에서 비롯된 것이라 하겠다.
낯설게 하기 위함은 예술에로의 승화를 위한 지름길이다. 그렇게 하기 위해서는 변형이란 대명사를 언급하지 않을수 없다.
변형이란 모양이나 상태의 변모와 성질의 이변을 통 털어 이르는 대명사이다. 즉 변형과 변질의 대명사이다.
시창작에서의 이미지변형은 언어의 낯선 조합으로 이루어지며 낯선 조합은 언어자체가 지니고 있는 언어 밖 기능에 대한 발굴에서 비롯된다.
언어 밖 기능에 대한 실현은 기성된 언어의 질서와 관습적 조합의 파괴와 해체적 작업으로 그 가능성이 부여된다.
하이퍼시 창시자인 한국 문덕수시인(1928~2020)의 "현실과 초월"의 핵심내용이거나 1924년 "초현실주의 선언"을 발표하여 초현실주의 운동을 주도한 프랑스의 시인(1896~1966) 앙드레 부르통의 자동기술법도 현실초탈의 낯선 경지를 구축하기 위함이라 해야 할 것이다.

이른바 파편문학, 해체문학의 양상으로 거듭나있는 일명 다다이즘과 포스터모더니즘 역시 현실초탈의 이념 하에 대두한 유파라고 해야 할 것이다.

파괴와 해체작업으로 기성된 룰을 깨버리고 그로부터 새로운 질서를 낯설게 재구성하는 구조적작업, 그러나 현실에 대한 파괴와 해체적사유가 아닌, 환각의 계시로 전달되는 영혼의 경지에 대한 재조합의 구조적작업이 기성의 초현실주의시와 구별되는 복합상징시의 주되는 특점이라고 역점 찍지 않을 수 없다.

이렇게 형성된 시인의 가상세계는 세상에 아름다운 자극을 펼쳐 보임으로써 공감대를 형성하며 나중엔 예술로 승화되는 것이다.

4. 언어조합에서의 유망流氓기법과 선율의 흐름

지난 세기 80년대 중국에서는 "감각에 따라 걸으라跟著感覺走"라는 노래가 성행되었다. 감각이란 영혼의 느낌 즉 영혼의 감각에 따른다는 말이다.

인간은 무슨 일을 할 때 감각에 따를 때가 많다. 내가 무엇을 꼭 하겠다는 인위적인 경우를 벗어나 그냥 감각에 따라 일을 행할 때가 많다.

허다한 창조는 인위적인 것이 아닌 감각에 따른 우연한 행위에서 비롯된다.

중국 진나라 때 도사들이 진시황의 장생불사약을 만드는 과정에 우연히 화약이 발명되듯이, 미국의 발명왕 에디슨(1847~1931)도 우연 속에서 수많은 것들을 발명해냈던 것이다. 인간이 미리 알고 행하는 것은 결코 발명창조가 아니다.

예술로서의 시 창작은 언어의 기능을 발굴하여 새로운 화자의 경지를 창조해내는 것이다. 거기에 창작의 의미가 깃들어 있는 것이다.
 언어의 기능을 어떻게 발굴할 것인가. 그것은 언어들의 자유로운 조합을 통한 거듭되는 구조적 작업을 거쳐 새로운 경지가 서서히 모습을 드러내게 된다.
 프랑스 철학자 질 들뢰즈(1925~1995), 피에르 펠릭스 가타리(1930~1992)가 「천개의 고원」에서 수목 이분법으로 주장하는 이좀의 원칙은 세상만물의 존재형태에 대한 양상의 발로이기도 하다.
 인간이 사용하고 있는 언어 역시 독립적인 글자와 단어들의 상태로 그 존재를 드러내고 있는데 이러한 글자와 단어들은 자유로운 조화를 이루는 속성을 지니고 있는바 그것들의 조합은 영혼의 계시에 따라 수천만 개의 이미지로 변형의 마술을 일으키게 된다.
 독일 출신 유대계 스위스-미국 국적의 물리학자 아인슈타인(1879-1955)의 상대론에 따르면 양자역학에서 세상만물은 상태의 각이한 변화에 따라 그에 따르는 내함과 뜻이 절로 흘러나온다고 하였다.
 복합상징시에서는 인간의 인위적인 의도나 행위를 벗어나 언어들의 자유로운 조화를 실행해 가는데 이것을 유망(流氓)기법이라고 한다. 유망기법은 마음이 가는대로 해야 한다. 마음은 곧 영혼의 계시에 따라 생성되므로 시는 시인이 쓰는 것이 아니라 영혼의 계시를 받아 적는 것이라고도 할 수 있다. 환각으로 떠오르는 이미지의 조화로운 조합 역시 영혼의 계시에 따라야 함은 더욱 자명한 이치이다. 그렇게 구성된 이미지가 세상에 일으키는 공감대는 화자의 영혼경지 질량의 차원과 직접 정비례 된다.
 언어의 자유로운 조합이라 하여 아무렇게나 마구 갖다 붙여서는 안 된다. 예술로서의 시는 지구에 거주하는 인간에게 보여주는 것이기에 인간이란 인지능력의 한계를 벗어나서는 안 된다. 인간은 잠자리처럼 눈이 수백쌍이 있는 것도 아니고 한 쌍의 눈만 가지고 있기에 세상을 바라보는 데엔 물리적 한계를 가지고 있다. 그러므로 인지가능의 범주에서 적당히 고려하여 화자만의 영적경지를 펼쳐보여야 한다.

여기엔 언어조합으로 이루어지는 선율의 흐름을 짚고 넘어가지 않을 수 없다.

선율의 흐름은 문맥과 리듬의 흐름을 토대로 전반 시작품에서 내재적으로 흐르는 음악의 효과를 뜻한다. 자유로운 언어조합과 이미지조합에서 흘러나오는 뉘앙스의 흐름새가 유연하고 아름다워야 한다. 이른 아침 새들의 지저귐이 듣기 좋은 것은 그 선율의 흐름새가 유연하고 자연스럽기 때문이다.

5. 복합상징시의 전망

시의 개념정립은 시초부터 지역마다 각이하지만 대체로 화자의 정서를 언어의 수단을 빌어 형상적으로 보여주는 예술이라는데 초점이 모아지고 있다. 따라서 시의 유파도 각이한 시대를 거치면서 수없이 생성되기를 거듭해왔는데 크게는 리얼리즘계열과 상징주의계열로 나뉘어져있다.

초현실주의 상징주의계열로서의 복합상징시는 포스터모더니즘의 후속작업으로서 현실에서 탈피하여 가상세계에서의 환각으로 흐르는 신질서를 찾아 그것을 다시 변형이미지로 낯설면서도 아름답게 펼쳐 보이는 신형 유파의 미래지향적인 신체시라고 말할 수 있다.

복합상징시는 중국 연변에 거주하는 김현순 시인에 의하여 새롭게 창시된 것인데 초기의 일부 작품은 쓰레기로 세상에 낙인찍혀있다. 오늘날 한국 각 서점가에서 발행되고 있는 「복합상징시기획시리즈시집」, 「김현순의 복합상징시집」, 및 함께 탐구로 거듭나는 복합상징시 동인들 작품들이 더러 쓰레기로 전락된 것도 지극히 자연스러운 일이라 해야겠다.

성경에 "내 오늘은 비록 미비하지만 내일은 심히 창대하리라."라는 말이 있듯이 복합상징시 역시 탐구와 노력의 진통과정을 거쳐 점차 완미한 유파의 신형시로 자리매김 하게 될 것이라는 기대를 가져보는 바이다.

멀지 않은 장래에 복합상징시가 한반도를 중심으로 전 세계에 널리 파급되리라는 신념 하나만으로 복합상징시 동인들은 오늘도 다가오는 내일을 숨 쉬고 있다.

이상으로 "복합상징시의 가능성과 존재이유"에 대하여 나름대로의 견해를 피력하였다. 국제 한민족문학대동맥에로의 합류를 꾀하는 중국 조선족시몽문학회의 밝은 앞날에 악수를 보낸다.

복합상징시의 갈래

4차산업혁명에 들어서면서 인류는 글로벌시대를 맞이하게 되었다. 열린 우주에로의 다차원의 세계는 인류로 하여금 형이상적 이념세계(形而上的理念世界)에 대한 의식상태를 변형의 이미지로 능동적 가시화 하여 펼쳐 보일 것에 대한 갈구로 충만 되어 있다. 이는 필연코 시문학(詩文學)에서의 복합상징의 제반 요소와 특성들을 규명하여 주면서 그 갈래의 필요를 제시해주고 있다.

복합상징시는 대체적으로 화폭의 상징조합, 스토리식 상징조합, 서정의 상징조합, 이념의 상징조합 등 갈래로 가상세계의 과거와 현재, 미래를 재구축하면서 현실밖 현실에 대한 초자아(超自我)의 경지로 우주를 주무르게 하는 것이다.

1. 화폭의 상징조합

화폭의 상징은 복합상징시에서의 가장 기본적인 가상공간의 구도적 요소로 된다. 세상구성의 복합원리에 따르는 화폭들의 조합은 퍼즐들의 조합이라고 할수 있다. 즉 퍼즐 맞추기이다.

매개의 화폭들은 환각의 흐름속 한 개 단면이며 그것들은 가시적(可視的)이면서도 능동적(能動的)이다. 무질서한 이런 화폭들은 아무렇게나 질서없는 나열의 상태로 생겨났다가 사라졌다 하면서 그 형태도 수시로 무질서한 변형을 반복하게 된다.

화자는 그런 환각들의 존재가 거주하는 커다란 우주임에 틀림 없다. 화자는 시시각각 언뜰언뜰 나타났다 사라졌다 하는 환각들 속에서 자신의 정서와 취향에 걸맞는 것들만 골라내어 상상과 변형을 거쳐 퍼즐 맞추듯이 한데 조합해내는데 그것들은 반드시 능동적 가시화의 작업과정을 거쳐야 한다.

간추려 보면 화폭의 상징조합은 다음과 같은 과정을 거치게 된다.

환각 떠올리기→정서에 맞는 환각 골라 잡기→변형하기→퍼즐 조합→내심경지 구축 완료.

이런 시작법의 흐름선에 따라 창작된 작품의 사례를 살펴보도록 하자.

파도소리 길을 걷는다
텔레파시로 찾아온 그 이름
천만리 꿈 타고 달리고

하늘이 그리움 토하면
언덕은 진달래 피울음 물들인다

황홀 했던 노을이

어두운 숙명 안고 익는데
밤은 무거운 흑구름 몰고 온다

여물어 가는 하루의
끝자락에서
하루살이 한 마리
아름다움이 끝나는 곳에 서 있다

-윤옥자(尹玉子) 詩 「섭리」 全文

중국 조선족복합상징시의 멤버로 활약하는 윤옥자(尹玉子)시인의 이 작품에서는 도합 여덟 폭의 화폭이 퍼즐이 되어 춤춘다. 이제 그 퍼즐들을 하나 확대경 들고 들여다 보자

화폭1: 파도소리-길 걷는다
화폭2: 이름-꿈 타고 달린다
화폭3: 하늘-그리움 토한다
화폭4: 언덕-피울음 물들인다
화폭5: 노을-숙명 안고 익는다
화폭6: 밤-흑구름 몰고 온다
화폭7: 하루의 끝자락-여물어 간다
화폭8: 하루살이-아름다움 끝나는 곳에 서 있다

여덟 개 장면의 화폭을 여덟 개의 상관물을 빌어 환각적 변형으로 이룩하면서 화자는 소망으로 연소(燃燒)하는 인생의 막끝은 간고함석에 성숙으로 영글지만 "아름다운 최후"라는 시작으로 빛나는 철리적 사상을 보여주고 있다.
여기에서 활용된 상관물들의 변형의 움직임은 화자의 내심을 도

배하고 있는 사상의 가시화 된, 안받침의 변형임을 좀만 자세히 살펴보면 파악해낼 수 있다. 독자들의 감수가 이 차원에 오를 때 독자들은 그로부터 강한 자극과 감동을 받을 수가 있게 되는 것이다.

아날로그 시대로부터 디지털 시대에로의 진입에 들어서면서 인류는 연결된 정체로부터 독립되어 띄엄띄엄 떨어져 있는 독자적 세계구축을 모식으로 영위해가지만 그런 것들은 결국 텔레파시의 무형접속(無形接續)에 의하여 오히려 얼기설기 엉켜 있는 다차원의 정체로 재거듭나고 있는 것이다.

독자적이면서도 무형접속(無形接續)을 이루는 세계, 그것이 바로 「천개의 고원」에서 거론하는 "리좀"의 법칙이다.

변형된 화폭들의 무질서한 조합은 필연코 새로운 차원의 세계를 펼쳐 보이기는 하지만 복합상징시는 바로 거기에서 화자의 정서와 사상에 맞는 환각의 화폭에 대한 상징조합을 꾀하여 해로운 경지를 구축해 나가는 것이다.

2. 스토리식 상징조합

조물주가 세상을 만들었든 어찌 되었든, 존재의 실체로서의 세상은 하나의 이야기로서 생명지속과정이라고 볼수 있으며 그 세상속에서 꿈틀거리는 인간의 삶 역시 하나의 이야기라고 생각해 볼수가 있다. 외래어로 말하면 스토리식 삶의 과정이다.

인간의 삶은 상징으로 충만되어 있음은 새삼스레 거듭 언급할 필요가 없겠지만 그런 스토리들의 연속성이 우주를 재구축하면서 세상은 눈 뜨고 있는 것이다.

상징 자체는 외연과 내연의 이중성을 지니고 있다. 즉 외연에 흐르는 스토리와 내연에 흐르는 스토리가 있는데 외연적 스토리는 내연적 스토리를 암유(暗喩)로써 보여주기 위함에 있다.

복합상징시에서의 스토리식 상징조합은 외연적 스토리를 구성하는 매 상관물들의 능동적 가시화 변형으로 그 정체를 이루면서 내연적 스토리의 상징을 은근히 깊숙이 깔아주고 있다. 이때 외연적 스토리는 가상(假像)이며 내연적 스토리는 실상(實像)으로 되는 것이다.
　보기를 통하여 그 묘미를 터득하여 보도록 하자.

　그날의 훈둔(混沌) 한 사발

　공사장 막일꾼들 때 묻은 옷소매로
　입 쓱 문지르고 일어난 자리에
　둘이는 비비고 앉았다
　벌씬 웃는 사내의 뚱뚱한 배를 보고
　여자는 어줍게 웃음 짜냈다
　떠들썩한 막벌이군들 뜬 이야기
　말벌 되어 붕붕 고막 찔러댔지만
　마주 보는 눈길엔 보얀 화분
　누드 흔들어댔다
　할레혜성 작열하는 섬광
　뜨거운 사발에 찰찰 넘칠 때
　사내는 숟가락 들어 한술 미소(微笑)
　여자의 입가에 갖다 댔다
　앗, 뜨거…
　와뜰 놀라는 열아홉 순정
　이른 봄 추위가 창밖에서 서성임을
　사내는 안경너머로 닦아버렸다
　호~ 그래도 맛있네요

어느새 최면사의 하얀 금자탑에
갇혀버린 둘만의 하루
봄꽃은 우줄우줄 가슴 열며
달아오른 입술 한결 만지고 있었다

— 묵향(墨香)의 詩集「그날의 숯불구이집」에서 발췌.

이제 이 시의 외연과 내연의 스토리를 먼저 분석해보자.

외연적 스토리:

추운 겨울날, 막벌이 공사장 일군들이 즐겨 다니는 훈둔집에서 청춘 남녀가 훈둔 한사발 놓고 서로 대방에게 떠 먹여주며 사랑의 한 순간을 보낸다.

내연적 스토리:

○ 떠들썩한 이야기들이 말벌 되어 고막 찔러댄다
○ 마주 보는 눈길에 화분이 누드 흔들어 댄다
○ 할레헤성 작열하는 섬광이 사발에 넘쳐난다
○ 숟가락에 담긴 미소에 놀라는 열아홉 순정
○ 창밖 추위를 안경너머로 닦아버린다
○ 최면사의 금자탑에 갇혀버린 하루
○ 봄꽃이 가슴 열며 입술 만진다

이제 살펴보자. 외연적 스토리는 그냥 일상의 스토리에 불과하지만 내연적 스토리는 환각적 순간순간들에 대한 변형의 묘술(描述)로 되어 있다. 뿐만 아니라 내연적 스토리는 그것이 담고 있는 철리적

함의 또한 깊이가 깊다.
   좀 더 살펴보자.

   ○ 떠들썩한 이야기들이 고막 찌른다는 표현은 소란스런 현실세계를.
   ○ 화분이 누드 흘들어 대는 것은 순결무구한 것에 대한 고백을.
   ○ 할례혜성 작열하는 섬광은 청춘의 드높은 정열을, 그리고 사발에 넘쳐 남은 세상포용의 기세를.
   ○ 미소에 놀라는 열아홉 순정은 세상과의 교접의 당혹감을.
   ○ 추위를 안경너머로 닦아버린다는것은 삶에 대한 경계심과 조심성을.
   ○ 최면 걸린 하루는 즐거움의 극치를.
   ○ 봄꽃이 가슴 열며 입술 만진다는 정감의 속살 나누는 찬란한 경지를.

   이렇게 내연의 스토리는 전부가 상징으로 충만 되어 있으며 그것은 또 환각적인 변형의 가시화 작업을 거치면서 외연의 스토리와 다른 갈래로서의 내밀한 스토리로 은폐 되어 있다.

   제3절 서정의 상징조합

   서정이란 말 자체는 상징과 대립되는 일면도 가지고 있다. 상징이 화자의 내심에 대한 은폐적 암유(暗喩)를 기본으로 한다면 서정은 화자의 내심에 일어나는 강열한 정서의 흐름 표출(表出)이 되기 때문이다.
   시문학의 한 갈래로서 서정시(抒情詩)가 독자들 심금(心琴)을 울려줄수 있는 근거도 바로 그 때문이라고 볼수 있다.

그러나 예술로서의 서정이나 상징은 다 상관물에 의탁하여 그 사명을 완수하게 되므로 문학의 하위개념인 시(詩)는 메타포[1]라는 말을 쓰게도 되는 것이다.

상관물에 의탁, 이 공성(共性)이 서정의 상징성을 가능하게 만들고 있다.

복합상징시에서의 서정의 표현형태는 직설의 형식을 빌은 변형의 발로이며 정감의 덩어리들의 조합형태로 그 양상(樣相)을 드러낸다.

변형은 변형이되 표현양식이 직설의 옷을 입었다는 것은 구구절절에서 화자의 입지가 무조건 주체가 되어야 함을 뜻한다. 이는 정감상 독자들과의 거리감을 줄일수 있어 공감대(共感帶) 형성에 유력(有力)한 것으로 된다.

보기:

<u>일반적 표현:</u>

눈이
깃 펴고 날아 내려
어둠을 덮는다

<u>서정의 표현:</u>

눈이여

주해:
[1]. 메타포(metaphor): 어떤 언어표상을 그 본래의 의미와는 별도로, 전화(轉化)된 의미로 사용함으로써 본래 표현되어야 할 내용을 간접적으로 명시하는 것이다. 즉 '인생은 여행이다' 등과 같은 표현이 그것이다.

깃 펴고 날아 내려
어둠을 덮어주는구나

윗 사례에서 일반적 표현은 화자가 객체의 각도에서 화자의 관념과 사상을 거세해버린, 냉담한 객관자세로 묘술(描述)하는데 그치지만 서정의 표현에서는 화자가 직접 작중(作中)속에 들어가 가슴으로 정서를 쏟아내는 것으로 되기에 "내 마음은 우주요, 우주는 곧 내 마음"이라는 칸트(1)의 철학정신에 부합되면서 세상과의 융합과 친밀감의 거리를 확실하게 좁혀주는 역할을 일으키게 된다.

하지만 앞장절에서도 말했듯이 서정의 지나친 노출은 상징의 역도와 깊이를 약화시키며 차분한 은폐된 심상을 무게를 가볍게 만드는 부작용도 있음을 알아야 한다.

새삼스레 언급할 것은 매개 서정의 편린들은 주체의 각도칙에서 묘술하기는 하지만 반드시 환각의 변형에 립각하는 원만은 변치 말아야 한다는 것이다. 이를 두고 세상 만사 적중해야 한다는 황금율의 설법이 성립되는 것이다.

서정의 흐름을 탄 복합상징시는 친절감으로 화끈하게 세상에 다가서는 한편 편린처럼 반뜩이는 서정의 단면들로 화자 정서와 사상의 정체를 이룩하기에 한수의 교향곡과 같은 장엄함도 나타내는 좋은 효과도 지니고 있다.

주해:
(1). 칸트 (Immanuel Kant-1724년 ~ 1804): 독일 비판철학의 창시자로서 합리론과 경험론에 대한 종합분석으로부터 인식론을 창제.

9월의 막바지에 서서 10월의
옷 벗는 모습
렌즈에 담아봅니다

여름이여 안녕 빨갛게 손 저어
바래는, 계절의 가슴
노랗게
푸슥푸슥 타들어 갑니다

조락(凋落)의 잎새마다
기억 알알이 얹어
흙에로의 귀가(歸家)

이듬해 햇순으로 파랗게
가지마다
눈 뜨고 웃을 때

친구여
동무여
우리 서로 손 잡고
명멸하는 새 아침
밝아 오는 쪽빛 하늘에
보드랍게 펴 바릅시다려
성숙 고르는 계절의 마당에서
기도하는 나무로
연륜(年輪) 그립시다려

한가위 얼레에 감아

높이높이 띄우면서
구름처럼 바람처럼 머물다가
어널널
춤 추며 갑시다려

　　－문초(文㴫)의「추석인사」詩 全文

　일곱 개 연(聯)으로 된 이 시는 전형적인 서정조합의 복합상징시이다. 이런 서정조합의 복합상징시는 "무엇이 어찌 한다"는 식의 객체 입지의 시와는 달리 화자가 직접 가상현실 속으로 들어가 상관물을 틀어쥐고 상관물 변형의 직설로 세상과 공감하는 것이 특징으로 된다.
　이런 시는 말귀에서 "…이여, …여라, …는구나, …는가 …" 등 이인칭 표현의 힘을 빌어 서정의 직설효과를 나타내고 있으면서도 "나, 너, 그대, 당신…" 등 호칭의 대명사를 쓰지 극력 쓰지 않는 것을 원칙으로 한다. 이에 대한 이유는 앞장절에서 이미 언급한 바도 있지만 이런 대명사가 없이도 화자의 의사 표달이 충분하기 때문이다.
　서정의 상징조합에서는 매개 의미구조에서 이미지 변형을 환각에 입각하여 펴 보이면서 서정의 단편들을 조합하여 정체를 이루어 낸다.
　윗 보기 시(詩)에서 매개 의미구조에서의 이미지 변형을 구체적으로 따져 보자.

10월의 옷 벗는 모습 렌즐에 담는다－
누가? 내가…
계절의 가슴 타들어간다－
누가 보는가? 내가…

잎새에 기억 얹어 흙에로의 귀가(歸家)-
누구 환각? 내가…

가지마다 눈 뜨고 웃는다-
누구 환각? 내가…

새 하늘 동쪽하늘에 펴바른다-
누가? 내가…

기도하는 나무로 연륜 그린다-
누가? 내가…

한가위 얼레에 감고 머물다가 춤추며 간다-
누가? 내가…

상기의 이지 단위들에서 매개의 변형들은 다 환각에 립각하였음을 보아낼 수 있다. 실재현질(實在現實)에서는 전혀 불가능한 일들이 가상현실(假相現實)에서는 충분한 가능성을 펴 보이는 것이다.
그런데 이런 매개의 변형을 펴 보이는 데에는 시종 화자가 직접 가상공간의 주체가 되어 열어가는 주인공이라는 점이 특징지어 지면서 서정의 상징조합이 이루어지는 것이다.

제4절 이념(理念)의 상징조합

이념(理念, idea)은 관념(觀念), 사상(思想), 인식(認識)과도 통하는 면을 가지고 있는데 의식형태의 개념으로서 가장 쉽게 말하면 굳어진 생각이나 견해, 느낌을 말한다.

　좋다, 나쁘다, 슬프다, 단결은 힘이다, 정직하게 살자, 눈 먼 말이 워낭소리 따라간다, 부뚜막의 소금도 집어넣어야 짜다, 기뻐도 운다… 등 이런 것들이 다 이념에 속한다.

　인간은 살면서 이런 이념의 세계에 포위되어 있다. 이것이 바로 인생이다.

　이념의 상징은 뜻 전달의 직설조합으로써 아이러니한 세계를 암시하여주거나 아예 변형된 환각적 이미지 나열조합으로써 그 의미를 은유(隱喩)적으로 보여주는 경우가 있는데 이 두 가지를 혼용하여 보여주는 경우도 있다. 아무튼 궁극적으로 이념의 상징은 화자의 이념경지를 펼쳐 보이려는데 그 목적을 두고 있다.

　이념의 복합상징에서는 첨부터 끝까지 현란한 변형범벅으로 만들어 놓아서는 안 된다. 적중한 변형과 적중한 묘술(描述)의 유기적 결합을 잘 장악하여야 하며 전반 시의 이해를 돕는 차원에서 가끔씩 이념의 상징직설로 열쇠를 열어주는 경우도 허락이 되어 있어야 한다.

　아래의 "신선과 도끼자루"라는 시 한수를 보기로 하자.

　일각이 여삼추라는 말은 지구가 뱉어낸 말이다
　천상 하루 땅위 일 년, 이것도 지구가 씹다 버린 말이다
　일분 일초, 시간이 흐르는 것도 지구가 점지해 놓은 올가미이다
　우주밖에는 우주가 흐르고 세상이 흐르고
　먼지 속에는 다시 우주가 흐르고 사랑이 싹튼다
　인간은 결국 먼지라는 말은 사람이 만들어낸 말이다
　인생은 결국 티끌이라는 말도 기실은 같은 말이다
　나무아미타불, 옴마니반메홈…
　암행어사와 아멘은 결국 통하는 말이 아니다
　남자와 여자의 조합은 결국 생명의 연장뿐이 아니다

물과 불의 조화가 역사(歷史)를 낳는다
낚시꾼의 하루는 오픈한 썩은 공간이다
그 속에서 연꽃이 속살속살 향기를 터뜨린다
팔랑개비의 소망은 바람이다
놀음이 과분하면 대들보에 목매다는 거미 같은 음악이 있다
한잎 두잎 세 잎…
마주 보고 돌아서는 가슴에 아픔은 가고 또 오고
찬란한 기쁨의 꽃향 타고, 주소는
어제 오늘 그리고 내일을 메모지에 적는다
캡쳐 하는 에너지의 건너 켠에
육신 벗어놓고 낮잠 자는 영혼들의 누드공연
구토의 원인이 플래쉬 섬광 잡고 비틀 거린다
택배 수요 되십니까 수수료는 면비입니다 라는
글귀가 에메랄드 하늘 감쳐 두르고
저벅저벅 고독과 공허 딛으며 화장실
다녀가고 있다 시방…
역시 못살겠다고 달아난 둘째 마누라의 전설은
보태기 빼내기의 주스이다, 한적한 날
느침으로 길게 드리우는 개똥같은 팔자의 진실은
바람난 빛살들의 아아~
그리고 여유로움뿐이다

　　-나목열의 詩 「신선과 도끼자루」 全文

　번다하고 장황스런 이념의 조합들이다. 이념의 아이러닉한 직설덩어리들로 화자의 사상을 보여주면서 거기에 환각적 이념의 변형을 대담히 수용하면서 결국 상징으로 승화시킨 점이 복합상징시로 되게 하는 것이다.

이미지와 詩의 언어

제1절 이미지

1. 이미지의 개념과 갈래

이미지(image)란 감각에 의하여 획득한 현상이 마음속에서 재생된 것이 형상으로 자리매김 하는 것을 말한다.

　이미지를 심상(心象)이라고도 하지만 결국 다 같은 말이다.

　시(詩)에서는 사상이나 관념이 은밀하게 깔려 그 바탕이 되기도 하는데, 사상이나 관념의 직접적인 노출은 시(詩)가 아니다. 시는 사상이나 관념을 감각화 하여 심상(心象) 즉 이미지(image)로 펼쳐보여야 한다.(1) 이를 두고 중국 남북조때의 량(梁)나라 문학비평가 유협(劉勰)은 시에서의 사상이나 관념은 "골수(骨髓)처럼 대하라."(2)고

하였다.

시(詩)에서의 이미지는 그 제시가 언어를 통해서 이루어진다. 언어 자체의 이미지를 통한 상상력이 극대화 하면서 환각(幻覺)과 지각(知覺)의 복합성이 사유의 정체성을 이룩해내는 것이다.

하나의 이미지는 경우에 따라 여러 개의 작은 이미지로 구성되는 경우도 있다. 이런 경우를 이미저리(imagery) 또는 이미저리(群)이라고도 한다.

이미지들은 여러 가지로 분류되는데 지각(知覺)적 이미지, 비유적 이미지, 이야기 이미지로 나누어 볼수 있다.

지각(知覺)적 이미지는 통감(通感)기법에 의하여 이루어지는데, 통감(通感)이란 한 가지 감각이 다른 한 가지, 또는 몇 가지 감각으로 전이되는 현상을 이른다. 이를테면 시각적 감각이 촉각, 후각, 청각적 감각 등으로 전이됨을 말한다. 이는 필연코 변형의 이미지로 전환 된다.

복합상징시의 대표주자의 한사람인 묵향(墨香)의 시 「실연(失戀)」을 사례로 분석하여 보자.

실연(失戀)/ 묵향(墨香)

추적추적

주해:

(1). 金容稷 著 「現代詩原論」.

(2). 유협(劉勰)이 쓴 문학평론서 「文心雕龍」

들큰한 주스로 따라가며
언덕 넘는 개미 잔등에
무지개 발라, 고독
연주하고 있었다
보입니껴…
시간이 손가락 쫘악 펴서
눈앞 흔든다

개똥벌레 반뜩임이 언덕 껴안고
눈물 수놓아
또록또록
냉이꽃 피우고 있었다

　이 시에서의 은폐된 주인공은 실연의 고통을 앓는 사람이다. 이별 자체만 해도 고통인데 그 아픔을 찢어 감아쥐고 주인공은 쓰라림 속에서 몸부림친다.
　시에서 "아픔" 자체는 보이지 않는 추상적인 관념이다. 하지만 화자는 그것을 "찢어 감아쥐고" "어둠 딛고 걸어간다"로 표현함으로써 시각적 효과를 가져 오고 있다. 그런데 이 시각적 효과는 다시 "풀렁 풀렁"이라는 청각적 감각으로 전이되면서 슬픔에 색채를 더해주고 있는 것이다.
　시는 마지막에 개똥벌레 반뜩임이 눈물로 냉이꽃 피우고 있는 것으로 심적 경지(心的境地)를 펴 보이면서 실연(失戀)의 처절함을 읊조리고 있는데, 꽃피우는 것을 "송이송이"라는 정적(靜的)인 상태부사 따위를 쓰지 않고 "또록또록"이라는 동적(動的)인 상태부사를 사용함으로 하여 냉이꽃 피는 것을 인간이 눈 뜨는 것으로 변형시켜 보여준 것이다.

이렇게 이 시에서는 시각적 감각을 청각적 감각에로, 정적(靜的)인 감각을 동적(動的)인 감각에로 전이시켜 지각(知覺)적 이미지를 부상시켜 주고 있다.

다음, 비유적 이미지에 대하여 피력해 보자.

비유적 이미지는 단일 이미지와 단일 이미지의 비교 속에서 원 이미지의 맛을 살려내는 것이다. 그런데 여기서 원(原) 이미지는 생략된 은유(隱喩) 또는 암유(暗喩)의 양식으로 그 사명을 완수하게 된다. 은유(隱喩) 또는 암유(暗喩)로 상징의 목적에 이르려면 결국 또 변형을 거치게 된다.

명상(瞑想)/ 문초(文潐)

보석들의 생경함이 밤을 찌른다
돋아나는 핏방울

치마 내리는 물풀의 신음소리
송골송골 빛 되어 들을 덮는다

잠 못 이룬 뻐꾹새 한숨소리가
고요 들어 어둠 덮는다

사래 긴 밭이랑에 숨어
안개가 이슬 물고

몸…
풀고 있다

복합상징시동인회의 멤버로 활약하는 문초(文港)의 윗시 「명상(瞑想)」에서는 생명약동의 철학을 읊조리고 있다. 세상을 열어가는 행위 자체는 타자에게 생경함으로 다가서기에 부딪치는 곳마다에서 상처를 입게 마련이다. 여기에서 세상을 열어가는 행위는 원(原)이미지인데 화자는 "밤 찌르는 보석들의 생경함"이란 다른 이미지를 등장시켜 상징을 열어 보이고 있다. 여기에서 원(原)이미지는 생략되어 있다.

다음 연을 보자.

성취 거둔 즐거움이란 찬란한 해빛과도 같다. 그것을 치마 내리고 사랑의 즐거움에 **빠지는** 형상에 비겨 상징으로 보여주었으며 그 즐거움이 빛이 되어 들을 덮는다고 비유함으로써 성취감의 크기를 보여주고 있다. 그런데 여기에서 "송골송골"은 물방울 같은 액체가 솟구치는 모양에 대한 준말인데 화자는 빛이 들을 덮는 모습으로 변형시켜 표현하였다.

그러나 전혀 어색하거나 이상하게 느껴지지 않고 자연스럽게 안겨오는 것은 변형(변태)에 대한 자극으로부터 오는 감동을 추구하는 미학 본질에 그 뿌리를 두고 있다고 해석해야 할 것이다.

여기에서도 "성취감"이라는 원(原)이미지는 생략되고 "물풀의 신음소리가 빛이 되어 들을 덮는" 다른 이미지로 대용되어 은유의 기법으로 상징을 펼쳐 보이고 있다.

그 아래 연들을 마저 살펴보기로 하자.

잠 못 이룬 **뻐꾹새** 한숨소리가
고요 들어 어둠 덮는다

사래 긴 밭이랑에 숨어
안개가 이슬 물고
몸…

풀고 있다

  인간의 성취감은 잠간, 그러나 그것을 지키기 위하여 곧 이내 고민에 빠진다. 이것을 화자는 또 "뻐꾹새 한숨소리"가 당분간의 안녕인 "고요"를 들어 "어둠 덮"고 모지름 쓴다고 근심과 걱정스러운 심정을 비유하고 있는 것이다. 여기에서 "고요"는 추상적인 관념이지만 "들어"라는 행동적 술어와 결합시킴으로 하여 가시화(可視化) 변형으로 세상과의 친근(親近)거리를 좁혀가고 있다.
  곡절 많은 세상이지만 인간은 아리송한 내일에 확실한 기대를 걸며 거듭되는 도전적인 분투 행위를 벌이고 있다.
  화자는 또 여기에서 "곡절 많은 세상"을 "사래 긴 밭이랑"에 비유하였고 "아리송한 내일"을 "안개"에 비유하였으며 "확실한 기대"를 "이슬"에 비유하면서 상징적 고백을 하고 있다. 아울러 "거듭되는 분투행위"도 "몸 풀고 있다"고 상징적 표현으로 보여주고 있다.
  상술한 부분에서도 원(原)이미지들은 죄다 생략되고 안개가 이슬을 "물"고 라는 변형으로 자극의 감동을 불러일으키고 있다.
  이번엔 이미지의 또 다른 갈래로서의 이야기 이미지에 대하여 마저 피력해 보자.
  이야기 이미지는 하나의 이미저리(imagery)를 능동적(能動的) 화폭으로 펼쳐 보이거나 스토리가 섞인 장면을 상징적으로 펼쳐 보이는 것을 말한다.

보기:

하늘 깨진 틈서리로
꽃잎 하나 쪼아 물고, 새는
날고 있었다
각설이 타령 성수난 장거리 상공에

먼지들의 데모…
구름은 이맛살 찌푸리고
마려운 비 둘둘 말아, 품속에 넣고
영(嶺)너머로 마실 떠났다
그렇게 기울어지는 저녁이었어라
어둠 몰고 오는 별들의
분주한 추파에
능선(稜線) 위에 걸터앉은
달빛의 안색
으깨짐과 흩어짐 한데 모아
숲속 사잇길 위에
기억 실실이 덮어주어도
잔디 향기는 푸르게
짙푸르게
허겁의 우주 잠재우지 못하였어라
또 하루가 지나고 세월 흐르고
나래 접은 바람은
소라, 그 몸통에 기어들어
연륜 펼쳐 지구
감싸고 있었다

―金賢舜, 詩 "섭리의 생채기에 구멍난 사금파리" 全文

  복합상징시 창시인으로서의 金賢舜의 이 시(詩)는 어려운 삶의 여건에서 신생을 갈망하는 처절한 심리활동을 펼쳐 보이는 작품이다.
  시(詩)에서는 독립적인 새, 먼지, 구름, 달빛, 잔디 향기, 바람 등 이미지들이 하나의 이야기흐름선에 쭈욱 꿰어 정체를 이루어 낸다. 즉 조각난 삶들이 가냘픈 희망을 거머잡고 있는 와중에 참혹한 현실 앞에서 어찌 할 수 없어 현실 도피 하는 모습과 그러한 삶에 대한 세상의 포용은 내심 깊은 곳에 각인된 상처를 치유하기 어렵다는, 그러나 삶의 의욕과 갈구는 한(恨)과 더불어 긴 여운으로 세월을 길들여 간다는 철리적인 내용을 담고 있다.

시(詩)에서는 매 상관물이 엮어내는 이야기 토막들이 한 개 작은 이미지를 이루며 그것들은 영상(影像)으로 화자의 정감 흐름선에 의하여 내재적 연결을 이루며 정체로 고착되는 것이다.

상술한 것으로부터 알 수 있듯이 복합상징시는 각이한 부류의 이미지들의 유기적인 조합(組合)으로 정체를 구축하는바 각이한 갈래의 이미지가 분명히 독립하여 존재하는 것이 아니고 서로 침투, 결합된 양식으로 나타나는 경우가 대부분이라는 것이다. 윗 사례들의 시(詩)가 바로 그 점을 잘 설명해주는 것이라고 해야 겠다.

복합상징시에서의 이미지들은 또 음양(陰陽)의 이치에 따라 같은 성질의 이미지들을 서로 배척하고 다른 성질의 이미지들로 융합되는 법칙을 준수하게 된다.

생명체가 튼실하게 거듭나려면 여러 가지 자양분을 골고루 섭취해야 하듯이 보다 완미하고 건전한 복합체로서의 시(詩)는 각이한 성질의 이미지로 조합을 꾀하여 따분함을 극복하고 신선(新鮮)함으로 즐거운 자극을 안겨주는 것이다.

2. 이미지의 조합원리

세상이 하늘, 땅, 바다, 바람, 구름, 사람, 동물, 식물… 등으로 구성되듯이 온통 하나의 매개물(媒介物)로 구성된 세상이란 존재할 수가 없다.

주역도 음양, 오행에 따라 8괘, 64괘로 만들어 그 채광(彩光)을 각자 내뿜고 있다.

　세상의 이치가 이러하듯이 인간의 내심세계(內心世界) 역시 수많은 매개(媒介)의 환각과 무의식들로 충만 되어 있다. 그러한 것들은 의식적인 생각과 상상에 의하여 질서를 잡아 매개(媒介)의 이미지들로 정체를 구성하게 된다. 그것이 바로 시(詩)에서의 화자(話者)의 경지(境地)가 되는 것이다.

　복합상징시를 구성하는 이미지들은 각이한 성질의 이미지로 조화를 이루어야 한다는 것은 양극과 음극의 배척(排斥)과 흡착(吸着)의 이치에도 부합된다. 무지개가 아름다워 보이는 것은 빨주노초파람보 일곱 가지 색상으로 이루어졌기 때문이다.

　사람의 얼굴도 눈, 눈썹, 코, 입… 등으로 이루어졌으니 망정이지 온 얼굴에 맨 입술천지라거나 코구멍만 다닥다닥 박혀 있다면 그야말로 꼴불견일 것이다.

　이러한 이치들이 복합상징시의 이미지구성으로 하여금 각이한 성질의 이미지를 선택하게 하는 것이다.

　이런 이미지들은 화자(話者)의 환각에 기저(基底)를 두고 변형되는데 이미지들이 왜 환각을 통하여 생성되는가를 연구해 볼 필요가 있다.

　이성(理性)의 존재로서의 인간은 삶속에서 이런 저런 정서파동에 휩싸이게 되는데 그것에 대한 자제능력은 억수로 강할 수밖에 없게 된다. 이것 역시 동물과 구별되는 점이라 해야 겠다. 그러나 암장처럼 끓어 번지는 정서에 대한 규제(規制)가 커갈수록 그로 인한 생각 내지 상상은 강렬하게 화산처럼 일어나며 나중에 환각의 생성을 이룩하게 되는 것이다.

　궁극적으로 환각은 변형되어 있거나 변형을 시도하게 된다. 정감 팽창이 커질수록 환각은 일상을 뛰어넘어 엄청난 변태(變態)를 꿈꾸게 된다.

  가령 잃어버린 것에 대한 아쉬움과 안타까움 그리고 회한의 정감을 읊조린다 할 때 아래의 시(詩) 사례처럼 할수도 있을 것이다.

   바이올리니스트 짧은 치마가 여름 덮는
   오케스트라, 그 가장자리에
   덧걸이 하는 딸꾹질 없었더라면
   멎어버린 상념의 눈초리에
   이슬
   반짝이진 않았으리
   미로, 그 향기로운 저고리 고름 끝에
   타클리마칸사막의 황사바람
   갈린 미소 얹어두지 않았더라면
   후회
   사무치는 그리움은 향기 찢어
   하늘 닦지는 않았을 것을
   이제
   하오(夏午)의 늦은 더위 땀 들이며
   가을 맞는 기슭에
   단풍든 기억 불 태워, 눈물의 다비식
   감싸준다면
   이별 그리고 사랑의 데뷔
   지구의 허리 비끄러매진 않았으리
   이 세상
   단 하나뿐인 못난 이유가
   존재의 아픔 받쳐 들고, 시간
   갈고 닦는 클래식

허무의 소프라노 꽁다리는 어제를
소리 나게 두드리고
삼키어 버리겠지
북 장고 소리가 요란함은 못 다한
오늘의 연민(憐憫)
기억해 두기 위함이라고, 바람이
풀 죽은 뒷골목
소리 없이 지키고 있기 때문이리니…

-백천만(1)「그대 그리고 나」全文

윗 시(詩) 첫 번째 이미지에서 "딸꾹질이 오케스트라 가장자리에 덧걸이 한다"는 표현은 실재(實在)의 딸꾹질을 허상(虛像)의 존재로 가상하여 "딸꾹질 한다"는 변형의 움직임으로 보여주면서 가시적(可視的) 효과를 자아내고 있다.

그 이하 이미지들에서도 같은 경우를 보이고 있다.

ㄱ. 황사바람이 저고리 고름 끝에 미소를 얹어둔다.
ㄴ. 그리움이 향기 찢어 하늘 닦는다.
ㄷ. 더위가 가슴에 기억 불태워 눈물의 다비식 감싼다.
ㄹ. 이별과 사랑의 데뷔가 지구의 허리 비끄러맨다.

주해:

(1). 백천만(百千萬): 조선족복합상징시동인회 동인.

ㅁ. 존재의 아픔 받쳐 들고 시간 갈고 닦는 클래식.
ㅂ. 소프라노 꽁다리가 어제를 두드리고 삼켜버린다.
ㅅ. 풀 죽은 뒷골목.

　이런 변형된 표현들은 죄다 환각으로 충만 되어 있기에 독자들의 상상력을 도와주며 작품 속에 용해되어 있는 끈끈한 정서의 분출에 힘을 보태준다.
　사례에서 보다 싶이 환각(幻覺)의 변형에 기저(基底)를 둔 복합상징시는 각이한 성질의 이미지들로 조합되며 주역의 원리에 따라 천(天), 지(地), 인(人), 풍(風), 거시(巨視的)인것과 미시적(微視的)인 것, 역사적인 것과 현실적인 것, 현상이나 관념적인 것에 대한 가시적(可視的) 변형조합(變形組合)으로 그 사명을 완수하고 있음을 알 수 있다.

3. 능동적 가시화(能動的可視化)

　세상 자체는 하나의 커다란 생명체이다. 생명체로서의 세상밖에는 또 다른 세상들이 수억 만개가 있다. 하나의 립자보다도 작은 우주 속에 티끌보다도 작은 지구에 사는 인간 역시 생명체이다.
　무릇 생명체는 살아 있다. 살아 있다는 표징은 숨을 쉬고 움직인다는 것이다. 정지되어 있지 않고 움직임 속에 생명이 깃들어 있으며 움직이는 것은 확연히 시야에 포착이 잘 된다.
　때문에 예술로서의 시(詩)는 눈에 보이는 움직임, 즉 능동적 가시화(能動的可視化) 작업이 잘 되어야 한다. 뿐만 아니라 변형도 함께 병행해야 한다. 그래야만 상징의 이미지들이 쉽게 세상의 이목을 끌게 되며 그로부터 독자들의 내심정서활동을 진하게 불러일으킬 수 있는 것이다.

능동적 가시화 작업은 아래의 몇 가지 방법을 지켜야 한다.

ㄱ. 정적(靜的)인 상태를 동적(動的)인 상태로 표현해야 한다. 이러자면 한 개의 명사내지 술어가 다른 명사내지 술어의 조합 속에서야 만이 그 실천이 가능해 진다. 그리고 그것이 예술로서의 상징으로 승화되려면 반드시 환각적 변형(變形)을 거쳐야 한다.

보기:

정적인 상태: 돌이 있다.
동적인 상태: 돌이 굴러 간다.
환각적 변형: Ⓐ 돌이 해빛 발린 시간위로 굴러 간다.
　　　　　　Ⓑ 돌이 두발 감추고 자줏빛 아픔위로 굴러 간다.

보기에서 "시간"은 추상적 개념어(概念語)이다. 이런 추상어는 눈에 보이지 않는다. 그런데 환각의 변형Ⓐ에서는 거기에 "해빛 발린"이라는 규정적 수식어를 붙여 놓으니 대번에 눈앞에 그 이미지가 확 펼쳐지게 되는 것이다. 뿐만 아니라 "굴러 간다"는 움직의 표현까지 보태 넣으니, "돌"이라는 상관물이 생명의 약동으로 숨 쉬고 있음을 각인시켜 주는 것이다.

환각의 변형 Ⓑ에서는 추상어(抽象語)인 아픔에 "자줏빛"이라는 규정적 수식어를 붙여 놓음으로써 구상어(具象語)로 가시화 효과(可視化效果)를 가져왔으며 "두발 감추고… 굴러 간다"는 동적(動的)인 표현으로 생명에 숨결을 불어넣은 것이다. 여기에서도 돌은 그냥 굴러가는 것일 뿐임에도 불구하고 "두발 감추고… 굴러 간다"고 환각의 변형을 함으로 하여 독자들의 상상력을 불러일으키며 가슴이 벌렁거리게 만드는 것이다.

ㄴ. 추상어(抽象語)를 구상어(具象語)로 표현을 바꾸어야 한다.
추상어란 육안으로 보이지도 않거니와 마음속에 이미지로도 떠오르지 않는 관념이나 사상적인 언어들을 가리켜 말한다.
행복, 기쁨, 분노, 창조, 나쁘다… 등등이 추상어에 속한다.
이런 추상어들은 반드시 구상어로 탈바꿈 되어야 형상으로 상징을 불러 올수 있기 때문에 복합상징시에서는 최대한 추상어를 구상어로 사용할 것을 요구 한다.
추상어를 구상어로 탈변 시키는 묘법은 통감(通感) 즉 촉각, 미각, 후각, 청각, 시각 등 감각적 언어들과의 환각적 결합이거나 움직임을 나타내는 술어들과의 조합 속에서 상관물의 가시화를 실현하는 것이다.

보기:

추상어의 원형(元型)-
기쁨이 왔다

구상어의 환각형(幻覺型)-
얄포름한 기쁨이
상큼한 서리로 포근하게
새벽을
덮어 주었다

보기에서 "얄포름한"은 시각적, "상큼한"은 미각적, "포근하게"는 촉각적 표현이다. 이런 감각적 표현과의 교접을 통하여 추상어인

"기쁨"의 이미지를 구체화시켜 주었다.

 이와 같이 복합상징시는 능동적 가시화가 잘 되어있을 때라야만 이 상징의 절실함이 확실해 진다는 것을 알 수가 있다.

 4. 이미지 조합 법칙

 각이한 성질의 이미지들은 되는대로 아무렇게나 마구 조합 되는 것이 아니다. 세상 만물이 파편처럼 쫙 흩어진 상태에 머무른 순간이라 할지라도 그것들 사이엔 육안으로 보이지 않는 내재적 연결고리가 숨 쉬고 있는 것이다. 때문에 그것들의 그 어떤 방식, 형태로 파괴와 정열(整列)을 반복하든 그것들의 내재적 연결고리만 딱 틀어 쥔다면 복합이미지구성은 빛을 산발할 수밖에 없는 것이다.
 내재적 연결고리란 사물, 현상과 그것을 초탈한 형이상적인 영혼 영역에까지 서로 통하는 텔레파시의 동질성을 가리킨다. 간단히 예를 든다면 인간의 눈, 귀, 코, 입은 오관이라는 그릇에 담겨 있으며 오장육부는 몸뚱이라는 그릇에 담겨 있다. 또 해, 달, 별 등의 천체는 우주라는 그릇에 담겨있다. 이것이 세상 만물의 한계성이며 그 한계성이 해당 부속물들의 내재적 연결고리로 손잡고 있는 것이다.
 한 개의 내재적 연결고리 안에서의 각이한 성질의 이미지 조합의 조화를 진일보로 더 살펴보기로 하자.
 첫째, 상관물(相關物) 자체의 속성(屬性)에 대한 의도적 파괴와 기성되어 있는 연계성 파괴를 실행해야 한다. 그 기초상에서 환각에 의한 새로운 조합을 실행해야 한다.
 이것을 상관물의 강압조합(强壓組合) 또는 폭력조합(暴力組合)이라고도 한다. 이런 행위는 상상 밖의 좋은 결실을 맺게도 된다.

 ① 상관물 자체의 속성(屬性)에 대한 의도적 파괴.

세상 만물은 한 개 모식에 오래 머물게 되면 필연코 질변, 탈변을 꾀하게 된다. 이러한 이치는 인간의 일상에서도 흔히 보여 진다.

이를테면 바지에 칼주름을 내어 입고 다니던 행위로부터 권태와 따분함을 느끼게 되자 편편한 바지에 여기저기 구멍을 뚫거나 찢어놓고 입고 다니는 것과 같은 것이다.

인간의 이러한 심리는 예술로서의 시(詩)창작에서도 보여지는바 구체 보기를 통하여 터득해 볼수 있다.

보기:

상관물 자체 속성에 대한 표현:

나뭇잎이 바람에
나붓거리고
물이 노래하며
흘러간다

상관물 자체 속성에 대한 파괴:

나뭇잎이 목청 찢어 바람에
딱지 붙이고
물이 맨발로 소리 밟고
달리어간다

② 상관물 사이의 연계성 파괴, 환각에 의한 이미지 변형물의 재조합,

기술의 발전과 더불어 인간은 굳어진 모식에서의 탈변을 꿈꾸면서 허다한 환각에 기초한 상상력을 발휘하여 엉뚱한 변태적 행위들

을 하여 왔는데 그런 것들이 생각밖에도 세상의 발전을 밀고 나가는데 유력한 힘이 되고 있었다.

그 사례로는 참외와 오이, 수박과 호박, 도마도와 고추… 등 성질이 다른 식물들을 강압적으로 접목(接木)시켜 새로운 품종을 만드는 것과 같은 것이다. 현재 사자와 호랑이를 접목하여 새로운 맹수가 탄생되는데 그 품종을 사호(獅虎)라고 명명되고 있다.

이런 사례는 많고도 많다. 이를테면 당나귀와 말을 교접(交接) 시켜 노새, 버새를 낳게 하며, 세빠드와 풍산개를 교접시켜 새로운 품종의 사냥개를 만들어내는 것과 같은 것이다.

이와 같은 것은 다윈의 진화론(evolutinary theory, 進化論)에서 언급되는 "종의 기원"(1)과 상반되는 창조론(2)에 기초를 둔 개조론(改造論)에 있다고 봐야 할 것이다.

복합상징시 창작에서 이러한 특성들이 이미지로 활용되는 경우를 짚어 본다.

보기:

물이 불 마시고 승천(昇天)의 나래 펴고
보석이 어둠 삼키고 별 되어
시간 고른다
한발 물러서는 가을…
개미 허리에 비끌어 맨 사막의

주해:
(1). "종의 기원": 영국의 의사·철학자(1731~1802). 진화론의 선구자 가운데 한 사람으로, 생물의 진화는 외계의 직접적인 영향에 의하여 변화하는 것이 아니라 생물 내에 있는, 외계의 변화에 반응하는 힘에 의한다고 주장한 책.
(2). 창조론(doctrine of creation, 創造論): 우주 만물이 어떤 신적 존재의 행위에 의해 만들어졌다고 하는 주장

속눈썹에
바다가 굼실대며
분염(粉鹽) 바른다

다시 눕는
채송화 그림자…
비릿한 달거리(月經)가, 올올이
이별 감싸

사랑의 발등에
손톱 박는다

―나목열의「조락(凋落)의 틈새」全文

　복합상징시동인회 멤버인 나목열의 시(詩)「조락(凋落)의 틈새」는 생명의 의식승화의 갈구정신을 보여준 작품인데 여기에서 "사막의 속눈썹"은 강압조합에 속한다. 물이 불 마시고 승천(昇天)하고, 보석이 별 되어 시간 고르며, 달거리(月經)가 발등에 손톱 박는 행위적 장면은 환각적 억지 조합이다. 다시 말해 폭력조합이라고도 할 수 있다. 하지만 그것이 어색하게 안겨오지 않고 당위적(當爲的) 환상을 불러일으키는 것은 그것들의 조합이 강압적이기는 하지만 작품 내면에 감춰져 있는 통일된 사상의 정서에 부합되기 때문이다. 이것이 바로 내재적 연결고리인 것이다.
　한마디로 산재(散在)하여 있는 각이한 성질의 환각적 변형이미지들은 모두가 화자의 정서의 팽창에 의한 산물이어야 하며 그것들은 무조건 화자의 영혼경지(靈魂境地)라는 내재적 연결고리에 부합되어야 한다.

제2절 시(詩)의 언어

1. 시어(詩語)에 대한 이해

생명체로서의 인간의 의식교류의 수단은 말과 언어이다. 언어는 말을 기록해두는 기호에 속한다.

누구에게나 생각은 있고 꿈이 있기 마련이다. 그 생각과 꿈의 크기와 색채는 한 폭의 예술작품보다 더 황홀하거나 처절할 수도 있다. 그것을 소리로 들려주는 음악과 그림으로 펼쳐 보이는 미술과 언어로 전달하여 형상을 펼치는 문학이 있는데 이것을 예술의 3형태라고 일컬어 왔다.

그러나 그런 자신의 세계를 세상에 확실하게 펼쳐 보이는 예술적 기질은 누구나 다 가지고 있는 것이 아니다.

예술로서의 시(詩)문학은 언어로 펼쳐 보이는 작업이다.

세상의 언어는 생활용어와 예술언어가 있는데, 시는 예술언어로 표현하는 문학이다.

생활용어란 일상에서 사용되는 실용적인, 직설적인 언어를 말하며 예술언어란 형상화 된 구상어(具象語)를 뜻한다. 시(詩)에서 사용되는 언어는 반드시 예술언어로 승화되어야 하는데 이를 시어(詩語)라고 한다.

예술이란 현실에 대한 직설적인 캡쳐가 아니고 환각에 입각한 상

주해:
(1) 21세기 10년대 말 중국 연변대학 김만석(金萬石)교수를 비롯한 유물론적 비평가들의 주장.

상의 작업을 거친 상징의 세계임은 더 피력할 필요도 없겠지만, 예술로서의 시(詩)의 언어는 그래서 모호성과 황당성도 어느 정도 띠게 되는 것이다. 유물론을 앞세우는 현대과학의 입장에서 보면 복합상징시에서의 시어는 "도저히 받아들일 수 없는 현상(1)"이겠지만 정서의 움직임을 틀어쥐고 인간 내면세계의 가상현실을 펼쳐 보이는 유심론적 형이상 각도에서 보면 시(詩)의 언어는 무난하게 공감 불러 일으키는 예술의 매력이라고 할 수가 있다.

그리하여 시문학 영역에도 리얼리즘과 상징주의 두 개 갈래가 크게 대립을 이루고 있는 것이다.

보기:

생활용어—

눈이
하얗게 내렸구나

예술언어—

하얀 미소가 얼어서
파들파들
깃 펴고 웃는구나

윗 보기에서 생활용어는 리얼리즘에 속하고 예술언어는 시(詩)의 언어로 사용 된다

이 점에 대해선 이쯤 언급하고 시(詩)의 언어에 대하여 계속 피력해 보자.

시(詩)의 언어는 사전식 외연(外延)적 범위를 초탈한, 주관정서의

산물인 만큼 환각과 변형의 성질을 띠면서도 함축(含蓄)되어야 한다.

　시에서의 함축(含蓄)이란 매 단어의 함축이 아니다. 단어는 그냥 기호로서의 언어일 뿐 그 자체의 함축이란 존재하지 않는다. 시(詩)에서 말하는 함축이란 화자 정서의 경지의 순간순간들이 고농도(高濃度)의 함축을 기하는 예술언어의 합리한 집합을 말한다.

　여기에서 합리한 집합이란 같은 하나의 상관물에 대한 지나친 수식과 해석의 규정어를 적당선에서 사용하라는 뜻과도 통한다고 봐야 할 것이다. 쉽게 말하면 화판에 그림을 그릴 때 화폭의 색상을 두드러지게 하려고 온통 물감 투성이로 도배한다면 범벅판이 되어 오히려 시야를 혼잡스럽게 만드는 것과 같은 이치인 것이다.

　시어(詩語)사용에서는 또 단어 뒤에 따라붙는 토사용에서 있어도 되고 없어도 될 토를 무조건 생략하는 것도 함축의 범주에 속한다.

보기:

지나친 수식과 해석:

어둑어둑 땅거미가 나래 쫘악 펴고
드넓은 들 덮어주는
눈 감은 기억의 꽁다리에서
반뜩반뜩 불빛 깜박이면서
개똥벌레가 시름없이
담배를 피운다

적중한 수식과 해석:

땅거미가 나래 펴고 들 덮는

기억 꽁다리에서
반뜩반뜩…

개똥벌레가
담배 태운다

이를 두고 복합상징시에서는 "골격 추리기"라고 말한다. 즉 소리 나는 북은 힘주어 치지 않는 법이라는 말의 적절한 증명이 되는 사례라고 해야 겠다.
또한 복합상징시에서는 화자의 의도적 행위를 제외하고는 시어(詩語)의 중복사용을 금칙으로 하고 있다. 제목을 포함하여 시 전문(詩全文)에서 이런 법칙이 관통되고 있는 이유는 "같은 노래도 두 번 다시 들으면 싫증 난다"는 지극히 통속한 이치에 근거한 미학적 견해라 하겠다.
같은 시어(詩語)를 다른 표현으로 바꾸어 표현해야 함은 각이한 성질의 이미지구성에 더욱 확실한 보장으로 된다.

보기:

시어(詩語) 중복표현의 사례

새소리 걷어 싣고 바람 되어 가리라
노을 피는 언덕너머로
휘파람 불며 불며 신나게 가리라

시어(詩語) 단일표현의 사례

새소리 걷어 싣고 바람 되어 가리라

노을 피는 언덕너머로
휘파람 꺾어 불며 춤추며 떠나리라

얼핏 보기엔 거기에서 다 거긴 것 같지만 한수의 시에서 같은 시어의 중복이 두 번, 세 번, 네 번, 다섯 번… 연속 중복된다고 생각해보시라. 이야말로 시의 색상을 흐리우는 꼴불견이 되고 말 것이다.

한수의 시(詩)에서 시어(詩語)의 중복사용을 피면하지 못함은 어디까지나 화자의 시어궁핍을 말해줄 뿐이다.

2. 시어(詩語)의 조합

단일명사(單一名辭)는 하나의 이미지를 가지고 있다. 이를테면 꽃, 나무, 바람. 지구, 개미, 사랑…

단일명사(單一名辭)의 추상적 개념을 형상적 이미지로 전화시키려면 반드시 규정어거나 술어와의 결합을 꾀해야 하며 그 결합과정은 일상의 도식화된 법칙을 떠나 환각에 기초한 변형을 기본으로 하여야 한다는 것은 이미 앞장절들에서 이미지를 언급할 때 말한바가 있다.

글자와 단어 그 자체에는 아무런 계급도 사상도 없다. 가령 "똥"이라는 글자를 놓고 보자. "똥"이라는 글자 자체는 그대로 똥일 뿐이다. 그런데 그 글자가 독자의 의식속에 들어와 뇌릿속에 잠재된 이미지로 부상되기 때무에 얼굴을 찡그리게 되는 것이다. 이제 "똥" 뒤에 "똥" 한 자를 더 붙여보자. "똥똥", 이러면 맞혀오는 이미지가 완판 다르게 되지 않는가.

복합상징시에서는 단어와 단어의 조합으로 새로운 이미지를 만들고 이미지와 이미지의 조합으로 새로운 경지를 만들기 때문에 재래식 시어자체의 특성과 연속성을 철저히 파괴하고 환각의 변형으로 다시 조합되어야 한다.

보기:

재래식 표현:

물이 흐른다
바람이 분다
마을에 고요 덮이고
뻐꾹새 밤 울어
새벽이 온다

환각의 변형:

물이 걸어 간다
바람이 갈숲 쓰다듬는다

마을은 고요 덮고
잠들고
뻐꾸기 울음에 밤…

까맣게 얹어 두고
새벽이
눈 비비며 온다

윗 사례를 분석해 보자. 물은 흐르고 바람은 불기 바련이다. 또한 마을에 고요가 덮이고 뻐꾹새 우는 밤이 지나면 희망의 새벽이 오는 것 역시 상징의 표현으로 되었지만 이런 표현을 그대로 직설한 것이 보기에서의 "재래식 표현"이다.

그러나 "환각의 변형"에서는 물이 걸어가고 바람이 갈숲을 쓰다듬는다. 마을은 고요 덮고 잠이 들고, 새벽은 뻐구기 울음에 밤을 얹어 두고, 눈 비비며 온다고 하였다. 앞에서도 말했듯이 이러한 표현은 유물론적 각도에서는 황당할 수밖에 없다. 하지만 형이상적 각도에서는 지극히 무난하게 안겨오는 정서의 움직임이 되는 것이다.

이렇게 "재래식 표현"보다 "환각의 변형"에서는 "걸어간다. 쓰다듬는다, 잠이 든다, 얹어둔다, 눈 비비며 온다"는 등 움직임의 표현으로 능동적 가시화(能動的可視化) 작업을 통해 화자의 꿈틀거리는 경지를 보여주고 있는 것이다.

즉 시어(詩語)의 조합은 재래식 모식에서 벗어나 변형된 환각의 조합으로 새로운 이미지를 구성하여 화자의 경지를 펼쳐 보이기에 봉사(奉仕) 해야 한다는 것이다.

3. 아이러니

원유의 언어에 대한 환각적 변형표현으로 말미암아 초래되는 이미지의 모호성과 애매성은 상징의 본질 규명으로 거듭나게 된다. 이런 특성은 또한 아이러니와 역사유로 그 새로운 경지 구축에 더 경이(驚異)롭게 되며 그것은 궁극적으로 시어(詩語)들의 조합으로 그 사명을 완수하게 된다.

아이러니 라는 말을 반어(反語), 에두름이라고도 하는데 겉으로 하는 진술과 다른 속뜻을 가진 것을 이루어 말한다.

본래 아이러니라는 개념은 희랍의 연극, 특히 희극(喜劇)에서 빚어진 것이다. 희랍의 희극에는 에이론(Eiron)이라는 인물이 등장한다. 그는 겉보기에는 나약한 인물 같지만 실은 훨씬 영리하여 오만하고 고집이 센 대방을 꺾어버리고 승리를 맞이하게 된다. 여기에서 에이론(Eiron)같은 인물을 아이러니 하다고 한다. 에이론(Eiron)의 이런 수법으로부터 그 사상을 밝혀낸 사람이 바로 소크라테스(Socrates)(1)이다. 그리하여 아이러니를 소크라테스적 아이러니라고도 부른다.

아이러니는 상징으로 충만된 복합상징시에서 사용되는 기본기법으로서 외연적 표면에 흐르는 변형된 이미지 외에 내면에 흐르는 화자의 사상과 이념을 은폐시켜 보여준다.

이러한 기법은 황진이가 지은 조선의 고전시조 "청산리 벽계수(碧溪水)"에서도 일찍 쓰인바가 있다.

청산리 벽계수(碧溪水)야 수이 감을 자랑 마라
일도(一到) 창해(滄海)하면 다시 오기 어려우니
명월(明月)이 만공산(滿空山) 하니 쉬어 간들 어떠리

이 시조에서는 황진이가 음풍영월(吟諷迎月)을 읊조린 것 같지만 황진이의 애틋한 정을 읊조리고 있는 것으로 세상에 유명해졌다.

여기에서 벽계수는 장수 벽계수를, 명월은 황진이 자신을 뜻하며 그것을 시조내면에 은은히 깔아 아이러니하게 보여준 것이다.

묵향(墨香)의 복합상징시 하나를 더 예로 들어 보기로 하자.

주해:
(1). 소크라테스(Socrates): 기원전 5세기경 활동한 고대 그리스의 대표적인 철학자이다. 문답법을 통한 깨달음, 무지에 대한 자각, 덕과 앎의 일치를 중시하였다. 말년에는 아테네의 정치문제에 연루되어 사형판결을 받았다.

토막 난 빗줄기들의 창(窓) 두드리는 반란
땀구멍에 송골, 고개 내미는 자유가
냉커피 마신다

오후는…
없을 것이라 한다

모였다가 흩어지는 소리들의 연서(戀書)
그러나 플래시와 샤타의 사명은
시간 조각하는 것

구름 타고 가는 바람의 두발에
딸깍, 이별 신긴 사랑이

무지개로
멍들어 있다

―묵향(墨香)의 「존재의 의미」 전문(全文)

　이 시에서는 비 내리는 날 창가에 앉아 커피 마실 때 번개 치고 우레 우는 경상을 환각적 장면으로 외연을 펼쳐 보이지만 마음 깊은 곳에 자리 잡은 불안정한 현실과 그로 인하여 상처 입은 화자의 내연을 암시적으로 깔아두어 아이러니한 효과를 거두고 있는 것이다.
　"창(窓) 두드리는 반란, 냉커피 마시는 자유"는 현실에 대한 회의(悔意)적 역설이며 "오후는 없을 것이다…"라는 표현은 희망에 대한 갈구의 아이러니한 발설이다.
　"모였다가 흩어지는 소리들의 연서(戀書)"는 지난간 무모한 것에 대한 연민을 뜻하며 "플래시와 샤타의 사명은 시간 조각하는 것"이라는 표현으로 가슴속에 오래오래 남아있는 상처의 흔적들을 암시하고 있다.

나중에 화자는 구름같이 바람같이 흘러가는 멍든 삶이지만 그것은 결국 무지개처럼 아름다운 허무라는 미학적 인생관을 아이러니한 표현으로 깔아주고 있는 것이다.

그러고 보면 복합상징시를 비롯한 상징시계열의 작품들은 기본상 다 외연과 내연의 두 갈래로 흐르는 것이 기본임을 알 수가 있다. 상징시에서의 핵심은 내연이며 외연은 내연을 도출해내기 위한 수단으로 되는 변형적 이미지이다.

순 외연에만 그치고 내연의 사상과 이념을 아예 고려하지 않는 상징은 완결무구(完結無垢)한 상징으로 승화되기 어렵다. 그러나 외연을 통한 내연에 대한 이해와 해법(解法)은 프리즘을 통한 햇빛처럼 독자들의 세계관과 미학적 관념과 경력에 따라 각자 다른 답안을 골라 잡을수 있다. 이것이 바로 상징의 애매성과 모호성의 매력이다.

4. 역행사유(逆行思惟), 변향사유(變向思惟)

도식화된 모식에 대한 탈변은 파괴와 변형을 꾀하면서 역행사유(逆行思惟) 또는 변향사유(變向思惟)를 하게 되는데 이는 역설(逆說)로부터 시작된다고 봐야 할 것이다.

역설(逆說)은 본의와 상반되는 말 또는 언어로써 화자의 뜻을 강조하는 수법에 속하는데 역설을 사용하는 목적은 타자의 주의력 집중, 내용전달의 취미성 제고에 있다고 봐야 할 것이다.

중국 당대 조선족 소설가 권중철의 장편소설 제목은 "사랑 앞에 죽으리"라는 역설(逆說)로 되어 있다. 순결무구한 사랑을 영원히 간직하고 살겠다는 표현의 아이러니한 역설이다.

　역설은 아이러니와 많은 면에서 유사한 면을 가지고 있지만 흔히는 단마디 명창식의 언어조합에서 쓰이는 것이 보통이다.

　이런 역설로 시작된 상징시의 흐름새에서 역행사유 또는 변향사유를 하는 것을 두고 "비뚠 사유"라고 농통하게 말하기도 한다. 그러나 그 비뚠 사유가 인간 본연의 발로임은 두 말할 것도 없다.

　어린 시절 작문시간에 추녀 끝에 매달린 고드름을 보고서 떠오르는 생각 가지가지들을 적어서 바쳤던 기억이 난다.

　고드름을 꺾어서 할머니께 지팡이 만들어 드리고 싶다거나 담배물주리 만들어 아버지에게 선물하고 싶다는 등의 생각은 어른들이 아이들에게 착실하게 살라고 심어준 의식 하에서 고안해낸 생각들이었다. 그러나 고드름을 보는 순간 먼저 떠오르는 생각은 "아, 뾰족하구나. 말쑥하구나…"였다. 이로부터 엉뚱한 생각이 고개를 제꺽 쳐들었는데 뾰족한 고드름으로 고자질 잘 하는 옆짝 계집애의 엉덩이를 찔러주고 싶다는 생각과 고드름 꺾어서 막대기로 휘두르며 동네방네 달아다니고 싶다는 충동이었다.

　시(詩) 짓기를 포함한 모든 예술창작에서의 사유는 이렇게 세상이 점지해 준대로의 피동적 사유가 아닌, 나름대로의 엉뚱한 사유를 자유분방하게 펼치는 것이다. 여기에서 역행사유내지 변향사유는 화자의 독자적 내심경지를 새롭게 펼쳐 보이는데 퍽 유조한 것으로서 환각과 변형은 낯선 자극과 감동으로 세상과의 대화를 이룩하는 대전제로 된다. 문초(文漵)의 시 「그대 오시는 날」을 함께 보기로 하자.

　　이슬 꿰어 받쳐 든
　　봄바람의
　　속내…

찢겨진 사막이 낙엽 덮고
일기 쓴다고

잘려나간 손톱 발톱
숨 죽여
메아리 씹는다

주름 잡힌 햇살에
연지 곤지 찍어 바르는
거울의 손

시간이 그 떨림
꽈악
움켜잡는다

  제목에서와 같이 "그대 오는 날"은 오랫동안 기다렸던 소망이 이루어지는 날이다. 하지만 세월 속에 사막같이 피폐해진 화자는 그래도 기다림이란 신념 하나로 "손톱 발톱" 깎으며 숙원의 그날을 참고 견디어 왔다. 이제 "그대 오시는 날", 초라해진 안스러움을 작품에서는 처절한 환각적 변형으로 보여주고 있는 것이다.
  이런 환각들은 모두가 자연의 사물, 현상들로써 사람처럼 행동하는 변인화의 처리로 되어 있다.

봄바람이 이슬 꿰어 들고 있다.
찢겨진 사막이 낙엽 덮고 일기를 쓴다.
잘려나간 손톱 발톱이 메아리 씹는다.
주름 잡힌 햇살에 연지 곤지 찍어 바른다.
시간이 손 떨림 움켜잡는다.

이렇게 다섯 개의 이미지를 렬거하여 보면 매 이미지마다 정상적인 사유로는 도저히 용납할 수가 없는 황당함을 보아낼 수 있다. 상관물들 사이의 연관성이 철저히 깨져버려 있다.

봄바람이 바늘이나 꼬챙이처럼 이슬을 꿰었다는 것이나 수림 없는 사막이 낙엽 덮는다거나 이빨 없는 손톱 발톱이 보이지도 않는 메아리를 씹는다거나 햇살이 연지곤지 찍어 바른다거나 시간이 떨리는 손을 움켜잡는다거나 죄다 얼토당토 않은 정신환자의 넋 나간, 두서없는 소리로 들릴 것이다.

그러나 예술로서, 시(詩)로서, 상징으로서의 인간의 내면세계는 가상의 현실이기에 상술한 모든 것은 가능한 것이며 정서의 팽창이 불러오는 환각의 자유이므로 아무런 거리낌 없이 실재현실(實在現實)과의 접목이 자연스럽게 이루어 질 수 있는 것이다.

정상적인 사유를 벗어나 역행사유, 변향사유는 이렇게 시어(詩語)의 역설조합(逆說組合)을 기본으로 재래의 모식에서 탈변 되어야 초탈의 경지에 오를 수 있게 됨을 강조하지 않을 수 없다.

우리 삶에 시가 다가서는 이유

―2024년 상반년 「송화강」 잡지의 詩作 진맥과 더불어

지구라는 이 세상에 인류가 등장하고 문명이 생성되면서부터 詩文學이라는 예술은 탄생을 고하게 되었다. 그것은 오늘날까지 발전되어 내려오면서 수많은 갈래의 양상들로 그 존재의 가치를 보여주고 있다. 따라서 詩에 대한 개념 정립도 민족과 지역과 각이한 시대, 년대에 따른 각자 나름의 기준치를 깃발로 내세웠는데 필자 역시 나름대로 詩에 대한 이해를 다음과 같이 조심스레 하여본다.

예술의 한 형태로서의 詩는 문학의 하위개념(下位概念)으로서 문학의 가장 원초적인 장르로 자리매김하고 있다.

예술형태의 원형은 민요무용(民謠舞踊)이었는데 후기에 민요와 무용은 분화(分化)되었고 민요에서 다시 詩와 가사(歌詞)가 분화되었다. 그 후 시는 여러 단계의 분화과정을 거쳐서 비로소 독자적인 양식이 된 것이다.

문학의 원초적 양식으로서의 詩는 정치, 역사, 철학 등을 망라한

인간의 감정활동을 수용하는 광범위한 역할을 하였는데 서구(西歐)에서는 무대 위에서 벌이는 연극 역시 시로 꾸며졌다. 중국의 공자(孔子)는 당시 민간에서 불리고 있는 민요들을 채집, 정리하여 시경(詩經)을 편찬하였고 그리스의 플라톤은 그의 공화국(共和國)에서 시인론을 펴냈으며 아리스토텔레스는 독립적인 시학(詩學)을 저술하였다.

시가 문학의 선두 장르가 되는 것도 바로 여기에서 기원한 것이라 하겠다.

시는 오랜 세월을 거치면서 여러 가지로 그 개념 정립이 이루어졌는데 민족마다 국가마다 대동소이한 점을 가지고 있었다.

네이버 사전에는 시란 "자신의 정신생활이나 자연, 사회의 여러현상에서 느낀 감동 및 생각을 운율을 지닌 간결한 언어로 나타낸문학 형태"라고 표명하고 있으며 "시는 인간의 혼(魂) 속에 타고 있는 불이다. 그 불을 타고 화자의 사상은 별이 되어 빛을 뿌리는 것이다. 참다운 시인은 본능적으로 괴로워하면서 자신의 몸을 불태우고 남도 불태운다. 여기에 일체의 본질이 있다"고도 하였다. 또 L. N. 톨스토이(1)는 "시는 영혼의 음악이다"라고 하였고 S. T. 콜리지(2)는 「시의 철학적(哲學的) 정의(定義)」에서 "시는 모든 지식의 숨결이자 정수(精髓)이다"라고 하였으며 W. 워즈워스(3)는 『서정민요집(抒情民謠集)』에서 "시에는 이러저러한 것 즉 깊은 생각, 훌륭한 소리 또는 생생한 이미저리(imagery)가 꼭 있어야 한다"고 하였다.

미루어 볼 수 있는바 시는 인간이 언어로써 내심세계를 펼쳐 보이는, 소리 나는 그림의 율동(律動)적 예술임을 알 수 있다. 시에서의 가장 핵심인 인간의 내심세계는 미지의 영혼세계를 그려 내는 것인바 칼 샌드버그(4)의 말을 빌려 아래와 같이 형용할 수도 있겠다.

"시는 일찍 알려지지 않았고 앞으로도 알 수가 없는 성곽을 겨냥하는 단어를 뒤쫓는 것이고, 무지개가 어떻게 만들어지고 사라져 가는가를 말해 주는 심상(心象)의 기록이며, 단어의 섬세한 프리즘에 나타나는 그림, 노래 혹은 재능에 대한 포착이다."

그러므로 훌륭한 시는 성곽과 궁궐과 함께 탄생했지만, 성곽과 궁궐이 폐허가 되어도 변함없이 새롭게 반짝이고 있는 것이다.

필자는 최근 들어 중국 조선족 대형순수문학지인「송화강」2024년 상반년에 게재된 시문학 작품들을 거듭 탐독하면서 조선족시문학의 양상과 시문학 본연의 제반 특성들에 대하여 다시금 생각을 모두어 보게 되었다. 그 느껴본 점들을 아래 피력해보려 한다.

詩는 어디까지나 영혼세계에서 질서를 찾아 세상에 펼쳐 보이는 것을 근본으로 한다.

20세기 독일 실존주의철학의 창시자이며 그 주요 대표인물인 마르틴 헤이데거(Martin Heidegger: 1889.9.26.~1976.5.26)는 저서 『시의 본질』에서 "시란 언어로 그려 보이는 심리활동"의 작업이라고 지적하였다.

주해:

(1) L. N. 톨스토이: 제정 러시아의 작가 • 사상가(1828~1910). 귀족 출신이였으나 유한(有閑) 사회의 생활을 부정하였으며, 구도적(求道的) 내면세계를 보여 주었다. 작품에 〈유년시대〉, 〈안나 카레니나〉, 〈전쟁과 평화〉, 〈부활〉 따위가 있다.

(2) S. T. 콜러지: 영국의 시인 • 평론가(1772~1834). 워즈워스와 함께 〈서정가요집〉을 발간하였으며, 낭만주의 선구자가 되였다. 작품에 설화시 〈늙은 선원의 노래〉, 〈쿠블라 칸〉, 평론 〈문학적 자전〉 따위가 있다.

(3) W. 워즈워스: 영국의 시인(1770~1850). 자연의 아름다움과 인간과의 영적인 교감을 읊었고, 콜러지와 함께 발표한 공동시집 〈서정가요집〉은 낭만주의 부활을 결정짓는 시집이 되였다. 시집에 〈서곡(序曲)〉 따위가 있다.

(4) 칼 샌드버그: 미국의 시인(1878~1967). 신시(新詩) 운동에 투신하여 평민적인 소박한 언어로 도시나 전원을 표현하였다. 1940년에 〈링컨전〉으로 풀리쳐 역사상(歷史賞)을 받았다. 저서에 시집 〈시카고 시집〉, 〈연기와 강철〉이 있다.

중국 남조(南朝)시기 문학비평가 종영(钟嵘: 468~518)은 "시는 작자의 영혼의 실체로서 정감활동의 외재적 표현"이라고 말하였다.

이런 유(類)의 시에 대한 정립은 많고도 많지만 그것들을 귀납해 보면 대체로 "시는 화자의 마음속에서 일어나는 정서활동이며 언어를 통한 그것의 심상을 현실세계에 펼쳐 보인다"는 것으로 결론짓게 됨을 어쩔 수 없다.

오늘날 심상을 이미지라고도 부르는데 기실 이는 같은 말이라고 볼 수 있겠다.

정리를 통하여 주지되는바 시란 현실세계 그대로의 스캔이 아닌, 현실세계에 몸담고 있는 화자의 내심세계를 이미지로 전환시켜 세상에 펼쳐 보인다는 것으로 해석할 수가 있다고 본다.

이것이 시문학의 첫 번째 본질적 특성이라고 역점 찍을수가 있는 것이다. 이 것을 일명 또 화폭의 장면조합이라고 명명하기도 하는 것이다.

다음의 사례를 함께 보도록 하자.

사례 1: <송화강> 2024년 제1기-김동진 詩人의 <교정의 종소리> 첫련

교정에는 종소리가 있다
종소리가 울리는 곳에
종소리를 먹고 피어나는
말과 글의 향기가 있다

윗 사례에서 시인은 세상만상에 대한 느낌을 스캔 내지 복사의

직설이 아닌, 세상에 대한 관조로부터 일어나는 내심의 느낌과 정서를 환상과 환각에 의한 시각적 이미지로 전환시켜 세상에 보여주고 있는 것이다. 그럼으로 하여 낯선 자극을 인기시켜 필경 감동에로 세상을 끌고 가게 되는 것이다.

<종소리>와 <말과 글>은 세상에 더없이 익숙한 존재일 수밖에 없다. 하지만 시인은 <말과 글>이 종소리를 <먹고> <피어나는> 가시적 표현으로 승화시킴으로써 예술에로의 접근을 실현해가는 것이다.

이런 화폭의 장면조합들이 조화를 이루면서 시를 더 엮어 내려갔으면 하는 유감도 없지는 않았으나 상기의 내면세계의 느낌을 가시적 화폭으로 펼쳐보였다는 그 점 하나만으로도 시를 포착하고 표현해내는 시인의 놀라운 기량이 돋보임은 말할 나위도 없게 되는 것이다.

사례 2: <송화강> 2024년 제1기-림금산 詩人의 <가을 하늘 아래> 全文

가을 하늘 아래
내 마음은 벌써 크게 붉어진다

단풍은 표상, 익는 붉은 속심
단풍은 표상, 익는 붉은 속심
하늘이 저만치 구중천에 달아나는데
나는 그대 상상 속을 떠날 줄 모르고
그대 곁에 피 같은
단풍으로 변진다

오, 하늘 허리를 쿡 찌르는
나의 숙원이여!

그대 앞에 나는 타다 남은 재

하지만 이 가을이 끝나기 전

저 하늘이 내려앉기 전

나는 다시 불타오를 사랑의 감탄표!

윗 시에서 화자는 <피 같은 단풍>, <허리를 쿡 찌르는 숙원>, <타다 남은 재>, <불타오를 사랑의 감탄표>로 자신의 정감을 읊조리고 있다. 단풍, 숙원, 재, 감탄표와 같은 상관물을 동원하여 화자의 정감을 통감적 이미지로 펼쳐 보이고 있다. <나는 너를 기딱 차게 사랑한다. 사랑해서 정말이지 죽어도 잊지 못하겠다>라는 진솔한 감정을 직설 아닌 상징으로 펼쳐 보이고 있는 것이다. 여기에서 정감의 상징으로 승화시키는 데의 관건적 매개는 심상 즉 이미지인 것이다. 그 이미지는 또한 환상과 환각을 동반한 이미지라는 점에서 더욱 초점을 모으게 된다.

림금산 시인의 다른 시 한수를 더 보기로 하자.

사례 3: 2024년 제1기-림금산 詩人의 <사과배> 全文

사과배에서 탄내 난다

풀-풀 연기가 타래친다

사과향에 관내가 난다

빨갛고 노오란 그 얼굴에

반해서 이 지경일까?

불은 계속 솟구친다

사랑은 계속 파도친다

사과배에 반한 하늘

하늘마저 타끓는 이 계절

사과배 밭은 온통으로 불바다

이 시에서 시인은 <사과배>를 상관물로 <가을은 빨갛게 불타오른다>는 특성에 포인트를 맞추고 상상과 환상과 환각의 나래를 맘껏 펼치고 있다고 봐야 할 것이다.

앞에서도 언급했듯이 시는 현실에 대한 스캔내지 복사가 아니라 그것에 대한 내심에 투영된 이미지를 환각에 의한 능동적 가시화 변형작업을 거쳐 세상에 다시 펼쳐 보이는 간고한 작업인 것이다.

화자에게 <가을>이란 <탄내 나고, 연기가 타래치며, 관내가 나는> 그리고 <사과배에 반해, 하늘도 타끓는> 계절인 것이다. 그리하여 가을의 상징으로 되는 사과배 밭은 온통 <불바다>가 되는 것이다. 통감의 기법으로 자연에 대한 사랑과 認知의 경지를 펼쳐보인 이 시는 18세기 스코틀랜드의 계몽주의 철학자이자 경험론의 완성자로 잘 알려진 데이비드 흄의 <가을>을 떠올리게 하는 역할을 일으키기도 한다.

사례 4: <송화강> 2024년 제2기─박장길 詩人의 <솔밭 언덕> 全文

언덕에 올라 솔밭을 걸으면
마음이 켜 큰다
긴 다리로 하루를 건너간다
신선들이 줄서서 보고 있다

깊어지는 호흡에 깊어지면서
걸음걸음 속세를 벗어
나뭇가지에 걸어놓는다

솔밭을 가로막 낸 오솔길
  나의 허리를 묶어 끌고 갔다왔다
  나는 시계추가 된다

  솔밭 언덕을 내려 집에 오면
  나를 따라 문을 열고
  가득 들어오는 숲내
  소나무 한 그루 집안에 들어간다

 이 시를 읽어보면 한편의 영화를 보는 듯 한 느낌에 빠져든다. 그것도 한편의 환각에 의한 신화적 장면흐름을 보는 듯하다.
 인간은 지구라는 이 세상에 살면서 현실의 손을 잡고 함께 숨 쉰다. 그러면서도 시시각각 생각하며 사색하며 상상하며 환상에 잠기고 환각에 시달리게 된다. 그러한 집념의 모든 것들은 인간 자체의 영적 질량에 의하여 떠오르는 양상의 미적 질량이 가름되게 되는 것이다.
 박장길 시인은 솔밭 언덕길을 거닐면서도 주변의 물상을 신선들이 줄서서 지켜보고 보는 것으로 아름다운 환각에 빠져있다. 그렇게 되는 것은 시인의 세상을 포섭하는 자세가 여유롭고 제법 도고하기 때문이다. <속세를 벗어 나뭇가지에 걸어놓는> 그 마음가짐은 초탈의 경지에 이르지 않고서는 도저히 가져볼 수 없는 환각이며 느긋함이다.
 뿐만 아니라 시인에게는 물상들 모두가 약동하는 거룩한 존재로 認知되어 있다.

  오솔길이 솔밭을 가로막 낸다.
  그런 오솔길이 나의 허리를 묶어 끌고 왔다갔다 한다.
  그리하여 나는 시계추가 된다.

그렇게 한참을 놀다가 집에 오면 솔내가 따라 와 문을 연다.
어느새 집안에는 소나무 한그루가 들어간다.

얼마나 동화적이고 해학적이며 유머가 넘치는 환각적 장면들인가. 인생초탈의 경지에 들어선 신선의 냄새가 풍기는 여유로운 삶이 아닐 수 없다. 박장길 시인은 세상과 인생을 초탈한 삶을 이 시에서 펼쳐 보이는 것이다. 아울러 파란만장의 삶의 고해의 탈 속에서 거뜬히 벗어난 경력의 소유자임을 이 시의 내면에서 엿볼 수도 있게 되는 것이다.

이렇듯 시는 현실세계 그대로의 직설이 아닌, 현실세계에서 느껴지는 시인의 내면세계의 정감을 변형이미지로 가시화하여 펼쳐 보이는 즐겁고도 섬세하며 간고한 작업이 되어야 하는 것이다.

이번엔 또 리기준 시인의 시를 짚어보면서 진일보 더 살펴보기로 하자.
사례 5: <송화강> 2024년 제3기－리기준 詩人의 <꽃말> 全文

꽃은
아무하고나 말을 걸지 않는다

따스한 햇살과 말쑥한 바람에
깨끗한 눈빛으로 그마움을 전할뿐이다

예뻐하면 더 예뻐지고
사랑하면 더 사랑스러워지면서
부드러운 향기로 속마음 알릴뿐이다

숨 막히는 더위에

시원한 바람이 불어오면

흔들림으로 고마움을 얹을 뿐이다

그러나 꽃은

더 넓고 순수한 마음이나

맑은 영혼을 만나면

가슴 활짝 열고 속마음을 고백한다

꽃은

아무하고나 사랑을 속삭이지 않는다

    이 시에서는 아름답고 순결함을 지향하는 화자의 깨끗한 마음 세계가 엿보인다.

    <꽃>이라는 매개물은 그냥 꽃일 따름이다. 꽃이 예쁘고 향기로워 보이는 것은 아름다움을 숭상하는 화자의 마음일 뿐이다. 화자는 그 꽃의 표상과 속성에 자신의 삶에 대한 자세를 부여함으로써 <꽃>이라는 매개물을 아름답고 신성한 화신으로 둔갑시켜 세상과 대화 나누는 것이다.

    꽃을 인격화시킨 대목들을 다시 살펴보자.

아무하고나 말을 걸지 않는다

눈빛으로 고마움을 전한다

향기로 속마음 알린다

바람에 고마움을 얹을 뿐이다

가슴 열고 속마음 고백한다

아무하고나 사랑을 속삭이지 않는다

어떤가. 꽃을 인격체라고 할 때, 사람도 꽃처럼 살았으면 하는 화자의 바램이 역력히 엿보이지 않는가. 사람도 이렇게 살았으면 하는 바램을 직설로 표현하지 않고 꽃이라는 물상의 움직임으로 보여주는 그 기량이 한결 돋보이는 것이다.

사례 6: <송화강> 2024년 제3기－박송월 詩人의 <진달래> 全文

그리워서 그리워서
4월의 첫 새벽을 밀고 달려왔다
하늘을 보고
산을 깨우며
설레는 산자락에
빨간 불 피워 올린다

얼마나 많은 밤을 지새와왔던가
꽃샘바람 헤치고
천애지각도 지척인양
주렁주렁 누비며 찾아와
봄사랑 전한다

금방 터질듯한 꽃망울
둥그란 봄하늘 햇살에
입술 터치며
붉은 울음 피워낸다

산새야 울어라
나비야 오너라
바람도 멎고
구름도 멈춘다

사월의 뜰에 만개하는 개화

지구촌 서러운 모퉁이에도

홀연히 서서 웃는

하얀 젖줄기

겨레의 핏줄기

아리랑 아리랑 아라리오

붉게 타서 이 땅의 끝까지

번져가리

한수의 잘된 서정시라고 느껴져 짚고 넘어가지 않을수 없다. 하지만 그냥 줄기찬 서정의 흐름에 그친 것이 아니다. 시인은 봄을 맞이하는 진달래를 신생을 맞이하는 생명체의 숭고함으로 격정의 높이를 끌어올리고 있다. 또 그 표현에서도 생명을 약동을 느껴지도록 가시화된 능동성을 보여주느라 애쓴 흔적들이 역력하다.

진달래는 <새벽을 딛고 달려와> <산자락에 빨간 불 피워올린다>, 또 <꽃샘바람 헤치고 찾아와> <햇살에 입술 터치며> <붉은 울음 피워낸다>, <지구촌 서러운 모퉁이에도> <만개하는> <하얀 젖줄기>라고 하다가 나중에는 <겨레의 핏줄기>로 승화시켜 구가하고 있다.

한수의 시속에 이렇게 삶이 약동가 생명의 위대함을 <진달래>라는 상관물을 빌어 그것의 능동적 가시화에 용해시켜 보여주었다는 것은 조련찮은 실력이다.

하지만 김정권 시인의 경우, 이색적인 표현기법은 또 세상의 이목을 확 끌어당기고 있다.

사례 7: <송화강> 2024년 제3기－김정권 詩人의 <곱추> 全文

한생을 메를 지고 살았다

태어나면서부터

자기도 모르는 관을 지고

칠성판을 깔아

세찬 소용돌이를 걷어넘고

천둥의 쇠망치로

대못을 박아 천개(天蓋)를 달았다

내 자식 한번 업어주지 못한

불운의 어미로 된 그 죄를

피나게 물어 넘기면서

한번도 두 다리를 쭉 뻗고 누워

편한 잠을 잘 수도 없는

지독한 허기를 씹어 삼켰다

저 안에는 찌그러진 약탕관 같은

작은 오두막 한 채 들어있어

보이지 않는 낙숫물소리로

한가슴 졸여 달여질 때

삭을대로 삭은 등뼈에서는

검불 타는 냄새가 하늘 솟았다

반달은 달팽이의 등껍질이다

    이 시를 읽어보면 곱추의 불운의 한생을 읊조리고 있다. 신체상 불구로 하여 늘 세상과 멀리 소외되어야만 했던 눈물나는 인생이 핍진하게 그려지고 있다.

<한생을 뫼를 지고 사는> 곱추의 인생, 선천적인 곱추의 형상 또한 놀라운 비유로 보여주고 있다. <태어나면서부터/ 자기도 모르는 관을 지고/ 칠성판을 깔아/ 세찬 소용돌이를 걷어넣고/ 천둥의 쇠망치로/ 대못을 박아 찬개(天蓋)를 닫았다>고 하였는데 여기서 <세찬 소용돌이>는 불운한 운명의 사주팔자로 인식해도 될 것 같다.
　내 자식 한번 업어주지 못한 설음, 그 죄같은 자책감이 늘 곱추로 하여금 발편잠 잘수 없는 지독한 허기를 씹어 삼키게 한다. 눈물같은 낙숫물소리가 등에 붙은 곱추의 속안엣 사품칠 때 삭을대로 사근 등뼈엣는 <검불 타는 냄새>가 하늘 솟는다.
　얼마나 장엄한 슬픔의 극치인가.
　시는 마무리 부부넹 가서 <반달은 달팽이의 등껍질>이라고 하였는데 여기에서 반달은 완미하지 못한, 잘려나간 불운의 삶을 뜻하며 달팽이의 등껍질은 속이 빈 허울 좋은 한생을 뜻하기도 한다. 물론 이 부분에서 다르게도 표현할 수도 있었겠지만 화자가 굳이 이렇게 표현을 하게 된 것은 화자의 미학주장이 화자를 꼬드겼을 가능성이 높다. 이처럼 시인은 보다 높은 수준의 미학도 소지하고 있음을 보아낼 수 있다.
　이 시에서 상술한 것보다 더욱 이채를 띠는 것은 <약탕관 같은 작은 오두막 한 채>, <삭은 등뼈에서는 검불 타는 냄새>, <반달은 달팽이의 등껍질>과 같은 놀라운 표현력이다. 이 시의 주제는 장엄하기는 하지만 상술한 바와 같이 뛰어난 표현력의 뒷받침이 없었더라면 그냥 그렇고 그런 시로 전락될 수밖에 없을 것이다.
　하기에 오늘날 시는 사상, 내함도 중요하지만 그보다도 표현에 더욱 공력을 들여야 함을 알 수가 있다.
　시의 생명력의 장단은 그에 내포된 내함이 결정짓지만 예술이 되는 가능여부는 표현력에 달렸다고 해야 할 것이다.

아무리 좋은 내함의 시라도 표현이 따라가지 못한다면 그 시는 그냥 일상적인 생활용어로밖에 남지 못하는 경우가 많다.

시에서 내함은 기본이요 표현은 예술의 기준인 것이다.

오늘날 조선족시단에서는 내함에만 지나치게 치중하다보니 표현을 홀시 또는 경시하는 현상이 적지 않다.

여기서 한 가지 더 짚고 넘어갈 것은 이 시가 담고 있는 색채는 지극히 어두우나 찬란한 슬픔의 미학을 과시하고 있다는 점이다. 한반도 김영랑 시인은 <모란이 피기까지는>이라는 시에서 <나는 아직 기다리고 있을 테요/ 찬란한 슬픔의 봄을>이라고 표현하였는데 그에 버금가는 놀라운 표현력의 秀作이라고 엄지를 뽑아들지 않을 수 없다.

오늘날 조선족시단에서는 <밝고 명랑하고 씩씩하고 웃음소리가 넘치는 내용만 골라 그것을 시로 써야 한다. 그렇지 아니 한다면 백번을 해도 다 실패> 라고 공공연히 떠들어대는 현상이 난무하고 있다. 하지만 진정한 예술은 아픔과 슬픔과 고통과 고독이 걸러낸 진주보석과 같은 결정체임을 명기해야 할 것이다.

<세계관리학의 아버지>로 불리우는 오지리제국 출생 미국적 학자 피터·더루커(彼得·德鲁克 1909.11.19.~2005.11.11.)는 그의 저서 <방관자의 모험>에서 일찍 <빛은 어둠속에서 생성된다. 어둠의 질량 여부에 따라 빛의 질량 여하가 결정 된다>고 할한 적 있다. 어둠이 없다면 빛은 그 존재의 가치를 상실하고 말게 된다.

요즘같이 문학예술은 밝음 것만 골라 창작해야 한다는 일부 그릇된 인식과 비겨해 볼 때 김정권 시인의 <곱추>는 다시없는 佳作으로 자리매김하게 됨을 강조하지 않을 수 없게 된다.

예술의 진위는 아픔과 고통과 시련과 고독과 그리움과 기다림의 긴 수련 속에서라야 만이 찬란히 빛나는 보석으로 야명주로 그 가치를 산발하게 되는 것이다.

다음, 시문학의 두 번째 본질적 특점을 피력해보도록 하겠다.

시문학의 또 다른 특성이라면 세상을 관조하면서 느껴지는 시인의 주지적 관념을 시적 결구를 빌어 언술함으로써 세상에 감동을 던져주는 것이라 하겠다.

이런 경향의 시는 자칫 구호의 직설로 저락될 모험성도 지니고 있지만 강력한 철리성으로 하여 세상과 공감대를 이룩하게 된다는 데서 크게 인기를 자아내기도 한다.

우리는 일찍 푸시킨의 <삶이 그대를 속일지라도>와 같은 주지시에 익숙해 있었던 시절이 있었다. 중국에는 삼자경, 팔고문과 같은 古典들이 있었고 당송시대의 번성했던 詩와 辭가 있었다. 또 한반도에는 조선조 때 창제된 우리민족 고유의 시조가 있었다. 양사언의 <태산이 높다하되>와 남구만의 <해동가요>와 같은 주지적 경향의 작품들은 삼척동자도 다 아는 역작들이었다. 이런 주지경향의 작품들은 허다한 세월을 세상과 더불어 용기와 희망과 정열에 끓어 넘치게 하였었다.

주지시는 인간사회에 강력한 호소력을 가지고 있어 힘들고 외로운 삶속에서 어려움을 이겨나가는 인도적 역할도 수행하고 있다. 격변의 시대에서는 더욱 필수적인 예술로 자리매김하는 사뭇 소중한 형태의 예술이기도 하다.

아래 구체적 사례를 통하여 그 진수를 알아보기로 하자.

사례 6: <송화강> 2024년 제3기－최화길 詩人의 <시작> 全文

하루는 하루의 시작이 있고
한 달은 한 달의 시작이 있고
1년은 또 1년의 시작이 있다

시작이 있으면 끝도 있는 법

하루가 끝이 있다면 한달도
1년도 모두 자기의 끝이 있다

시작과 끝에서 무한한 반복을 본다
끝인가 하면 그것이 시작이 되고
시작인가 하면 그것이 끝의 이음이 된다

시작이 반이라고 하는데 사실
끝을 반이라 함이 오히려 맞는 것 같다
시작은 끝을 향한 바람일 뿐이다

인생도 시작에서 끝으로 간다
길고 짧음은 알 수 없지만
시작과 끝은 이미 주어졌다

끝에서 시작이고 시작하면 끝이 있는
우리 모두의 시작과 끝은 결국
세월이란 장벽에 막혀 있기 때문이다

사례 7: <송화강> 2024년 제3기－김동진 詩人의 <새벽으로 가는 길> 全文

무조건 가야 한다
이 밤도 가야 한다
꿈을 안고 가야 한다
새벽을 찾아가야 한다

달도 없고별도 없는

어둠의 동굴 속에서
꿈으로 만든 굴렁쇠를 굴리면서
동트는 새벽으로 가야 한다

새벽으로 가는 길은
높이를 알 수 없는 산을 넘고
깊이를 알 수 없는 강을 건너
어둠에서 탈출 하는 영광의 길

새벽으로 가는 길은
어제라는 시공과 작별하고
오늘이라는 빛을 만나러 가는
신념으로 다져진 희망의 길

칠흑같은 어둠을 딛고
찬연한 미래를 당겨오기 위하여
생명은 새벽으로 가야 한다

상기의 사례 5, 6의 시를 읽게 되면 광범한 대중들은 가슴을 탕탕 치면서 "아, 옳소, 정말 맞는 말이요~!"라고 감탄을 자아내게 될 것이다.

최화길 시인의 시 <시작>은 그냥 철리적 직설, 나열 같지만 결국 시로 승화될 수 있게 된 것은 마감대목에 가서 <우리 모두의 시작과 끝은 결국/ 세월이란 장벽에 막혀있기 때문>이라는 형상적 상징언어가 있기 때문이다. 이것을 시에서의 비약이라고 한다.

김동진 시인의 시 <새벽으로 가는 길>에서는 시가 그냥 구호에 머무르지 않고 주지적 이념을 형상의 표현으로 재치있게 보여주었기 때문에 성공을 거두게 된 것이라고 본다. 즉 그냥 새벽을 찾아가야 한다는 구호에만 그친 것이 아니라 <어둠의 동굴 속에서/ 꿈으로 만든 굴렁쇠를 굴리면서/…/높이를 알수 없는 산을 넘고/ 깊이를 알수 없는 강을 건너/ 어둠에서 탈출하는 영광의 길>이기에 <칠흑 같은 어둠을 딛고/ 찬연한 미래를 당겨기 위하여> 새벽으로 가야 한다는 힘찬 호소를 형상적 표현으로 강유력하게 보여준 것이다.

그러므로 주지경향의 관념시는 그 이념을 형상의 상징을 빌어 표현하여야 비로서 시에 완미하게 접근할 수 있음을 알 수가 있다. 최화길 시인의 시와 김동진 시인의 시는 이 면에서 전범을 보여주고 있다고 봐야 할 것이다.

사례 7: <송화강> 2024년 제2기-송미자 詩人의 <고요의 무게> 全文

누가 돌의 신음소리 들었는가
누가 돌의 환성을 들었는가

시간으로 재일 수 없는 아픔을 응축해도
공간으로 쌓을 수 없는 희열을 다져도
빛으로도 말하지 않았다

돌은 틈이 없다
모래 한 알 굴러갈 구멍은 더욱 없다
하물며 소리 뱉을 입이 있으랴

침묵이 밀집하여
고요가 되었을 때
드디어 돌이 되었다

고요의 무게는

돌로 자리 잡는다

    송미자 시인의 시를 례로 더 들어보기로 하자.
    <고요의 무게>는 돌의 침묵을 다룬 시인데 돌이라는 대상물은 침묵의 상징이다. 따라서 침묵이 지니고 있는 엄청난 가치에 대하여 철리적으로 읊조리고 있는 시라고 해야 할 것이다.
    하지만 시인은 시에서 <돌처럼 침묵해야 한다. 침묵은 위대하다>라고 읊조리지 않고 <시간으로 재일 수 없는 아픔을 응축해도/ 공간으로 쌓을 수 없는 희열을 다져도/ 빛으로도 말하지 않았다>라는 표현으로 쉽게 드놀지 않는 침묵의 드팀없는 진리를 상징으로 잘 보여준 것이다. 특히 마감부분에 가서 <침묵이 밀집하여/ 고요가 되었을 때/드디어 돌이 되었다//고요의 무게는/ 돌로 자리 잡는다>고 철리적인 깊은 함의를 상징의 언술로 힘 있게 귀결하고 있다.
    이렇듯 주지적 관념시는 세상에 대하여 교조적 또는 설교 또는 훈계 또는 계몽을 목적으로 한다 하더라도 반드시 이미지가 상징을 통한 이념의 언술이 되어야 함을 다시 강조하는 視點이라 해야겠다.
    반면 우리는 지난 한시기 허다한 세월을 순수 구호의 나열만을 행과 연을 나누어 시처럼 따라 부르고 웨쳤던 시절이 있었다. 그런 부끄런 역사의 반복은 다시 있어서는 아니 될줄로 본다.
    시문학의 또 다른 특점이라면 환각적 가상현실의 스토리에 대한 묘술이라는 것이다.
    시가 논리적인 사유를 기반으로 한 이미지조합내지 나열보다는 쉽게 세상에 다가설 수 있는 첩경이 바로 스토리에 대한 묘술이다. 스토리를 우리말로 말하면 곧 이야기인 것이다.
    이야기는 듣는 사람으로 하여금 구수하고 진지함에 빠져들게 하는 마력을 가지고 있다. 그런데 詩作에서의 스토리는 말속에 말을 담고 있는 스토리로 되어야 한다. 그래야 예술로서의 詩로 거듭날 수 있는 것이다.

<송화강> 2024년 제1기에 실린 홍연숙 시인의 <얼갈이>, 제2기에 실린 리해란 시인의 <대한(大寒)>, 제3기에 실린 김승종 시인의 <시혼을 불러 불러>가 그에 상응한 대표적 사례라고 보아진다.

먼저 홍연숙 시인의 <얼갈이>를 살펴보기로 하자.

사례 8: <송화강> 2024년 제1기-홍연숙 詩人의 <얼갈이> 全文

채 자라기도 전에
늙어 쳐진 불거자루같이
아무렇게나 대충 버무려져 쉽게 팔리는
얼갈이라 씌인 봉지 속에
보랏빛이 오글거린다
너도 저 수정 같은 씨앗으로부터 온 게야
남들이 너를 어떻게 부르던 간에
얼간이는 아닌 게지
콩나물시루 같이 숨 막히는 긴장이
축축하게 좁혀지는 틈새
바늘 같은 숨길이 푸르다
장터 심심풀이마냥
아삭아삭 씹히고
칼국수에 말려가나
국밥 한술에 뜨이는
막일꾼의 소박한 세계를 닮은
풀꽃만한 작은 꿈도 없이
오로지 살아낸다는

너의 커다란 의미

윗 시는 둘이서 마주 앉아 있을 때 대방에게 조곤조곤 들려주는 담시의 형식으로 되어있다. 그냥 지나온 역사를 스토리로 들려주는 듯한 친절감을 느끼게 된다. 그 이야기는 타당한 은유적 상징의 힘으로 한결 더 세상과 밀착되는 화끈한 의미전달의 효과를 자아내고 있다.

<수정 같은 씨앗>, <콩나물시루 같이 숨막히는 긴장>, <긴장이 축축하게 좁혀지는 틈새>, <바늘같은 숨결>, <아삭아삭 씹히고> 등과 같은 표현은 의미전달의 생동성을 높여주는데 있어 놀라운 효과를 거두면서 <얼갈이>는 결국 얼갈이가 아니라는 엄청난 주제 표달의 목적에 도달하게 되는 것이다.

전반 시는 재래식 행과 연의 속박을 벗어나 정감의 폭에 다른 시 행조직과 통절로 된 시의 구조적 특성을 지니고 있다. 현대인들의 자유분방한 삶의 의식이 이 한수의 시에도 여유롭게 반영되고 있다고 봐야 할 것이다.

다음은 리해란 시인의 시를 살펴보기로 하자.

사례 9: <송화강> 2024년 제2기-리해란 詩人의 <대한(大寒)> 全文

    대단한 녀석이었다
    겨울을 더욱 깊게 만들고
    얼음을 더욱 두텁게 만들어주는 것이었다

    입동부터 우두둑 주먹을 쥐더니
    소설 대설 동지까지

차가운 담금질을 계속 해대는 것이었다
동지를 지나서는 어금니를 꽉 깨물고

서리 얼음 눈보라까지 호령치며
매서운 쇠채찍을 마구 안기는 것이었다

하루사이에 그만
얼음은 대번에 얼음으로 성장했고
겨울은 겨울로 하연 재채기를 해댔다

세상은 차갑게 얼어맞아야
따스한 봄도 되고 여름도 되나 보다

이 시는 동화적 색채까지 다분한 秀作이라는 감이 든다. 겨울의 춥고 맵짠 특성을 <대한>이라는 매개물을 등장시켜 엽기적 장면을 해학적 장면으로 과장하여 펼쳐 보인 것이 취미를 확 끄당겨 주고 있는 것이다.
<세상은 차갑게 얼어 맞아야/ 따스한 봄도 되고 여름도 되나보다>는 해학적 결론은 빛나는 철리를 담고 있어 이 시를 더욱 확 살아나게 한다.
<우두둑 주먹을 쥐더니>, <어금니를 꽉 깨물고> 등과 같은 생동한 표현은 전반 시의 형상성을 끌어올리는데 퍽 유조적 역할을 일으키고 있다.

이번에는 김승종 시인의 경우를 진맥해보기로 하자.

사례 10: <송화강> 2024년 제3기－김승종 詩人의 <시혼을 불러 불러> 全文

그 언제나 덥썩부리를 하고 시의 텃밭을 기웃기웃 떠돌이 하는 이가 있다
그 언제나 바람 앞에서 바랑을 메고 시의 여행지로 떠나는 이가 있다
그 언제나 열리지 않는 쪽문을 와락 제치고 시의 가시덤불 속으로 들어가는 이가 있다
그 언제나 2224**19******42**과 함께 시의 혼백을 불러 모아 시화(詩画)를 그리는 이가 있다...

...

늘 언제나
덥썩부리는 뭇돌멩이들에 얻어맞아 상처투성이 피투성이다

하지만,
오늘도 덥썩부리는 시의 봉오리를 향해 황금낙타를 몰고 뚜벅뚜벅 바늘구멍으로 들어가고 있다...

오늘날 담시의 새로운 영역을 개척하고저 심혈을 몰붓는 김승종 시인의 개성은 이 시에서도 역력히 드러나고 있다. 그냥 구수하게 들려오는 이야기 같지만 들을수록 점점 한각의 가상세계로 끌려들어가게 됨을 어찌할 수 없게 된다. <詩>라는 영역의 새로운 차원을 향하여 <가시덤불 속>으로 들어가며 혼백을 불러 詩畵를 그리기도 하며 <뭇돌멩이에 얻어맞아 상처투성이 피투성이>신세가 되지만 예술에 대한 집착으로 새로운 차원을 열어가기 위해 시인은 결국 <황금낙타>를 몰고 가는 즐거움으로 삶의 진미를 가슴 뿌듯이 느끼고 있다.

그렇게 시인은 어제도 오늘도 내일도 그 힘겹고 간고한 예술의 정상을 <바늘구멍>으로 들어가듯 땀동이를 쏟으며 분투하고 있다. 새로운 것에로의 집착과 피타는 분투와 요지부동의 의지와 정열이 돋보이는 한수의 잘된 스토리식 詩라고 긍정의 찬사를 던지게 된다.

또한 시 작시법상에서도 재래식 행과 련의 한계에서 벗어나 산문화된 행과 연의 조화를 자유롭게 조직해나가는 그 재치 또한 놀랍

기만 하다.

시는 시종 화려한 꾸밈새가 없이 그냥 담담한 서술식 표현으로 시인의 자세를 함축시켜 보여주면서 시인의 경지를 서서히 높은 차원으로 끌어올리고 있다. 놀라운 실력이다. 재래식 담시의 틀을 깨부수고 자기만의 독특한 담시의 벽을 쌓아가는 그 정신이 참으로 가상하다고 해야 할 것이다.

여기까지 쓰고나니 시문학의 다른 특성을 또 하나 더 언급하지 않을 수 없게 된다. 즉 아방가르드 의식형태의 시라고 할수 있는 것이다.

오늘날 조선족 시단에서 아방가르드의 특성을 살려 신시혁명을 일으키고자 탐구에 실험으로 거듭나는 시의 류파는 하이퍼시와 복합상징시를 그 사례로 들수 있다.

하이퍼시와 복합상징시는 모두가 초현실주의 포스터모더니즘의 후속작업의 연장으로 특징지어진다.

인간 영혼의 무아경에서 초현실주의 시문학의 창시자인 프랑스의 앙드레 브루통(1896~1966)에 의하여 만들어진 자동기술법을 기반으로 프랑스 철학자 질 들뢰즈(1925~1995), 피에르 펠릭스 가타리(1930~1992)가 집필한 「천개의 고원」을 참작하면서 무의식 흐름 속에서 낯선 경지를 창출해내는 상기의 두 개 류파의 시는 공성이 있으면서도 대립면을 지니고 있어 오늘날도 상호 쟁명이 그치지 않고 있다.

즉 하이퍼시는 언어의 낯선 조합으로 사명의 완수를 주장하지만 복합상징시는 낯선 장면의 조합으로 아름다운 경지구축을 고집한다. 여기에서 언어의 조합과 장면의 조합이라는데서 대립의 시작이 되는 것이다.

한국 현대시인협회의 전임회장이었으며 <시문학>월간지의 주간으로 지냈던 문덕수 시인(1928년 ~ 2020년)에 의하여 창시된 하이퍼시는 유럽에서 성행하던 하이퍼소설문학에서 계발 받고 창시된 시문학의 신형류파로서 조선족문단에선 최룡관 시인에 의하여 하이퍼시문학의 전파와 보급이 이루어지고 있는 상황이다. 복합상징시는 중국 조선족 시인 김현순에 의하여 창시된 신형류파로서 조선족시단과 한국시단에서 이목을 끌고 있는 상황이다.

세상 구성의 복합원리로부터 정립된 복합상징시는 필연코 단일구조가 아닌 복합구조의 산물이며 상징의 산물이라는 것은 자명한 일이 아닐수 없다.

독일의 석학 후고 프리드리히(Hugo Friedrich, 1904.12.24.~1978.2.25)는 「현대시의 구조」(5)에서 복합구조의 문학작품을 파편체 문학이라고 하였고 자크데리다, 롤랑 바르트, 네오도오 넬슨, 안드리에스 반담(6)은 하이퍼텍스트라고 하였으며 프랑스 철학자 질 들뢰즈, 피에르 펠릭스 가타리(7)는 다양체라고 하였다. 오늘날 하이퍼시 영역에서 다선구조로 명명하는 것도 결국 모두 복합구조와 같은 말이 되는 것이다.

복합 구성으로 된 상징의 세계는 화자의 영혼경지를 펼쳐 보이는 가장 효과적인 방법이다. 화자의 경지 여하는 복합상징의 정도 여하에 달렸다

하이퍼시에 대해 필자는 아직 깊은 탐구가 부족하기에 사례를 들어가며 왈가왈부 하지 않고 복합상징시만 선택적으로 지적해보려 한다.

주해:

(5) 「현대시의 구조」, 장희창 역, 출판: 지식을 만드는 지식. 2012.5.9.

(6) 자크데리다, 롤랑 바르트, 네오도오 넬슨, 안드리에스 반담: 하이퍼텍스트와 문학이론에 대한 글을 쓴 사람.

(7) 질 들뢰즈, 피에르 펠릭스 가타리: 「천개의 고원」의 저자.

사례 11: <송화강> 2024년 제3기－황희숙 詩人의 <하숙집> 全文

시간의 긴 발효가
그리움 찍어 입에 넣는다
해걸사의 병풍엔
멀리에서
익어가는 골마리

여백으로 펼쳐가는
전설의 몸놀림에도
정채로운 것은
바깥구경 시키는 일이다

현관문 시선이
웃어주는 그림자에 감동 먹는다

마당에 나앉은 날이
시골길 개학이던가
입씨름 색상은
그날의 택배가
사랑, 선물 받은 기분이란다

사례 12: <송화강> 2024년 제3기－권순복 詩人의 <선보러 가는 길> 全文

나무와 꽃들의 춤추는 모습이
길 양켠에 줄 지어
손벽을 친다

노랫가락 입에 문 철새의

날갯짓에서

무지개가 햇살로 피어오르고

하늘 나는

구름의 대안(対岸)에는

신기로운 입짓

타임머신의 미소가

시공터널 그 언덕에

꿈씨 한 알 묻어둔다

 사례 11, 12의 경우에서 시에 흐르는 내용과 사상따위는 먼저 따지지 말자. 그냥 시를 읽으면서 마음에 투영되는 장면들의 느낌을 생각해보자. 그 느낌들 조합이 곧바로 시의 주제가 되는 것이다. 그러나 곱씹어 거듭 읽어보면 그 이미지장면의 흐름이 안겨주는 경지 또한 알아보기 어렵지 않음을 발견할 수 있다.

 황희숙 시인의 시 <하숙집>에서는 종일토록 소님 하나 오지 않는 한적한 하숙집을 모티브로 고독한 삶에 대한 회의의 발로라고 해야 할 것이다. 그것은 택배 받는 사소한 일 하나마저 그리운 생의 한 단면에 농축시키고 있는 것이다.

 이 시에서의 두드러진 특점이라면 언어의 강압조합이 어색하지 않게 느껴진다는 것이다. 그것은 이미지들이 선율의 흐름세를 잘 탔기 때문이라고 해야 할 것이다.

 권순복 시인의 시 <선보러 가는 길> 역시 환각의 장면흐름으로 화자의 미래에 대한 충만 된 기대와 희망을 보여주고 있는바 세상에 던져주는 정서의 색채가 밝고 명랑한 것이 특징적이다.

오늘날 열린 글로벌 시대에 들어서면서 시를 읽는 방법과 쓰는 방법에서도 일대 혁명이 일어나고 있다.

일찍 그리스 고전시학의 최고봉으로 추앙받았던 아리스토텔레스(기원전 384년 ~ 322년)는 <형이상학>에서 <시는 이미지로 보여주는 감동>이라고 하였으나 동양 제국에서는 <시는 뜻과 사상으로 감동을 불러일으키는> 것이라고 주장하여 왔다. 그 관습이 오늘날까지 뿌리 내려 조선족을 망라한 아세아 詩領域에서는 아직까지 시의 내용과 주제를 앞세우는 경향이 사뭇 심각하다.

하지만 독일태생의 미국적 이론물리학자 아인슈타인(1879년 3월 14일~1955년 4월 18일)은 그의 저서 <양자역학>에서 <세상만물은 자유결합이 가능하며 그것이 어떤 형태이든 결합되기만 하면 그것으로서의 의미와 내함이 절로 흘러 나온다>고 지적한 바가 있다.

복합상징시는 바로 <세상 만물의 자유결합>이라는 이론에 근거하여 언어를 토대로 한 이미지의 자유로운 조합원리에 초점 맞추고 있으며 그 조합들로 화자 영혼 경지를 아름답게 펼쳐 보이고저 노력을 기울이는 것이다.

사례 13: <송화강> 2024년 제3기－김현순 詩人의 <집합> 全文

냇물에 손 적신 기억들이 도마 위 햇살로 잘려나간다
메아리의 옹점은 손의 크기에 고요를 담고
베갯잇에 수놓은 별들의 속삭임 노랗게 그와졌다
사랑과 이별의 변주곡 사이로 봄이 걸어 나오듯
자정 딛고 간 자리에 이슬이 향기로 맹울져있다
발가락에 발톱 달린 현실
타임머신 공간에 머뭇거릴 때
독경하는 염불의 매무새, 아픔은 장단을 모르고
드르렁 코고는 소리가 담 넘어 청포밭을 지난다
먼지 낀 뉴스에 실각의 매신저, 돋을새김 어혈들 일어다

이 시 역시 처음부터 주제와 내용파악을 하려고 서두를 필요가 없는 것이다. 그냥 쭈욱 읽어 내려가면서 이질화된 장면들이 가슴에 맞혀오는 느낌과 그 느낌들이 어떤 감수를 안겨주는가에만 집념하면 그만인 것이다. 마치도 우리가 교향곡을 듣거나 눈앞이 어질어질해나는 추상파 그림을 대할 때 그 뜻은 몰라도 각자 나름대로 느낌을 받는 것과 같다고 해야 할 것이다.

각자의 문화정도와 심미관과 세계관, 철학관이 다르기에 이런 류형의 시는 <왜 그렇게 썼는가, 무얼 말하려고 했는가> 하는 물음에 확답이 없다고 해야 할 것이다.

이런 유형의 시는 언어의 파격조합부터 이미지의 파격조합에 이르기까지 다다이즘 성격의 작업을 거치며 동시에 그것을 아름다운 자극에로의 향상을 꾀하고저 한다.

그러나 다시 자세히 살펴보면 시 <집합>에서는 일상의 다반사를 벗어나 현실초탈을 꾀하는 현대인의 고뇌를 읊조리고 있음을 어렵지 않게 보아낼 수가 있다.

아래 구체적으로 분석해보자.

냇물에 손 적신 기억들이 도마 위 햇살로 잘려나간다
(삶에 대해 적극적이었던 순간들은 아름다운 추억으로 메모되어있다)
메아리의 웅적은 손의 크기에 고요를 담고
(과거를 수용하는 자세는 지나온 세월을 점검해본다)
베갯잇에 수놓은 별들의 속삭임 노랗게 고왔적있다
(내일에 대한 약속은 언제나 희망에 부풀어있다)
사랑과 이별의 변주곡 사이로 봄이 걸어 나오듯
(삶의 질고 속에서 희망은 늘 존재했었다)
작정 딛고 간 자리에 이슬이 향기로 맹울져있다

(지나고 보면 어려움도 고통도 행복의 존재인것을)

발가락에 발톱 달린 현실

(뜻대로 되지 않는 현실의 안타까움)

타임머신 공간에 머뭇거릴 때

(가야 할 여정 앞에서 내일에 대한 두려움에 대중 못잡음)

독경하는 언론의 매무새, 아픔은 장단을 모르고

(홀로 고민하는 삶의 되풀이 속에서 고통에 마비된 현실)

드르렁 코고는 소리가 담 넘어 청포밭을 지난다

(현실에 대한 懷疑에 지친 나머지 초탈을 꿈꾸다)

먼지 낀 뉴스에 실각의 메신저, 돌을새김 억혜들 일어다

(어찌할수 없는 현실의 참혹함이지만 정시하며 살아야 하는 깨달음)

    인간은 살면서 이런저런 삶의 질고를 겪지만 그 속에는 아름다운 내일에 대한 약속과 갈망에 수없이 가슴 설레기도 한다. 그러나 매번 그런 욕망들은 무참하게 파멸되는 경우가 많다. 하지만 세월이 흐름에 따라 그로부터 오는 고통은 곧 기억 저 켠에로 희미해지고 마음은 또 현실 밖 현실에서 탈피하는 새로운 나를 찾아 고독을 다스리게 된다. 이렇듯 모순된 심리갈등이 고스란히 담겨진 인식의 그릇이 바로 <집합>을 이루게 되는 것이다.

    필자가 복합상징시 대목에 와서 필묵을 더 들이는 것엔 연유가 있다.

    복합상징시와 하이퍼시는 詩文學 영역에서 새롭게 대두한 신형 류파의 시로서 중국 조선족문단과 한반도 문단에서 일정하게 자리매김을 하고 있다. 하지만 조선족 문단에선 대중적인 통속성을 지니지 못한다 하여 배타적지위에 처하여 푸대접을 받고 있다. 만물공존의 시대에 탐구로 거듭나는 복합상징시와

하이퍼시가 조선족문단에서도 두각을 드러낼 수 있는 활무대가 마련될 것이라는 기대에도 젖어본다.

오늘날 시를 쓰는 사람들은 여전히 세상을 관조하며 함께 숨쉬고 있다. 시대의 발전과 더불어 시의 양상도 날로 다양해지고 그 표현방식도 파격적 낯선 작업이 활발하게 전개되고 있다.

구경 어떤 시가 좋은 시이며 시는 어떻게 써야 하는가? 많은 사람들이 고민하고 있다. 정답은 없다. 대중성을 띤 통속예술과 흔상을 목적으로 하는 순수예술의 쟁명은 예나 제나 공존하게 되는 것이다.

구경 시는 어떻게 써야 하는가, 시를 어떻게 써야 한다고 말하는 그 자체가 착오라고 예로부터 많은 시인들이 말하고들 있다. 그렇게 되는 이유는 인간의 내심세계가 천층만층이고 그것을 발로하는 방식도 천차만별이기 때문이다. 눈에 보이지도 않는 인간의 내심세계를 눈에 보이고 들리며 감촉하게 하는 것, 그것을 언어로 율동적 선율의 이미지로 표현해 낼 때 그것은 시로 되는 것이다.

작은 시 한수로 타인을 교육하려거나 인도하려 든다는 것은 우스운 일이다. 시는 그냥 자신의 내면세계를 펼쳐 보여 아름다운 감동을 자아내는 고매한 작업일 뿐이다. 그 감동의 깊이와 높이와 너비는 독자층의 범주에 의하여 결정될 뿐이다. 독자가 많다고 해서 좋은 시이며 독자가 적다고 해서 시의 질이 떨어지는 것은 절대 아님을 기억해둘 필요가 있다.

우리 삶에 시가 다가서는 이유는 인간 자체가 詩라는 매개물을 빌어 정감배설과 영혼승화의 목적에 도달하려 하기 때문이다. 고급스럽고 사치스런 작업이기 때문이다.

중국 조선족 대형순수문학지인 <송화강>잡지 상반년에 수록된 시인들의 詩作들을 탐독하면서 놀라움을 금치 못했다. 詩作들마다 각이한 풍격의 별이 되어 빛을 산발하고 있기 때문이었다. 게재된 詩作들에 대하여 일일이 거들지 못해서 안타까울 뿐이다. 그냥 나름대로 눈에 안겨오는 작품들만 골라서 횡설수설 해보았다. 어디까지나 필자 나름대로의 견해라 지극히 편면적이면서도 그릇된 견해가 적지 않으리라 생각되면서 독자들의 너그러운 이해와 편달을 기대해마지 않는다.

현실초탈이 불러오는 가상세계의 충격

　인류를 포함한 모든 생명체는 현실에 안주하지 않고 초탈을 꿈꾼다. 그것이 세상을 조금씩 밀고 나가면서 우주는 팽창하고 있다. 주어진 삶에 대한 반역과 초탈, 이것은 예술의 생명력이라고 봐야 할 것이다.
　현실에 대한 성찰로부터 초탈, 탈속의 경지에 이르려는 욕망은 인간의 본성이다. 인간이란 바로 이 욕망 때문에 자신을 갈고 닦는 것이다.
　고대 그리스 철학자 플라톤(Platon, 서기전 428~347)은 감각을 초월하고 경험을 초월하는 관념으로 새롭게 세상을 관조해야 한다는 주장을 피력하였다. 인간의 영혼은 육체에 잠시 머물뿐 이데아적인 模相이라는 이원론과 세계관을 내세웠다. 이런 관념의 세계는 시문학을 망라한 예술영역에도 관통되어있다.
　오늘날 詩文學영역에서 「복합상징시」라는 새로운 流派의 출현이 세상의 이목을 끌고 있는 것은 플라톤이 주장한 이데아적 이원론

즉 현실초탈이 불러오는 가상현실의 경지가 충격을 안겨주기 때문이다.

  다시 하루가 기울고
  지구의 회전,
  사막의 멀미 엎지르는 것 지키어본다
  바다 굼실대는 소리도 들린다
  그러나 불이 켜지고
  체인지 손놀림에 공간의 난삽,
  어린 시절 곱다란
  이름들이 몰래 틈새로 빠져 나간다
  처소에 달이 머물고
  기다림 마실 나간 동안
  풀죽은 바람은
  별빛 오리오리 세다가 자리에 든다
  밤도 따라 눕는다
  자정에 안개 흐르는 소리
  새벽 적시며
  이슬에 스며들다가
  창턱에 내려앉는 회한의 은둔(隱遁),
  수탉이 홰칠 때까지 울었다
  공작의 날개, 햇살 같다는 생각도 파닥거린다

  —나목열의 詩 「옵션…」 全文

  나목열 시인의 이 시가 보여주는 이데아는 "옵션"이라는 상징적 이미지에 그 초점이 맞추어진다. 어찌 보면 삶이란, 숙명처럼 차례진 질서 속에서 그에 대한 해탈을 꿈꾸며, 또한 그것의 실현을 위한 모질음이기도 하다. 인류는 물론 모든 생명체들, 지어는 지구마저 끝없이 회전하며 현실세계에서의 탈출을 실천해가고 있다. 그것은 태양을 망라한 우주도 마찬가지이다.

　이 시의 첫머리에서는 "다시 하루가 기울고"라고 시작을 선고한다. 여기에서 "하루"는 숙명처럼 주어진 삶 그 자체를 뜻하게 된다. 그런 삶이 기울었다가 다시 일어서고, 이렇게 거듭나면서 세상은 초탈의 경지로 내처 달리는 것이다.

　　다시 하루가 기울고
　　지구의 회전,
　　사막의 멀미 엎지르는 것 지키어본다
　　바다 굼실대는 소리도 들린다

　그러나 초탈을 위한 "지구의 회전"은 순탄치만은 않다. "사막의 멀미 엎지르는 것 지키어보는"것은 열악한 환경에 대한 반역이기도 하다. 때문에 "바다의 굼실대는 소리도 들린다."이는 거대한 혁신내지 혁명을 잉태하는 암시적 표현으로 된다.
　하지만 현실은 열악한 현실을 그대로 방임해 두지는 않는다. 그에 대한 극복의 노력은 폭 빠른 부조리 속에서도 아름다움을 까탈스런 세상 뒤안길에 몰래 깔아두는 것이다.

　　그러나 불이 켜지고
　　체인지 손놀림에 공간의 난삽,
　　어린 시절 곱다란
　　이름들이 몰래 틈새로 빠져 나간다

　이같이 화자는 상기의 이념을 이미지에 용해시켜 상징의 可視化로 펼쳐 보이고 있는 것이다.

"처소에 달이 머물고/ 기다림 마실 나간 동안/ 풀죽은 바람은/ 별빛 오리오리 세다가 자리에 들 듯이" 생의 열망은 거듭되는 윤회의 따분함에 마비되어 버린다. 따라서 "밤도 따라 눕고" 삶은 평화로운 침묵의 마법에 걸려들게 된다. 그것은 또 자정에 흐르는 안개와 같이 새벽 적시며 이슬에 흘러들다가 창턱에 내려앉는 회한의 은둔(隱遁)이 되기도 한다. 그리하여 화자는 "수탉이 홰칠 때까지 울었다"고 솔직히 반성하고 있다.

누구나 그러하듯이 삶에 대한 탈출의 욕구는 자신을 한층 더 업그레이드 하여 異次元의 경지를 구축하려는데 있다. 그것이 인간분발의 동력이자 본능이라고 할수 있겠다.

잠간 들렸다 가는 세상이지만 과거는 다반사, 미래는 옵션의 갈림길에 대한 확정의 선택에 달려있다. 마음이 가리키는 대로 열심히 최선을 다하면 그에 따르는 결실을 안아올 수 있다는 게 세상의 이치이기도 하다. 요르단강 넓고 깊은 물을 건널 수 있는 것도 대안너머에 예루살렘이 기다리고 있기 때문이라는 믿음이 동반해주기 때문인 것이다. 그러므로 화자의 심령에 비낀 그림자는 "공작의 날개도 햇살 같다는 생각으로 파닥"이게 되는 것이다.

독일의 철학자(1724~1804) 칸트는 그의 「인식론」에서 "우주는 내 마음이요, 내 마음은 곧 우주다."라고 주장하고 있다. 이는 현실과 배제되는 이념으로 세상의 질서를 정립하려는, 현실초탈의식의 강력한 반영이라고 할 수 있다.

육신이 누리고 있는 현실적 삶의 현장을 초탈하여 가상현실을 구축함으로써 그로부터 얻는 심리적 안위와 지향은 지대한 충격으로 삶을 더욱 풍요롭게 하여주는 것이다. 거기에 예술의 가치가 숨쉬고 있는 것이다.

나목열 시인의 「옵션…」 앞에서 초탈을 다시 곱씹는 시점이라 해도 과언이 아닌 줄 안다.

이념의 상징, 환각의 능동적 가시화

―박장길 시인의 「풀」을 어루만지며

위챗시대의 거품에 떠있는 통속적 직설시와는 달리 은은한 선율의 흐름 속에서 꺼질 줄 모르는 별빛 같은 시 한수를 만난다면 그보다 더 즐거운 일은 없을 것이다.

드바쁜 일상 속에서 문득 확 끌어당기는 시가 있었으니 그 시가 바로 조선족 중견시인 박장길 선생의 「풀」이었다.

박장길 시인은 초년부터 시의 꿈을 간직하고 평생을 시와 씨름하며 새로운 경지를 개척하기 위하여 모질음 쓰는 정직한 시인이다.

살면서 부단히 자신의 화려한 과거에 대한 초탈의식으로 이차원(異次元)의 시세계를 열어가는 박장길 시인은 환각의 무질서 속에서 새로운 질서를 찾아 스토리와 화폭과 음색의 조화로써 복합상징의 정감세계를 펼쳐 보이고 있다.

신이 세상을 만들었다는 창조론과 지구상 복잡한 생명체들이 우연히 생겨나서 진화를 거듭하며 종(種)을 산생시킨다는 설과 상관없이 세상은 그냥 존재 그 자체에 의미가 부여된다.

인간이 미처 의식하지 못했거나 인식하지 못하고 있는 세상밖에는 또 다른 세상이 분명 있다는 론쟁의 제반 분야마저 통털어 세상 구성의 기본요소는 단 한 가지, 복합(複合)이라는 이치에 적용되고 있다.

복합구성의 기본법칙, 이는 프랑스 철학자 질 들뢰즈(1925년~1995), 피에르 펠릭스 가타리(1930년~1992)가 「천개의 고원」에서 수목 이분법으로 주장하는 이좀의 원칙에도 언급되어 있다.

세상만물은 서로 동떨어져 독립적으로 존재하지만 그것들은 세상이라는 하나의 큰 그릇에 담겨 있으며 세상 밖 또 수많은 세상들은 다른 큰 세상의 그릇에 담겨 있다. 이렇게 무한대로 뻗어나가는 복합구성은 서로 유기적 조화를 이루면서 세상을 구축해 간다.

이러한 이치는 거시(巨視)적인 면에로 무한대로 뻗어 나가지만 미시(微視)적인 면에로도 무한대로 연장선을 긋는다.

또 사람의 머리는 눈, 귀, 코, 입... 으로 구성되며 몸뚱이는 오장육부로 구성된다.

현미경을 통하여 볼 수 있는 세포도 세포막, 세포질, 세포핵으로 구성된다.

더 세분하면 세분할수록 무한대의 그 조직구성은 수많은 물체로 복합구성을 이룬다는 것을 과학은 상식적으로 인간에게 답을 펼쳐 보이고 있다.

독일태생으로서 미국의 이론물리학자인 알버트 아인슈타인(1879-1955)은 「양자물리학」에서 세상을 구성하고 있는 것은 물체이며 그 물체들은 저마끔 동떨어진 독립체라고 지적하고 있다. 그것들은 조화 속에서 하나의 정체를 이루며 그 정체는 하나의 세계를 구축하고 있다고 하였다.

박장길 시인의 시는 바로 독자적 상태의 이미지들을 하나의 정감선에 의하여 선율의 흐름에 따라 질서를 이룩해낸 것이 특색이라고 할 수 있다. 하기에 그의 시는 읽으면 읽을수록 그 깊은 내공의 묘미에 감탄하게 되며 가슴에 맞혀오는 끈끈한 정서의 찬란함에 수긍이 가게 되는 것이다.

풀/ 박장길

흙속에서 나왔기에
흙냄새가 나서 좋다 그보다
죽은 사람과 살다가 와서
반가운 풀이다
아버지 명복하고 계시겠지

봄이면 아버지의 심부름 오는 풀
가을이면 나의 심부름 가는 풀
지금 이 시각도
아버지와 나를 번갈아 보고 있으리

내가 잡고
사바세계를 건너가는 푸른 끈이
이승 저승 륜회하며
폭풍에도 끊어지지 않는 푸른 끈이

푸른 피줄로 뻗어 들어 와서
땅의 기운이 도는 온 몸을
살이 돋는 땅에 엎드려 등으로 본다
겨울을 지나며 허기져 목이 긴 새의 눈이
내려다보고 있는 하늘의 눈빛!

슬픔을 유산으로 남기시고
세상을 감아버린 아버지에게
전해다오 풀에 얼굴을 대고 속삭인다

있음이고 없음이며 또한
그것을 넘어서 있는 아버지의 죽음은 비싸다
목구멍을 울리며 우는 비둘기가
내 안에 날아 들어와 앉아있다

한수의 시에서의 빛나는 내함의 근원은 그것이 담고있는 사상에 있다. 그 사상은 이념을 통하여 세상에 감동을 주며 표현의 독특한 기법에 의하여 아름다운 자극을 생성하게 된다.

박장길 시인의 대표작「풀」한수에 깃든 그 오묘함은 과연 어떠한 것일까.

이 시에서의 핵은 "아버지"에 있다. 아버지와 풀, 풀은 아버지이다. 풀처럼 소박하게 살다가 가신 아버지, 아버지의 넋은 풀의 냄새로 눈빛으로 또한 풀의 넋으로 세상과 공존하며 "내 안에 날아 들어와" "앉아있는" "비둘기"로 "목구멍을 울린다."

거룩한 아버지에 대한 끝없는 사념(思念)에 대한 축도에 거폭의 정감세계를 담고 있는 내함의 경지가 독자들로 하여금 감동을 멈추지 못하고 거듭 마음에 아로새기게 하는 것이다.

그러나 아무리 좋은 내함이라도 그것에 대한 표현이 따라가지 못한다면 그것은 예술로의 승화불능 내지 큰 손색을 주게 되는 것이다. 때문에 모든 예술은 표현의 예술이라 일컫게 되는 것이다. 아울러 시인은 "언어연금술사"의 사명으로 언어의 새로운 표현기법으로 새로운 가상세계를 꽃피워야 하는 것이다.

이 시의 내함이 담고 있는 사상은 주변에도 흔히 존재하는 것이라고 할 수 있다. 하지만 시인은 그 내함의 사상을 언어를 통한 개성적 표현기법으로 이룩해내었기에 세상의 절찬을 받게 되는 것이다.

주지하는 바, 이 시에서 이념의 직설이란 거의 찾아보기 어렵다. 이 시의 이념을 간추려 옮겨본다면 다음과 같을 것이다.

흙냄새가 나서 좋다
반가운 풀이다
풀, 풀… 지금 이 시각도
아버지와 나를 번갈아 보고 있으리

내가 잡고
기는 푸른 끈이
끊어지지 않는 푸른 끈이
온 몸을
등으로 본다
새의 눈이
내려다보고 있는 하늘의 눈빛!

세상을 감아버린 아버지에게
전해다오 풀에 얼굴을 대고 속삭인다

아버지의 죽음은 비싸다
비둘기가
내 안에 날아 들어와 앉아있다

여기서 시인은 어떻게 직설을 이미지로 표현하였을까.
"흙냄새가 나서 좋다"는 지극히 생활용어의 직설이지만 화자는 "흙속에서 나왔기에/ 흙냄새가 난다"라는 논리적 이미지표현으로 변신시켜 놓았다. 여기에서의 풀은 "흙속에서 나오는"이미지이다. 그런데 "흙속에서 나왔기에"라는 논리적 표현으로 둔갑되었기에 그로부터 상징의 대문은 열리게 되는 것이다.

"죽은 사람과 살다가 와서"라는 표현도 상상을 불러일으키는 특효를 나타내고 있다.

풀, 풀은 저승과 이승을 오가는, 즉 아버지와 나를 만나게 하는 중개(仲介)의 역할을 감당하고 있다. 그저 평범하기만 한 풀이건만 화자의 눈에 그렇게 보이는 것은 화자만의 정감팽창이 낳은 산물이라고 보아야 할 것이다.

풀은 마치 심부름꾼처럼 나와 아버지 사이를 전전하며 계절노래를 파랗게 부르는 사신(使臣)으로 되어있다.

"푸른 핏줄로 뻗어 들어 와서/ …/ 땅에 엎드려 등으로 본다"는 표현은 가시화된 능동적 표현이다. 정적인 것을 능동적인 것으로 탈피시키는 것은 프랑스의 계몽사상가 볼테어(Voltaire , 1694.11.21 - 1778.05.3: 원명: 프랑스와 마리 아로애)의 "생명의 운동" 법칙에 따른 결과라고 봐야 할 것이다.

구구절절 그냥 생활용 직설이 아닌, 환상과 환각에 입각한 해설식 표현은 상징의 높이와 깊이와 너비를 더해주고 있다.

새의 눈이
내려다보고 있는…

이런 직설의 표현을 화자는 다음과 같이 환각과 환상의 나래를 펼쳐 탈바꿈시키고 있다.

겨울을 지나며 허기져 목이 긴 새의 눈이
내려다보고 있는…

여기에서 새는 목이 긴 새이다. 왜 목이 길어졌는가. "겨울을 지나며 허기져" 있기 때문이다. 해설은 해설이되 그냥 직설의 해설이 아니라 환각적 해설인 것이다. 환각적 이미지로 해설을 시도했기에 당연 상징으로 탈바꿈하게 되는 것이다. 그 상징의 심도와 높이와 너비와 역도는 화자가 이미지조합을 통하여 펼쳐 보이는 경지의 여하에 달려있게 된다.

"슬픔을 유산으로 남기시고/ 눈 감아버린 아버지"의 마음인들 오죽했으랴. 그것을 느껴보는 아들의 마음은 찢어지고 미어질 것이다. 그런 정감의 표현은 "풀에 얼굴을 대고 속삭이는" 화자의 가시화된 움직임으로 섬세하게 표현되고 있다.

이제 이 시에서 각이한 이미지들 연결고리는 무엇일까 생각해보자.

어찌는 풀이, 어찌는 풀이, 어찌는 끈이 어찌는 끈이, 어찌고 있다. 어찌고 있다. 이와 같은 구조적 결구는 필연코 쿵짝 쿵짝 쿵쿵짝짝, 쿵짜작 쿵짝...과 같은 리듬을 조성하여 선율의 흐름을 이룩해 낸다. 하기에 독자들 가슴에 커다란 서정의 율동과 돌풍을 불러일으키게 된다.

더욱이 이 시에서 딱 짚고 넘어가야 할 점은 시행조직에서의 파격적 조합이라는 것이다. 시구에 담긴 내연은 변함없으나 그것의 외연적 구도를 달리 함에 따라 시각적 감흥이 새롭게 된다. 그리하여 그것을 통한 정서파동의 질서에 큰 변화가 일어나 뜻밖의 놀라움과 즐거움을 가배로 생성시켜주는 것이다.

흙냄새가 나서 좋다 그보다
죽은 사람과 살다가 와서
반가운 풀이다

이 부분에서 첫행의 <그보다>는 관습적 상식으로는 다음과 같이 아래 행에 붙여져야 할 것이다.

   흙냄새가 나서 좋다
   그보다 죽은 사람과 살다가 와서
   반가운 풀이다

  하지만 화자는 굳이 <그보다>라는 대목을 첫행에 가져다 붙였다. 그럼으로 하여 이 시의 내함 포착에는 아무런 영향이 없으나 독자들 가슴에 일어나는 정서의 멋과 맛은 판이하게 몇 갑절의 자극을 불러일으키면서 오히려 좋은 효과를 놀랍게 거두게 되는 것이다.
  이와 같이 시란 같은 내함의 표현에서도 파격적 생신성을 기해야 한다. 그래야만이 그 생명력의 빛남을 오래오래 보전할 수 있다.
  오늘날 열린 글로벌시대는 다차원, 다원화시대이다.
  시문학은 더는 낡은 터에서 이팝 먹던 의식으로 도식화된 서정의 모식에서 옷 갈아입기만을 해서는 안 될 것이다. 시를 포함한 모든 예술은 무조건 새롭게, 무조건 자극을, 그 자극은 무조건 아름답게 펼쳐야 할 것이다.
  시인으로서의 사명은 부단히 언어를 통한 새로운 경지의 가상현실을 이미지로 세상에 펼쳐보여야 하는 것이다.
  나날이 신생을 꿈꾸는 박장길 시인의 대표시 「풀」에 대하여 공감하면서 이념의 감각이미지변형을 실행한 박장길 시인에게 허리 굽혀 박수갈채를 받쳐 올린다.

달관의 경지, 초탈의 미학

-변창렬 시인의 시세계를 진맥해본다

어찌 보면 인생은 잠간 들렸다 가는 생명존재의 흔적으로 세상에 낙인찍는 것이라 할 수 있다. 찰나의 우주를 움켜잡고 모질음 쓰는 깨달음의 과정이, 정제된 삶을 걸러내어, 영혼의 하늘을 별 박아두는 작업이라고 할 수 있다.

마음 심처에서 사금파리들을 한데 모아 깨달음의 이미지로 세상을 재조명하는 작업, 그것이 곧 예술의 탄생에 덧거름으로 거듭나는 일이다.

누구라 할 것 없이 마음속에 무지개는 있다. 하지만 그 색상으로 현실을 조명하는 작업은 아무나 할 수 있는 일이 아니다. 언어를 통한 예술의 실천, 그것이 찬란한 시 탄생을 야기 시킨다.

오늘날 열린 글로벌시대에 한 줄 시로 세상을 숨 쉬는 시인이 있다면 그가 바로 변창렬 시인이라는 현실 앞에 머리 숙여 경의를 표시할 뿐이다.

시(詩)는 언어로 지은 사찰이라고도 한다. 주지하는바 사찰은 인간이 하늘과 대화를 나누는 숭엄한 장소이기도 하다. 그러므로 시는 하늘의 계시를 받아 적는 깨달음의 징표이기도 하리라.

시에는 시인의 하늘이 그려져 있다. 또한 그 하늘을 넘나드는 우주에는 시인의 인생관과 철학이 꿈틀거리고 있다. 그러므로 예로부터 시는 곧 그 시인자체라고 일컬어 왔다.

큰 별이 되어 눈부신 빛을 산발하는 변창렬 시인, 그의 시세계는 과연 어떤 모습으로 세상과 대화 나누는 것일까.

이제 우리는 그 신비의 베일을 벗겨보는 시간을 갖도록 해보자.

2022년 "송화강"문학지 제2호에 발표된 변창렬 시인의 시작(詩作) 네 수가 필자의 가슴에 감동으로 새겨진 원인은 그 시작(詩作)들이 담고 있는 사상적 내함보다도 그것에 대한 표현기법이 각별히 구미를 동했기 때문이었다.

이른바 예술이란 삶에 대한 느낌, 감수, 생각 따위를 그대로 적나라하게 드러내 보이는 것이 아님을 우리는 알고 있다.

인류사회에 문명이 개입되면서부터 인간은 자신의 심성을 은닉시켜 상징으로 펼쳐 보이는 지혜를 터득하게 되었다. 그것의 세련과 발전은 모든 예술의 기저(基底)로 인지(認知) 되어온 까닭에, 시에서는 특히 화자의 내함을 언어를 통한 표현기교로써 펼쳐 보일 것을 원칙으로 삼게 되었던 것이다.

변창렬 시인은 바로 이 점에서 남다른 스찔을 시 속에 용해시킨 전범이라고 할수 있을 것이다.

필자는 변창렬 시인의 네 수의 시 가운데서「나도 밖에서 안으로 산다」, 이 한 수를 각별히 핀센트로 집어 그 세포를 해부해 보련다.

… …

소화계통의 통로를 바깥이라 한다
먹은 것이 입으로 들어 가

속으로 빠지는 것이 아니라
겉에서 밖으로 빠지는 과정이다
오히려 항문이 속이다
방귀 소리가 우렁찬 것은 안에서 나오기 때문이란다

  －詩「나도 밖에서 안으로 산다」에서

  살이에 대한 화자의 형이상적 이념을 보여주는 한 대목이다. 하지만 그냥 이념의 발설로만 안겨오지 않는 것은 그 이념을 장면의 상징처리로 보여주었기 때문이다.
  "먹은 것이 입으로 들어가/ 속으로 빠지는 것이 아니라/ 겉에서 밖으로 빠지는 과정"이라는 이 형상적인 묘술(描術)을 통하여 헛도는 삶의 허무함을 해학적으로 보여주는 역설이기도 하다. 그리하여 화자는 "소화계통의 통로를 바깥이라 한다"라고 서슴없이 역점 찍어 말해주고 있다.
  이 대목에서 "소화계통의 통로를 바깥이라 한다"는 표현은 이념의 역설로 보여준 직설인 듯싶지만, 화자는 그것에 대한 이해를 "먹은 것은 겉에서 밖으로 빠진다"는 표현과 "방귀소리"가 "안에서 나오기 때문"에 "우렁찬" 것이라는 해학적 표현으로 그 가시화 실현을 이룩해낸다. 이런 표현기법은 추상적인 이념을 형상적인 이념전달로 전환시키는 보다 좋은 효과달성에 점수를 따낸다.

… …
우리가 사랑한다고 할 때
서로가 끌어안는 것은 안이다
입맞춤은 바깥과 바깥이 어울리는
형식의 하나일 뿐
바깥을 속이라고 서로 빨지만

겉을 빨고 얼굴이 붉어지는 표현 아닌가

　－詩「나도 밖에서 안으로 산다」에서

　이 대목에서도 비누방울처럼 세상이 겉도는 이치를 해학으로 펼쳐 보이고 있다. "우리가 사랑한다고 할 때/ 서로가 끌어안는 것은 안이다"는 구절에서 마음과 마음의 융합을 "서로가 끌어안는" 가시화된 형상으로 상징처리를 하고 있는 것이다. 아울러 인간의 허위적인 일면도 "겉을 빨고 얼굴이 붉어지는" 형상으로 에둘러 보여주고 있다.
　직설 아닌 에두름기법으로 화자의 이념표출을 실현해나가는 놀라운 기법이 아닐 수 없다.

밥 먹고 피를 만드는 일 외
손으로 못 만지는 곳이
밖이다
눈에 보이는 안이란 얼굴뿐이다
읽어도 밖만 읽어지는 껍질의 안
그 속에 우주를 감춘 눈동자가 제일 깊다

　－詩「나도 밖에서 안으로 산다」에서

　이 시의 마지막 대목으로서의 이 부분에서는 "눈에 보이는 것 전부가 진실 아니며, 눈에 보이지 않는 것 전부가 허위가 아님"을 역설로 펼친다. "밥 먹고 피를 만드는 일 외/ 손으로 못 만지는 곳이/ 밖이다"라는 형상적 비유는 상대적 진실의 이치를 "밥 먹고 피를 만들고" "손으로 못 만지는" 장면의 움직임으로 기술처리를 하고 있다. "눈에 보이는 안이란 얼굴뿐", "읽어도 밖만 읽어지는 껍질의 안", "우주를 감춘 눈동자가 제일 깊다", 이런 표현은 죄다 세상에 대한 화자 달관의 경지를 형상의 상징으로 유력하게 보여주고 있다.

한수의 시가 세상에 감동을 안겨주는 것은 이처럼 내함의 적나라한 직설에 있는 것이 아니라 내함에 대한 체현을 상징의 형상화로 최대한 이룩해내는데 있다고 봐야 할 것이다. 이런 상징의 형상화는 장면의 환각적 흐름조합으로 그 정체의 질서가 형성되는데, 이른바 플라톤과 아리스토텔레스의「관념의 감각론」에 그 이치를 두고 있다고 해야 할 것이다.

세상을 움직이는 것은 감각을 발단으로 한 관념적 요인이 결정적 역할을 일으킨다는, 초월적 이데아(idea)가 변창렬 시인의 시학관을 움직이고 있는 듯 싶다.

감각적 상관물로 구성된 가시적인 세계와 별도로 정신으로만 인식할 수 있는 이데아계가 객관적으로 실재한다고 볼 때, 이데아(idea)야말로 궁극적인 참된 실재라고 느끼는 관념시(주지시) 계열의 시인들은 삶과 생에 대한 현실초탈의 영혼경지를 계몽적 이념으로 일깨워주고 있는 것이다.

한 수의 시에서 감명을 불러일으키는 데엔 여러 가지 방도가 있다.

화폭의 조합으로 감동을 불러일으키는가 하면 스토리의 조합으로 정감의 높이를 끌어올리는 것, 그리고 이념의 조합으로 화자의 경지 구축 등 여러 가지 방법이 있다. 이것들은 세상의 공감대를 울려주는 것으로써 그 자체의 존재가치를 완성해나간다.

변창렬시인의 시「나도 밖에서 안으로 산다」의 경우 완전 철두철미한 이념조합의 경우라 봐야 할 것이다. 그런데 화자는 보여주고저 한 이념을 형상의 상징조합으로 성취해냈다는 것이 기존의 관념시(주지시)의 룰을 격파한, 탈령토의 초탈의식 체현이라고 봐야 할 것이다.

변창렬시인의 시작(詩作)들은 상기의 시작(詩作)과 같이 신관념이 빛발치는가 하면 서정의 흐름을 탄 스토리식 관념도 이채를 띠고 있다.

… …
가난으로 늦어 결혼하신 아버지
일곱을 낳고 다섯만 키웠는데
또 하나를 먼저 보내야 했던 아버지
떨리는 뼛속에 자식을 묻으셨다

―「단추를 꺼꾸로 채워라」에서

가난에 찌든 한생을 살아온 아버지의 겸허한 사랑을 읊조린 이 시는 그냥 눈물어린 스토리를 엮어나갔음에도 불구하고 스토리 속에 삶에 대해 득도한 경지를 보여주는 작품이라고 볼 수 있다. 그런데 이 시에서도 화자는 그냥 스토리식 나열로 엮어나간 것이 아니라, 변형이미지의 상징을 재치 있게 펴 보이고 있다. "떨리는 뼛속에 자식을 묻으셨다"는 구절은 자식을 앞서 보낸 아버지의 피 터지는 심정을 형상적으로 보여준 좋은 사례라고 할 수 있다.

"뼛속에 자식을 묻는" 표현은 웬만한 상상적 기질이 없이는 도저히 구사해낼 수 없는 시구(詩句)라고 봐야 할 것이다. 가슴에 묻는 것도 아니고 기억 속에 묻는 것도 아닌, 뼛속에 묻는다는 형상은 화자 영혼의 경지에서 비롯된 것이다.

한수의 시에서 화자의 경지를 보여주는 장면내지 형상은 화자 득도의 경지와 정비례 된다. 변창렬 시인의 시에서 이런 표현은 거의 매 편의 작품마다에 그 흔적을 역력히 비쳐 보이고 있다. 이는 시인의 심후한 내공과 영혼승화의 질서와 갈라놓을 수 없다.

이외에도 화폭조합을 통한 이념체현의 시작품들도 있지만, 짧은 편폭의 이 글에서는 략하도록 하겠다.

　변창렬 시인은 당대 조선족시인들 가운데서 놀라운 의력으로 다산을 꽃피우는 시인이다. 시어구사에서 외래어를 배척하고 순수 고유 우리글 언어의 높은 함금량으로 이미지구축을 선호하는 시인이라고 볼 수 있다. 메마른 감정으로 감상에 젖은 생활용어거나 구호 따위를 시의 형식에 맞추어, 행과 련을 나누어 마구 난발하는 시풍과는 담을 쌓고, 오로지 예술경지에로의 무한 접근을 시도하는 모습이 유난히 돋보인다.

　에디슨은 <천재는 1%의 영감과 99%의 노력으로 이루어진다. 그러나 1%의 영감이 없으면 99%의 노력도 소용없다.>고 말하였다. 무엇을 하든 자기가 행하는 일에 혼신을 바쳐가며 <미쳐야만> 예기했던 바를 성취해낸다는 의미심장한 가르침이라고 이해해야 할 것이다. 또한 시인은 노력의 토대 위에 타고난 천부적 재질도 갖추어야 함을 뜻하기도 하는 말이 되리라. 변창렬 시인은 생명의 매순간을 오로지 시 쓰는 일에 불태우는 시인이며 뛰어난 감성으로 시의 하늘을 닦아가는 보기 드문 천재시인이라고 필자는 스스로 감탄해 본다.

　조선족시단에서 이처럼 열심히 시를 쓰며 보석처럼 빛나는 시를 남겨 세상을 밝혀주는 사람은 아마 열 손가락 안으로 헤아려야 할 것이다. 남다른 시각과 뛰어난 통찰력으로 초탈의 미학으로 인생달관의 경지를 펼쳐 보이는 변창렬 시인과 그의 시세계, 바야흐로 동터오는 시문학의 하늘을 밝게 비추는 등탑으로 명멸하리라 굳게 믿어마지 않는다.

환각의 하늘, 별빛의 향연

-윤옥자 시인의 시집 <햇살 좋은 날>에 기대어

현실초탈의 꿈이 세상을 발전시켜왔음을 우리는 알고 있다. 현실에 대한 회의(悔意)와 승화의 욕구가 환각에 입각한 환상과 상상으로 지구를 안고 어둠 속을 달린다. 그 모질음의 공간에 빛으로 빛나는 별이 있다. 별들의 속삭임이 가르침 되어 시인의 가슴에 물결쳐 올 때 시인은 그것을 받아 적는 천사가 된다.

그러므로 시는 쓰는 것이 아니라 씌어지는 것이라고 한다. 누구에 의하여 씌어지는 것일까. 자기 몸속에 숨 쉬고 있는 영혼에 의하여 씌어지는 것이다. 영혼은 무질서한 가상공간의 환각 흐름 속에서 보석으로 반짝이는 것들을 핀셋으로 집어 변형의 이미지로 세상과 대화를 나누는 것이다. 그 행렬에 윤옥자 시인이 있다.

어찌 보면 환각은 모든 생명체의 본성이듯이 인간에게도 환각은 어찌할 수 없는 우주의 섭리로 꽃을 피운다. 인간은 그 환각의 연장선에 의하여 상상과 환상의 룰 속에서 질서를 잡아 문명을 리드해

간다.

  숙녀 시인 윤옥자, 그 가슴속에는 광활한 우주가 펼쳐져 있고 어둠 속을 달리는 빛의 여유가 소복 입고 시를 읊조린다. 이제 그 시향(詩香) 따라서 시집「햇살 좋은 날」을 조심스레 펼치어 보자.

  산허리 감도는 바퀴의 흔적에
  길은 돛을 내렸다

  볼륨의 온도
  호수에 꼬리 적시고
  옛 추억 등불 걸어 밤은 밝았다

  가시손 하늘 뻗쳐
  푸름 짚어진 언덕
  솔 향의 속삭임 별 되어 흐를 때

  질주하는 이정표 받침마다
  바위의 사등뼈에
  향기 한 올 바른다

  -詩 "햇살 좋은 날" 全文

  살아간다는 것은 결국 아픔을 치유하는 힐링의 과정이며 그것은 다시 빛을 잉태하는 어둠의 수련이기도 한 것이 아닐까. 인간이 어디에서 왔으며 또 어디로 가는지는 알지 못해도 분명 인간은 세상의 흔적에 발톱 박고 세상과 공존하면서 영혼의 깨달음을 터득하게 되는 것이다. 그 깨달음이 다시 영혼의 정화와 승화에로의 귀속에 박차를 가하게 되는 것이다.

위 사례로 인용한 윤옥자 시인의 시에서 "산허리 감도는 바퀴의 흔적"은 세상을 살아온 문명의 흔적을 뜻하며 "길은 돛을 내렸다"는 그 섭리에 닻을 내린 화자의 입지를 보여주고 있다.

살다 보면 흔히 속세에 머리 뜨거워질 때도 있는 법, 하지만 화자는 그런 정서의 자세를 "볼륨의 온도/호수에 꼬리 적시고/옛 추억 등불 걸어 밤은 밝았다"는 표현으로 점검하고 있다. 여기에서 볼륨은 음악의 소리 높낮이를 조절하는 뜻의 명사이다. 그럼 볼륨의 온도가 올라간다고 해보자. 뜨거워진 삶의 양상에 대한 상징으로 안겨올 수밖에 없는 것이다. 화자는 바로 그 뜨거워진 온도를 호수에 담가서 온도를 식힌다. 호수는 너른 물을 담고 있는 포용의 그릇이다. 화자는 그 그릇에 자신의 달아오른 마음을 적셔내면서 자각과 자숙의 경지에 오르면서 지나온 자신에 대한 반성을 꺼내 거울처럼 닦고 있는 것이다.

힘든 나날들에 그 보드랍던 손이 가칠해진 대가로 푸른 하늘 한 짐 짊어지고 고행길 걸어갈 때에 삶의 보람을 진하게 듬뿍 느끼게 되는 심정을 화자는 또 이 시에서 다음과 같이 읊조리고 있다.

…
가시손 하늘 뻗쳐
푸름 짙어진 언덕
솔 향의 속삭임 별 되어 흐를 때
…

그러나 기억을 자극하는 추억의 아린 생채기는 감내하지 않을 수 없다. 그것들은 마치도 곁에 드러난 사등뼈처럼 아린 기억을 긁어내린다. 하지만 화자는 그것마저 "바위의 사등뼈에 향기 한 올 바르는" 사랑으로 받아들이고 있다. 이것이 곧바로 화자의 경지이며 영혼의 경지이다.

한 편의 글에는 그 글의 정신과 영혼이 깃들어 있다. 그것들은 세월이 흐를수록 더욱 빛을 산발하게 된다. 그러나 그것들은 이미지로 꿈틀거릴 때라야만 생명력을 가지게 되며 변형의 상징으로 적절하게 표현될 때라야만 예술로 승화하게 되는 것이다.

왜 변형으로 상징되어야 하는가? 자극을 통한 흥분을 세상에 안겨주기 위해서이다. 자극을 위한 모질음은 인간을 내포한 생명체의 본성이다. 그렇다면 그 자극은 무엇을 통하여 어떻게 이룩되는 것일까. 자극이란 인간의 감각기관을 통하여 그것을 감지(感知)하고 인지(認知)될 때라야만 이루어진다. 감각기관에 맞혀오게 하는 방법은 통감(通感)으로 느낄 수 있는 표현 즉 이미지의 능동적가시화(能動的可視化)가 되어야 하며 그것들은 진일보 발전하여 변형의 목적까지 달성되어야 확실해지게 되는 것이다.

변형된 이미지의 능동적가시화(能動的可視化)는 환각이라는 특정된 흐름 속에서 환상과 상상의 여과기(過濾器)를 통해서 그 기능을 실행하게 되는데 윤옥자 시인은 바로 이 점을 잘 포착하고 있기에 그의 시에서는 예술의 향기 속에 흥분 점을 찾아 오르가슴에 오를 수가 있는 것이다.

시 "Sos"를 더 살펴보기로 하자.

Sos

누구의 목숨이
경각에 닿았는지
빠른 오솔길로 치닫는 태양

내시경 눈이 몸을
수색한다

놓쳐 버릴 수도 있는 안건(案件)이다

굴러가던 동전이
직경 늘구더니
삶과 죽음의 틈서리가
길게 늘어난다

지구를 몇 바퀴나
더 돌는지
그건 바람이 안다

　영상(影像)과 이념의 조합으로 환각적 이미지를 구성한 작품으로서 손색이 없으리만치 영글어 있는 수작(秀作)이라고 봐야 할 것이다.
　조각난 이미지들의 합성으로 이루어낸 정체성엔 사랑이라는 큰 주제가 담겨있다. 오솔길로 치닫는 태양은 그냥 태양이건만 화자에게는 "목숨이 경각에 달린" 환자를 치유하는 의사, 또는 구조대로 환각을 불러일으키며 "내시경 눈"으로 세상의 구석구석 아픔을 찾아 치유하는 환각으로 이미지의 차원을 승화시켜주고 있다. 나중에 인간은 "동전"이라는 금전의 실리 앞에서 생사가 가늠될 수도 있는 현실을 화자는 가슴 아프게 폭로하고 있다.
　"굴러가던 동전이/직경 늘구더니/삶과 죽음의 틈서리가/길게 늘어난다"는 이 표현에서는 "동전"이라는 이미지의 마환적 움직임으로 "죽음"에 대한 안타까움을 표달하였으며 그것은 나중에 세상에 대한 우려와 희망을 "지구를 몇 바퀴나/더 돌는지/그건 바람이 안다"라고 이념적 은유로 상징하면서 "바람"에 그 뜻을 기탁한다.
　혹자는 이 시의 경우 현실 도피의 소극적인 제약성도 지니고 있다고 할지는 모르겠지만 바로 그런 것이 인간이기에 그렇게 될 수밖에 없는 것도 당연한 일일지도 모른다. 세상 사는 법칙과 방법에 대한 해법을 한 수의 시가 다 짊어질 수 있다면 그 시는 그냥 시에 머무르는 것이 아니라 신작(神作) 또는 성서(聖書)가 되어야 할 것이다.

  시란 인간 영혼이 점지해주는 내심활동의 결과물이 아니라 반짝이는 찬란한 과정의 순간임을 포착할 때에 인간의 슬픔내지 회의(悔意), 고통, 아픔, 괴로움마저도 아름다운 다이아몬드로 어둠을 빛내 줄 수 있는 것이다. 그것이 바로 시이며 예술이다.

  윤옥자 시인의 시집「햇살 좋은 날」에서는 환각의 공간에 무질서하게 흐르는 이미지들 속에서 반짝이는 것들을 골라낸 후 그것들을 화자의 의도에 따라 새로운 질서를 세운 다음 다시 그것들을 변형된 이미지의 상징으로 복합구성을 이루어낸 것이 특색의 핵심이라고 점찍을 수 있다.

  중국 조선족복합상징시동인회의 멤버로 활약하고 있는 윤옥자 시인의 첫 시집 출간을 감축 드리며 시의 하늘에 반짝이는 별이 되어 그 빛을 더욱 밝게, 오래오래 영위해가기를 진심 기대해본다.

침묵 움켜쥔 숙녀의 언덕

―조혜선 시인의 詩集 「묵언(默言)의 그림자」를 벗겨본다

 방관자의 시각은 객관적인 경우가 많다. 세파에 흔들리지 않고 바위처럼 묵묵히 관조하는 묵언(默言)의 침묵에는 우주의 묘리가 슴배어 있다. 풍운조화에 따라 옷 갈아입는 자연의 섭리와는 달리 조용히 심성(心性)을 갈고 닦는 사람은 성인(聖人)의 자세를 갖춘 사람이라고 할 수 있다. 그런 사람의 가슴에서 슴새어 나오는 빛깔은 세상을 깨달음으로 숙성시킨다. 또한 그것을 시에 담는다면 우주에 넘쳐나 세상을 취하게 하는 <라이나 마리아 릴케>의 잘 익은 포도주가 된다.
 한수의 시에서 화자의 내심을 홀딱 벗겨 다 드러내 보이기보담은 더러는 살짝 보일 듯 하면서도 은밀하게 감추어두는 것이 예술이라고 할 수 있다. 직설하지 않고 에두르거나 굴절시킨 역설 또는 다른 방식으로 변형시켜 우회적으로 표현하는 것을 은유 또는 상징이라고 한다.

상징의 매력은 화자의 뜻을 글속에 용해시켜 화폭내지 스토리 또는 이념과 서정의 퍼즐조합으로 그 위력을 과시하는데, 그것이 새로울수록 흡인력이 강하게 된다. 그 새로운 것은 또한 아름다운 변형으로 승화될 때 새로운 영혼 경지구축에 더욱 확실하게 된다.
　세상을 살아가면서 묵묵히 심성을 갈고 닦는 것이 바로 도(道)라는 설법이 있다. 말이 없다 하여 할 말이 없는 것이 아니며 소리 높다 하여 이치가 분명한 것만은 아니다. 소리나는 북은 힘 주어 치지 않는다는 설(說)도 있듯이, 어디까지나 신사답고 숙녀다운, 여유있는 아량의 자세가 시인이 갖춰야 할 자세이다.
　하지만 시인은 시를 쓰거나 받아 적을 뿐 시를 만들어내는 것이 아니다. 시는 시인의 육체에 잠재해 있는 영혼이 계시가 시인의 붓 끝을 빌어 펼쳐질 뿐이다.
　때문에 한 사람의 시를 분석한다는 것은 그 사람을 분석하는 것이 아닌 그 사람의 영혼경지를 헤쳐 보는 것이라 할 수 있다.
　침묵의 멋스러움으로 세상달관의 경지에로 박차를 가하는 조혜선 시인의 시집「묵언(黙言)의 그림자」의 이미지는 어떤 모습으로 세상 앞에 다가설 것인지 이제 그 베일을 벗겨보도록 한다.
　조혜선 시인의 시작품들은 명징(明淨)한 시어들의 조합으로써 화자(話者)의 삶의 철학내지 주장, 관점을 내재적 정서의 흐름선(線)에 따라 이미지변형의 조합으로 펼쳐 보이는 것이 특색이다.

　소리의 부름에
　바람은 풀죽어 있고
　배신의 발등에도 꽃은 피었다

　낙엽 잔등엔 이슬이
　슬픔뿐이 아님을
　향기의 안색이 말해주고 있다

쉰내 나는 언덕에 가시 찔린 사연
구름의 귀향길엔 놀빛도
무지개 한 자락 베어내어
소반에 받쳐 올린다

잠든 호숫가…
물풀의 이야기는 망각의 하늘에
별찌 되어 흐른다

인제는 연륜 감아쥐고
춤추는 오로라…
아지랑이 산발 넘어
침묵의 바위에 햇살 널어 말린다

-詩 "침묵의 언어" 全文

 시집의 표제시(標題詩)로 되고 있는 이 시에서는 세월의 세례 속에 상처 입은 마음들이 성숙으로 침묵하는 화자 마음 경지를 그려 보이고 있다. 위에서도 언급했듯이 세파에 시달리며 소외 되어있는 사래 긴 상처의 이랑마다엔 소금꽃 허옇게 피어오르겠지만, 화자에게는 그냥 묵언(默言)의 화폭으로 그 아픔과 힐링의 공간 여백을 제시해주는 것으로서 마음 그릇의 크기와 느긋한 성품의 폭을 보여주고 있다. 그러면서도 직설을 떠나 은유적 표현으로 우아하고 멋스러운 숙녀의 향기를 남김없이 과시하고 있다.
 살다 보면 배신당하고 소외당하는 나날들이 많다. 그렇지만 그것에 대한 각자의 수용정도는 각이할 수밖에 없다. 화자는 어려움 속에서도 희망을 잃지 않고 모든 것에 대하여 너그럽게 관용하는 보귀함을 가지고 있다. 그런 심성이 시를 만들고 있는 것이다.

"소리의 부름에/ 바람은 풀죽어 있고…"이 대목은 소외된 삶의 저락된 나날들을 뜻하는데 "바람이 풀죽어 있는" 형상으로 대변시켜 보여주고 있으며 "배신의 발등에도 꽃은 피었다"는 이 시구(詩句)는 삶의 질고에서도 용기와 희망을 간직하고 있음을 보여주고 있다. "배신의 발등에도 꽃이 피었다"는 표현은 잘된 해학적 변형 사례라고 할 수 있다.

보기:

직설의 경우-소외당하고 배신당한 삶이지만 용기와 희망을 잃지 않았다

상징의 경우-배신의 발등에도 꽃은 피었다

윗 보기사례에서 우리는 두 가지 경우의 차이점을 쉽게 찾아볼 수 있다. 직설의 경우는 용속한 일상적 표현이지만 상징의 경우는 신사적 스타일의 표현이다.

복합상징시에서는 신사, 숙녀다운 스타일의 표현을 고집하므로 직설의 경우는 배척받게 되는데 막 말 해서 센스 넘치는 예술적 표현을 하라는 것이다.

조혜선 시인은 바로 이 점을 잘 포착하여 능숙하게 다루고 있는 것이다.

그 고요로운 침묵 심처에는 표면에 머무르는 슬픔내지 상처 이상으로 큰 고통이 웅크리고 있음을 화자는 역시 화폭의 언어로 대변하고 있다.

…

낙엽 잔등엔 이슬이
슬픔뿐이 아님을
향기의 안색이 말해주고 있다

쉰내 나는 언덕에 가시 찔린 사연
...

윗 구절에서 "낙엽 잔등엔 이슬이 슬픔뿐이 아니"라는 것은 상징의 직설로 된 이념의 발로이지만 화자는 그것을 "향기의 안색"이라는 것으로 교묘하게 대변하여 보여주었다.

...
구름의 귀향길엔 놀빛도
무지개 한 자락 베어내어
소반에 받쳐 올린다

잠든 호숫가…
물풀의 이야기는 망각의 하늘에
별찌 되어 흐른다
...

이 구절에서는 세상의 모든 욕망(慾望)과 회한(悔恨)의 정을 비워버리고 홀가분한 심정으로 삶 앞에 마주 서며 느껴지는 깨달음의 경지를 보여주고 있다. "무지개 한자락 베어내어 소반에 받쳐 올린다"거나 "망각의 하늘에 별찌 되어 흐른다"는 것은 삶에 대한 화자의 아름다운 극성과 성품의 표현이며 그것을 위하여 상기의 이미지를 창출해낸 것은 화자의 심후한 내공이 극점에로 치닫고 있음을 의미한다.

인제는 연륜 감아쥐고
춤추는 오로라…
아지랑이 산발 넘어
침묵의 바위에 햇살 널어 말린다

표제시(標題詩)의 종결부분으로 되고 있는 이 시구(詩句)에서도 삶을 갈무리 하는 화자의 득도(得道)의 경지를 변인화(變人化)의 능동적가시화(能動的可視化) 작업으로 실현하고 있다.

"오로라"가 산발 넘어서 사람처럼 침묵의 바위에 햇살 널어 말린다.

눈앞에 보는 듯이 생생한 영상(影像)이다. 화자는 이런 영상의 나열로써 화자 사상의 내함을 용해시켜 암시하여준다.

바위는 왜 침묵하며 오로라는 왜 산발 넘어서 올 것인가. 그리고 햇살은 왜 널어 말리는가, 햇살은 젖어있거나 좀이 나서 그럴 수도 있겠지만 왜서 젖었거나 좀나 있을 것인가.

이 모든 것에 대하여 화자는 묵언의 화폭에 그 해답을 감추어두고 있다. 굳이 그에 대하여 해석, 설명 하지 않아도 눈앞에 전시되어있는 이미지들의 변형된 화폭을 통하여서도 세상은 얼마든지 짐작, 파악할 수 있다는 것을 잘 알고 있기 때문이다.

한수의 작은 시이지만 그 속엔 화자의 인생을 담고 있으며 세상의 섭리와 삶의 자세를 펼쳐 보이는, 우주와 세상을 담는 놀라운 효과를 불러일으키는 수작(秀作)이라고 할 수 있다.

조혜선 시인의 이러한 경지의 작품들은 절대 다수가 이렇게 이 한권의 시집을 도배하고 있다.

구태어 목청을 높이고 손발 놀릴 필요 없이 그냥 바라보고 경청하기만 하여도 그 진가를 가려낼 수 있는 것은 삶의 지혜이다. 산에 오르지 않아도 산의 풍요로움을 알 수 있고 바다에 내려가지 않아도 바다의 설렘을 알 수 있다는 말은 이와 같이 능자(能者)의 달관한 경지라고 정의(定義)를 내릴 수 있다.

  소요스런 삶의 현장에서 관조와 성찰의 지혜는 찬란한 예술창출의 발단으로 된다.

    똑같이 서있는 두 사람 앞에
    앉아있던 노란 옷 아줌마
    옆사람 자리 앞에 실실 웃는다
    여기 앉으세요
    붉은 옷 아줌마가 하는 말
    제 앉지…
    노란 옷이 눈치를 보며 대답 한다
    아줌마가 더 아파보여서…
    어떻게 아오?
    내 심장에 지름대가 말해줍데
    노란 옷이 차갑게 묻는다
    몇 개 넣었어요?
    붉은 옷이 하나 넣었다고 대답한다
    우우~ 나는 두 개나 넣었는데
    노란 옷이 하는 말
    붉은 옷도 노란 옷도 눈을 맞췄다
    침묵…
    노란 옷이 피아노 공부 간다는
    목소리의 자랑스런 뉘앙스를 싣고
    버스는 달린다
    지구의 저켠, 기다림 명멸하는
    별빛 흔적을 따라…

    -詩 "행차(行次)·2" 全文

이 시는 시내 공공버스에서 목격한 삶의 한 장면에 대한 묘술의 형식으로 된 스토리식 복합상징시에 속한다.

그냥 일상의 한 장면을 썼음에도 불과하고 그것이 예술로 승화될 수 있는 까닭은 일상의 작은 편린(片鱗)들을 통찰과 조화의 감정선에 따라 그것을 목걸이, 팔걸이와 같은 아름다운 장신구로 도배해놓았기 때무이다. 여기에서 생활의 퍼즐조합을 그대로 원시상태 그대로 진열해놓는다면 예술로 되기 어렵다. 이런 경우엔 반드시 일상의 재연(再演)으로부터 환각의 변형을 거친 승화에로 갈무리를 해야 하는데 화자는 이 점을 잘 포착, 완수하였기에 크게 점수를 매겨줄 수 있다.

시에서 등장하는 두 아낙의 주고받는 대화는 서로 비겨보고 대조해보는 인간 삶의 본능적 참 모습을 그려내고 있으나 화자는 종결 부분에 가서 그러한 삶의 향기를 싣고 버스는 "기다림 명멸하는 별빛 흔적을 따라" 달린다고 하였다.

기실 누구든 "기다림 명멸하는 별빛 흔적을 따라" 내처 달리고 있는 것이다. "기다림 명멸하는 별빛 흔적을 따라" 가는 곳은 현실보다 훨씬 더 월등한 세계임에는 의심할 나위가 없다.

화자는 이처럼 지극히 익숙한 일상의 한 쪼박에 포인트를 정하고 렌즈의 초점을 맞추면서 영혼의 경지를 차원 높이 끌어올리고 있다.

여기에서도 화자는 함께 참여하여 궁싯대지 않고, 그냥 차분히, 침묵하는 바위처럼 묵언의 정화(淨化)를 실현하고 있다. 말은 않았지만 기실 주옥같은 말을 환각의 하늘에 뭇별로 박아 넣은 것이다.

이 한권의 시집에는 이외에도 수많은 작품들이 저마끔 향연(饗筵) 속에 빛을 산발하고 있지만 이쯤에서 략(略)하도록 하겠다.

시영역의 새로운 유파로 꽃펴나는 복합상징시의 멤버로 활약하는 조혜선, 숙녀(淑女) 시인의 언덕에 더욱 알찬 열매들 영그는 소리가 들려오기를 기대해본다.

생각의 저널에 흐르는 불빛

-김소연의 詩集 「복수초」의 향기를 씹으며

　세상을 살아가면서 그리움에 젖을 때가 있다. 사람은 왜 그리워하게 되는 것일까. 그 원천은 무엇이며 그것은 또 어디까지 가는 것일까. 그리움을 갈고 닦으며 인간은 영혼의 구심점을 찾아 촛불 하나 손에 들고 어둠을 헤쳐 가는 것이다.
　동이랴 남이랴 북이랴… 무질서한 환각의 흐름속에서 명멸하는 희망의 대안 찾아 휘파람 불며 가는 숙녀시인 김소연…
　겨울이 자고 간 바위틈서리에 노란 미소로 피어나 바람에 향기 얹어주는 복수초 같이, 묵언의 가슴 열어 봄을 안아주는 그 포근함이 녹아 시(詩)의 하늘에 별은 오늘도 반짝이는 것이리라.
　김소연, 감성의 맥락 부풀려 움직이는 영상(影像)으로 필름에 그려 넣은 그의 작품들은 오래도록 보석이 되어 알알이 자전하는 지구의 틈서리마다에 불빛 환히 켜둘 것이다.

햇살의 씨실로
달빛의 날실로
웨딩드레스 짜며, 은하수 건너면
홀로아리랑 부르며
늘어서는 기다림의 저널

까막까치 눈물 적셔
날개 덧놓을 때
오작교 건너는 견우직녀 발걸음

별빛도 부끄럼 곱게 잘라
구름위에 얹어 놓는다

치맛자락 부풀리는 바람의 향기
여미지 못한 속옷사랑
간질여주고

어깨 넓고 눈썹 환한
여름날의 노맨스
고독 삼킨 신기루의 날개 되어

독수공방 십여 년
파닥거린다

-시 "칠월칠석" 全文

인간에게 그리움이 있다면 그것은 공연히 생기는 것이 아니다. 자신에게 필요 되거나 상실된 것에 대한 안타까움 또는 아쉬움이 그것에 대한 집념에 사로잡히게 하는 것이다. 그것이 그리움을 불러오게 하는 것이다.

이 시에서 화자의 경우, 그리움은 홀로 있는 외로움에 사랑을 갈구하는 마음을 펴 보인 것이라고 할 수 있다. 작품의 서정적주인공은 아름다웠던 사람에 대한 기다림과 그리움을 달래며 독수공방 십여 년을 고독 안고 살았다. 사랑에 대한 실천이 이룩되지 못한 연유는 굳이 따질 필요가 없다. 화자는 그냥 애달픈 그리움의 심정을 칠월칠석날 견우직녀의 만남을 모티브로 못내 부러워 잠 못 이룬다.

"햇살의 씨실, 달빛의 날실"로 웨딩드레스 짜며 "홀로아리랑" 부르는 심정은 가련하기만 하다. 견우직녀의 상봉을 부러워하던 나머지 숨 막힐 듯한 행복에 대한 갈망은 육체적 애무를 기대하는 표현으로 "치맛자락 부풀리는 바람의 향기"가 되어 "여미지 못한 속옷 사랑 간질여주는" 행동으로 기나긴 밤을 모대기게 한다. 또한 그런 은밀한 행위에 대하여 부끄럼을 감내하면서 "별빛도 부끄럼 곱게 잘라 구름위에 얹어 놓는"것으로 숙녀다운 미덕을 가시화(可視化) 표현으로 펼쳐 보이고 있다. 여기에 화자의 미학적 경지가 엿보이고 있다.

화자에게 있어서 아름답던 젊은 날의 사랑은 "어깨 넓고 눈썹 환한 여름날의 노맨스"이며 화자는 "고독 삼킨 신기루의 날개 되어/ 독수공방 십여 년 파닥거린다."

홀로 있는 외로움의 극치라고 볼수 있는 수작(秀作)임에 틀림이 없다.

화자는 이러한 주관정서를 그냥 "보고 싶다, 그립다, 사랑하고 싶다"라는 직설적인 생활용어의 나열이 아닌 예술언어로 펼쳐 보이고 있는바 예술언어란 상징을 통한 이미지 변형조합으로 이룩해낸 것을 말한다.

이제 좀 더 살펴보도록 하자.

홀로 있는 외로운 심정을 햇빛의 날실, 달빛의 씨실로 드레스 짜며 사랑하는 사람이 나타나기를 기다리는 형상으로 보여주고 있다. 여기에서 "햇빛의 날실, 달빛의 씨실"은 환각적 이미지의 변형으로서 추상적인 것을 형상적인 표현으로 바꾸어 읽는 이의 가슴에 강한 자극을 안겨주는 좋은 효과를 거두고 있다.

그리고 홀로의 사랑행위에 대한 부끄러움의 표현은 "별빛도 부끄러움 곱게 잘라/ 구름위에 얹어놓는"능동적(能動的)인 것으로 표현하고 있으며 외로움에 모대기는 것을 "고독 삼킨 신기루의 날개 되어… 파닥거린다"고 형상의 가시화(可視化)를 실현하고 있는 것이다.

화자의 가슴 깊이 숨겨진 그리움의 진미는 단순한 사나이에 대한 애모의 감성뿐이 아니다. 그것은 세상에 대한 깨도와 관용과 포섭의 정감분출의 그리움이기도 하다.

정복자의 손톱 밑에서 숨바꼭질 하는
술래는 누구일가
태평양 날아 넘는 주소 적힌 꼬리표가
기억의 유전자 깨워
지구의 숨통 움켜쥘 줄을
아마존우림의 불길은
생각지 못하였으리

본초자오선 가리마 어둠 밝힘을
적도가 촘촘히 잔등에 새기며
난바다 다독여 줄 때
포물선 그으며 조율하는 플라스틱이
문명의 목젖 다림질 할 줄은
아무도 몰랐을 것이다

하늘에 삿대질하는 굴뚝의 배포
적기가(赤旗歌) 부르는 노을이
치마 찢어 기억 닦았을 것이다

－시 "천기누설" 全文

　세상의 모든 것은 정의로운 노래의 훈향(薰香)만이 아님을 화자는 깨닫는다. 좀나방 같은 존재들의 나붓거림이 거룩한 존재의 그늘에 잠식하고 있다. 그런 것들은 어느 적당한 시기에 뛰쳐나와 진리의 숨통을 조일 때도 있다. 이를 두고 안타까워하는 화자의 납함(呐喊)은 "아마존강의 불길"로 타오르고 있다.
　명암분별의 가르침을 아로새기며 비리와 부조리에 대한 포용과 관용이 무시당하는 경우도 결국 무자비한 배신으로 상처 입을 때가 있다. 이를 두고 화자는 또 "포물선 그으며 조율하는 플라스틱이 문명의 목젖 다림질"한다고 은유적 상징으로 교대하고 있다.
　뿐만 아니라 "하늘 삿대질 하는 굴뚝의 배포"에도 "노을은 치마 찢어 기억 닦아주는"것으로 관용의 너그러움을 보여주면서 세상의 모든 것이 조화롭고 평화로운 삶을 영위하기를 그리는 큰 그리움에로 시의 경지를 끌어올리고 있다.
　구도상으로 볼 때 화자는 풀, 꽃, 모래알… 등 미시적인 것에 대한 묘술(描述)로 상징을 펴 보인 것이 아니라 "태평양, 아마존우림, 본초자오선, 적도, 하늘, 노을"등 거시적인 것을 틀어쥐고 이미지를 펼쳤으며 "꼬리표가… 지구의 숨통을 움켜쥐고" "적도가… 난바다 다독여주며" "플라스틱이… 목젖 다림질"한다고 변형적 표현으로 이질적 이미지 창출에 성공을 보이고 있다.
　화자의 이와 같은 특점들은 "새해", "숙명" 등 많은 작품들에서도 나타나고 있는바 일일이 더 사례를 들지 않기로 하겠다.
　한편의 작품 속에는 그 작품이 담고 있는 사상과 내용이 있기 마련이다. 그것의 우렬을 떠나 세월이 썩 흐른 후에는 그래도 그 작품의 사상과 내용이 세상에 길이 남게 된다. 하지만 작품을 접하는 그 순간만은 작품의 내용내지 사상보다도 그것에 대한 표현기교에 매료되게 된다. 똑같은 내용의 작품이지만 그 표현에 따라 여러 가지 판본의 작품이 산출 될 수 있으며 또한 그에 따라 작품의 진가(眞價)가 매겨지기도 한다. 이를 두고 예술은 우선 표현의 예술이란 말이 제기되는 것이다. 문학의 경우, 특히 시의 경우엔 더구나 언어연금술(言語鍊金術)을 실천해나가야 한다.

무릇 보석과 금덩이가 귀한 것은 세상에 흔하지 않기 때문이다. 예술작품도 마찬가지이다. 작품이 예술로 승화되려면 흔히 보았던 또는 흔히 보던 표현이 아닌, 낯선 표현으로 되어야 자극을 불러일으키며 세상을 흥분의 도가니에 빠뜨릴 수 있게 되는 것이다.

그럼 낯선 표현은 어떻게 해야 하는가. 두말 할 것 없이 변형을 거친 상징적 표현을 이룩해야 하는 것이다. 그것은 또한 구도상에서 변형된 이미지조합 즉 퍼즐 맞추기의 변형을 실행해야 하는 것이다.

화자의 시 "선(線)"을 들어보기로 하자.

피 끓는 심장
욕심 잘라 햇살에 꿴다
염주 굴리는 손놀림
별빛 타고 어둠에 흘러든다

흰옷의 승무
포물선 그으며 뿌리쳤다가
당겨오는
산허리

농가의 코고는 소리가

고르롭게
날개를 편다

ㅡ시 "선(線)" 全文

윗 시의 이미지들을 나열해 보자.

1. 심장이 욕심 잘라 햇빛에 꿴다
2. 손놀림이 어둠에 흘러든다
3. 흰옷의 승무가 산허리를 끌어당긴다
3. 농가의 코고는 소리가 날개를 편다

 그냥 장면의 나열인 듯싶지만 살펴보면 모두가 변형의 능동적 가시화(能動的可視化)가 되어 있다. 즉 모든 것이 꿈틀거리고 있다. 생명은 움직임 속에 있으므로 그것에 초점을 맞추었기에 이 시는 생생히 살아 꿈틀거리는 것이다.
 이러한 이미지들은 모두 생각의 연장선에 의하여 평화로운 목가적 풍경의 정체를 이룩하기에 "선(線)"이라는 제목과 유기적 결합을 이루면서 상징의 높이와 깊이와 너비를 한 차원 더 끌어올리는 것이다.
 같은 기법의 시로는 "손"이라는 시가 있는데 여러 가지 장면의 이미지조합이 세상이라는 커다란 손바닥에 놓여있다는 생략된 이념의 의미에서 제목과 결국 통하게 되는 것이다. 세상 만물은 다 내재적 연관성을 가지고 있으므로 서로 통할 수 있다는 이치는 바로 이런 것을 염두에 두고 이르는 말이라 하겠다.
 하기에 인간은 오감으로 통하는 감각기관의 범위를 초탈하여 의미적 상징의 사유도 할줄 아는 인지(認知)의 차원도 높일 필요가 있다.

생각이 바뀌면 길이 열린다. 관습적인 생각이 역사의 발전에 걸림돌이라면 초탈의 실천은 글로벌시대를 열어가는 반석으로 거듭날 것이다.

미래지향적인 신시(新詩)혁명에 궐기하여 나선 복합상징시동인회의 멤버로서의 김소연 시인의 시집 「복수초」가 생각의 저널에 빛나는 불빛으로 세상을 따스하게 덥혀줄 수 있어 기쁘기만 하다.

복합구성을 이루고 있는 우리 사는 세상을 문명이 하사한 가장 큰 선물인 상징으로 꽃피워 가며 신사답고 숙녀답게 예술의 향기로 가득 채울 그날을 기대해본다.

김소연 시인의 시집출간에 큰 박수 보내드린다.

장면의 흐름, 베일 가린 허상

―권순복 詩集 「생각의 섬」이 보여주는 변형이미지

진실과 허상이 어깨 겯고 가는 것이 세상이라면 그것이 무슨 감투 끈인가 질의 받을 수도 있을 것이다. 하지만 세상 자체는 원초부터 존재의 환영이라고 역점 찍을 때 진실이란 결코 환각의 산물임을 수긍하게 될 것이다.

비판철학의 창시자로 널리 알려져 있던 독일의 철학자 칸트(Kant, 1724~1804)는 일찍 "내 마음은 우주요, 우주는 내 마음이다"라고 말한 적 있다.

세상만물의 존재는 자아 인식에 의하여 존재여부가 환영으로 나타났다 사라졌다 하기를 수없이 거듭해오고 있다. 세상은 분명 존재하지만 부재(不在)이기도 하다는 인식, 유물론을 떠난 유심주의 인식론에 의한 발상이기도 할 것이다.

아무튼 인간의 사유는 대뇌에서 산출되지만 그것은 육안으로 보이는 것이 아니라는 것만은 자명한 일이다. 인간의 사유는 결코 대뇌가 만들어낸 것이 아니며, 영적(靈的) 가르침을 혼(魂)과의 타협 속에서 뇌수를 통하여 세상에 전달되며, 그것은 다시 생명의 품격을 나타내는 백(魄)과의 결합으로 육체를 꿈틀거리게 하는 것이다.

복합상징시에서의 기본고리로 되고 있는 장면의 흐름은 바로 이러한 이치 체현의 실현이라고 봐야 할 것이다.

이른바 인간은 매순간마다 환각에서 태어나 환각을 먹고 마시며 환각으로 돌아가는 경험을 끝없이 연장하고 있다. 그럼 인간은 어디서 왔다가 어디로 가는가. 그것조차 환각이라는 설법이 있다. 환각은 환각을 낳고 환각으로 돌아간다. 이것이 무의식의 존재실태가 되는 것이다. 왜서인가, 무의식은 환각의 산물이기 때문이다.

무질서한 환각의 흐름, 그 흐름 속에서 질서를 찾아 낯선 자극으로 아름답게 보여주는 것이 복합상징시의 사명이다. 하지만 그것도 결코 환각의 윤회에로 되돌아가겠지만…

복합상징시는 바로 이렇게 환각의 무한대 연장흐름의 단면들을 장면의 흐름으로 펼쳐 보이는데 그 사명과 매력이 있다고 해야 할 것이다.

그리고 보면 복합상징시의 철학적 사상토대는 결국 형이상 철학에 뿌리 내리고 있음을 어렵지 않게 보아낼 수 있다.

그렇다면 복합상징시의 동인으로 두각 내밀고 있는 권순복 시인의 시세계는 어떤 뉘앙스로 세상과 대화 나누는 것일까.

아래에 구체적으로 요점만 딱 꼬집어 역설(力說)해보려 한다.

갈증이
헛바닥 날름거린다
심장에 피가 끓어번진다

눈물로 반죽된
비린 바다가, 왈칵

동공 없는 눈물 토해버리면

파도는 오늘도
섬 삼키고 바위가 된다

―詩「타향·1」全文

　아주 짧은 편폭의 시이지만, 그것이 시사해주는 생각의 깊이는 넓고 깊기만 하다. 도합 네 개의 이미지로 장면흐름을 시도했는데 그것은 온통 환각적 장면흐름이란 것이다. 그 장면을 다시 정리해본다.

갈증이 혓바닥 날름거린다
피가 끓어번진다
바다가 눈물 토해버린다
파도는 섬 삼키고 바위가 된다

　아무리 읽어봐도 정상적인 사람이라면 육안으로는 도저히 보아낼 수가 없는 일이다. 만약 정상인간이 강당에 나서서 상기의 장면흐름을 지금 육안으로 보인다고 하면 그 사람은 "특이기능(特異技能)"을 지닌 사람 또는 "초인(超人)"이라고 일컫게 될 것이다. 하지만 인간은 누구나 그런 초인적 특이기능을 지니고 있지만 그것을 의식하지 못하고 있다. "특이기능(特異技能)"의 체현은 시로 놓고 말할 경우, 바로 언어를 통한 변형이미지의 낯선 조합의 실천인 것이다.
　이 시에서 환각의 장면들을 좀 더 구체적으로 살펴보자.
　갈증은 "혓바닥 날름거리는" 것으로, 심장에는 "피가 끓어 번진다"는 것으로 가시화 처리를 하였다. 그다음 바다는 "눈물로 반죽된 바다"이며 또한 "비린 바다"라는 감각적 표현으로 이미지를 팔딱거리게 한다. 그 바다는 다시 눈물을 토해버리는데 눈물도 "동공 없는 눈물"이며 그 토해내는 모습도 "왈칵"이란 부사를 넣음으로써 생동성을 핍진하게 안겨주고 있다.

왜 동공 없는 눈물인가. 삶의 배고픈 욕망이 갈증 느꼈고 그로부터 충만을 위한 피가 끓어 넘쳤으나 미로에서 헤어 나오지 못했기 때문에 눈물로 반죽된 바다는 결코 동공이 없는 것으로 되는 것이다. 그런 삶의 연장은 화자로 하여금 거듭되는 번민과 고독으로 인생의 매순간을 침묵으로 묵새기는 존재로 경직되게 만들고 있다.

파도는 오늘도
섬 삼키고 바위가 된다

이념의 환각적 표현으로 된 이 구절은 삶에 대한 화자의 자세이기도 하다.

한수의 시에는 반드시 이렇게 해라, 저렇게 해서는 안 된다는 식의 교훈적, 경험적 또는 주지적 계몽사상을 주입시켜 세상을 교육, 훈계해야 한다는 중국 조선족시단의 일부 기득권 편집자들의 편협적인 사상과는 상관없이, 시는 모름지기 인간 내심에 깃 펴고 있는 영혼의 경지를 그 느낌과 깨달음의 표현으로 그려내는 것이 예술이라는 것이 필자의 견해이기도 하다.

다음 또 한수 살펴보기로 하자.

날아다니는 점포들에
해저 심층 세탁하는 메아리가
향기로움 각인해둔다
꽃들이 숨 쉬는 기포…
공기의 분해가 식품 만드는 작업은
시간의 덕대를 닦고

온갖 세상 흡인해 들이는
요술방망이가
솟대로 하늘 찌른다
자석의 작간…
낮이면 행성들 탐방에 분주하여도
밤이면 달 위에서 꿀잠 자는
멋스러움의 스타일
노래가 눈발 되어 흩날리는
낙원의 안녕은 노을이
두 팔 벌려 덮는다

—詩「생각의 섬」全文

이 시집의 표제시로 되고 있는 「생각의 섬」이다.
언어를 통한 화자 영혼의 경지를 변형이미지로 그려낸다는 것은 시인이 지니고 가는 사명이다. 언어의 마술을 통하여 화자의 경지를 능동적 가시화로 실천해가는 것, 그래서 시인을 "언어연금술사(言語鍊金術師)로 일컫기도 하는 것이다.
이렇게 펼쳐 보이는 언어연금술에는 필연코 화자의 삶에 대한 자세내지 태도도 이념의 형상으로 이미지 속에 녹아들어있게 되는데, 이 기술적 처리를 권순복 시인은 능란하게 다루고 있어 특히 주목을 끌게 되는 것이라고 역점 찍게 된다.
권순복 시인의 세상은 삶에 대한 실의(失意)의 아픔과 고통과 고독과 한숨과 허탈이며, 그로부터 해탈하려는 강렬한 욕구의 모질음이다.
기실 인간은 누구든 자신이 삶의 대안에 대한 확답을 찾지 못한 채 삶의 막창에 발들 내밀게 된다는 게 필자의 인식이다. 인간은 한 생을 "판도라의 궤"에 갇혀버린 희망을 찾아내기 위해 "어둠이 선물한 두 눈동자로 광명을 찾아 모질음" 쓰고 있는 것이다.

 날아다니는 점포들에
 해저 심층 세탁하는 메아리가
 향기로움 각인해둔다
 꽃들이 숨 쉬는 기포…

 화자의 생활환경은 "날아다니는 점포"와 같은, 정착되지 않은 흔들림의 존재다. 그러나 그 삶은 "날아다니듯" 분주하기만 하다. 그러나 그 속에서도 "해저 심층 세탁해가듯이" 가위 눌린 현실에 대한 초탈 욕망으로 한 몸 불사르고 있다. 그러나 그것은 결국 아름다운 꿈의 숨 가쁨으로써 "꽃들의 숨 쉬는 기포"로 환각되어 있다.

 공기의 분해가 식품 만드는 작업은
 시간의 덕대를 닦고
 온갖 세상 흡인해 들이는
 요술방망이가
 솟대로 하늘 찌른다
 자석의 작간…

 화자는 "공기의 분해가 식품 만드는 작업은/ 시간의 덕대를 닦고/ 온갖 세상 흡인해 들이는/ 요술방망이가/ 솟대로 하늘 찌르듯이" 새론 삶에 대한 영접(迎接)의 준비는 이미 마련되어있다. 그 모든 것은 화자의 세상에 대한 올바른 자세에서 비롯된 것이리라. 여기에서 화자는 마음의 올바른 자세를 "자석의 작간"으로 대변하여 말해 주고 있는 것이다.

 낮이면 행성들 탐방에 분주하여도

밤이면 달 위에서 꿀잠 자는
멋스러움의 스타일

　이 구절에서는 생을 열심히 살아가는 올곧은 자세에서 비롯되는 즐거움에 대한 동경이며, 미래에 대한 확신을 보여주고 있다고 봐야 할 것이다. 또 그런 화자의 자세는 생을 마감하는 날, 영혼의 승화를 맞이하면서 또 다른 삶의 차원에로의 승화를 뜻하게도 된다. 화자는 그 섭리를 다음과 같이 결론적인 화폭으로 펼쳐 보이고 있다.

노래가 눈발 되어 흩날리는
낙원의 안녕은 노을이
두 팔 벌려 덮는다

　궁극적으로 화자는 삶의 자세를 환각적 변형이미지에 용해시켜 세상에 펴들고 있다. 하지만 그런 자세마저도 나중엔 허상(虛像)으로 겉도는 한생임을 표제시를 떠난 다른 작품들에서도 역역히 보여지고 있다. 그러나 이에 대한 평은 약하도록 하겠다.
　중국 청나라 조설근 선생이 쓴 고전명작 "홍루몽(紅樓夢)"에서는 몰락하는 봉건관리의 가족진풍경을 핍진하게 그려내고 있다. 결국 인생의 희비애락의 경계선에서 작중 인물 가보옥(賈宝玉)은 삭발하고 산속으로 들어가 중이 되어버리고 만다. 이 세상 풍진세월은 결국 허무맹랑하며 일장춘몽이라는 섭리로 관통되어있는 것이 이 명작의 혼(魂)으로 거듭나는 것이기도 하다.
　중국 제자백가의 성현 노자는 이 세상 도(道)의 창시자로서 세상의 "우주의 이치는 들을 수도 없고 볼 수도 없는 허무에서 비롯된" 것이라고 일컫고 있다. 어찌 보면 인간은 모두가 무(無)의 존재에서 유(有)의 세계를 꿈꾸는 가련한 환각쪼박 일지도 모른다. 환각의 무질서한 흐름 속에서 허무의 존재에 진실을 느끼며, 리좀으로 뻗어가는 무의식의 세상을 거듭 살아가고 있는 것인지도 모른다.

　권순복 시인의 시세계가 바로 이렇듯, 무의식의 환각세계에서 신질서(新節序) 모색을 위한 허무의 모질음이다. 화자가 그것을 변형 이미지의 복합상징으로 조합해내었다는 점에 크게 수긍이 간다.

　권순복 시인의 더욱 빛나는 정진을 기대해보는 시각이다.

환각의 혼설기에 반짝이는 씨앗의 꿈

-황희숙의 詩集 「지워진 글씨」에 감도는 향기

어찌 보면 우리 사는 세상은 온통 환각으로 엉켜 붙어 있을지도 모를 일이다. 인간이 이성(理性)을 갖추기까지 환각의 도가니는 식어본 적 없었다. 그것은 또한 생명 본초의식(本初意識)의 산물이기도 하다.

환각에 입각한 상상과 환상은 역사(歷史)의 발전을 추동하는 동력으로 늘 되어있었다.

영혼의 고차원 향수에 속하는 예술로서의 복합상징시문학은 환각의 무질서한 흐름 속에서 새로운 질서를 세운다음 가상세계의 낯선 세상을 현실에 친근하게 펼쳐 보이는 예술의 한 형태이다.

이런 견지에서 볼 때 환각에 대한 의식(意識)과 그에 의한 포착의 지혜는 이차원(異次元) 세상을 열어가는 첩경으로 되기도 한다.

환각의 경지는 기성된 현실의 룰을 벗어나 자유분방한 변형의 세계로서 그 양상(樣相)은 순식간에도 천변만화를 가져온다. 그 변화의 명맥을 틀어쥐고 있는 핵심고리가 바로 화자의 정감세계와 그 팽창의 크기와 세기와 길이와 너비와 높이에 정비례되고 있음을 역점(力點) 찍어둔다.

　황희숙 시인의 시집「지워진 글씨」는 바로 환각의 이변(異變)을 통한 정감표출의 이미지 또는 스토리 또는 이미지와 스토리가 혼용(混用)된 장면의 흐름으로 화자의 경지를 펼쳐 보이는데서 이색적인 자극을 불러일으키고 있다.

　　날개 돋친 커피향
　　쪽배 탄 상아(嫦娥) 목에
　　스카프 둘러주고

　　풍차 돌리는 구름과 샛별의
　　반짝이는 노랫소리
　　장미꽃 향기로 시간을 빛내준다

　　잡은 손 놓지 못하는
　　음양의 사랑싸움에
　　말라붙은 분수(噴水)의 한(恨)

　　허공 떠도는
　　종착역 이유 한마디가
　　무소유(無所有)의 숨을 톺는다

　　ㅡ시 "꿈 그리고 꽃의 이미" 全文

　윗 보기 시는 처음부터 환각의 문을 활짝 열고 환상의 나래를 펴고 있다.

커피향에 날개 돋쳤다→쪽배 탄 싱아(嫦娥)→그런 상아(嫦娥) 목에 커피향이 스카프 둘러준다.

첫 연 전부가 환각과 환상으로 과장된 변인화의 기법으로 너무나도 생동한 장면을 형상으로 펼쳐보이고 있다.

두 번째 연을 살펴보자. 여기에서 구름과 샛별은 그냥 존재 그 자체로서의 물질에 불과하지만 화자는 그것을 변인화 하여 노래 부르는 것으로, 그것도 풍차를 돌리면서 노래 부르는 형상으로 둔갑시켜줌으로써 동화적 친화적인 자극인출에 성공한다. 그런데 화자는 여기에 그친 것이 아니라 구름과 샛별의 부르는 노래는 반짝거리면서 시간을 닦아주는데 그것마저도 장미꽃 향기로 시간을 닦아준다고 하면서 화자의 경지를 한 차원 더 높이 끌어올리고 있다.

환각이란 그 사람의 내심정서의 산물이다. 환각의 경지가 어떠냐 하는 것에 따라 그 사람의 내심세계의 노출이 펼쳐지기도 한다. 황희숙 시인은 바로 이 점에 포인트를 면바로 맞추고 있기에 상술한 효과도 가져올 수 있는 것이다.

계속해서 상기의 보기사례 시를 더 파보도록 하자.

인간을 포함하여 세상의 이치는 적당선에서 스톱정도를 장악할 줄 알아야 한다. 이를 두고 절충(折衷)이라고도 한다. 그런데 인간은 "욕망"이라는 이 한계의 유혹에 이끌려 늘 팽창의 과오를 범하게 된다. 이는 필연코 슬픔과 고통으로 이어지며 더 나아가서는 아픔과 참극을 낳는 비극의 원인이 되기도 한다.

잡은 손 놓지 못하는
음양의 사랑싸움에
말라붙은 분수(噴水)의 한(恨)

화자는 상술한 이치를 바로 이 한 단락의 설명적 이미지로 농축시켜 펼쳐 보이고 있다. "잡은 손 놓지 못하는", 이 구절은 욕망에 대한 집착을 뜻하며 "음양"은 좋고 나쁨과 크고 작은 이익의 많고 적음을 상징한다. 그런 것에 대한 "사랑싸움"은 사욕을 앞세우는 아귀다툼에 대한 해학적이며 역설의 표현이다. 결국 삭막해가는 인간세상을 화자는 "말라붙은 분수(噴水)의 한(恨)"이라는 이미지 개념으로 축도를 그려 보인다.

시는 이쯤해도 될듯한데 화자는 그 경지를 기어이 한 차원 더 끌어올렸다. 다시 그 차원 경지의 마지막 연을 돌이켜 보자.

허공 떠도는
종착역 이유 한마디가
무소유(無所有)의 숨을 톺는다

아주 짧고 간단한 말 같지만 이 속엔 거룩한 철리와 가르침이 깃들어있다.

아무리 옴니암니 따지고 떠들어도 인간은 이 생을 마감할 때엔 누구나 무소유(無所有)의 운명을 회피할수 없다. 그래서 인생무상이란 말도 존재하는 듯싶은 시점이다. 화자는 이 대목에서도 그냥 이념적 역설에 그친 것이 아니라 "허공 떠도는", "숨을 톺는다" 등 가시화(可視化)된 환각적 영상(影像)으로 이미지 변형을 실현하고 있다. 이 점이 대단히 크게 점수를 따고 있다고 해야 할 것이다.

시란 무엇인가. 단지 언어를 비탈아 교묘하게 본의(本意)를 상징으로 펼쳐 보이는 기교놀음에 의해서만은 성립될수 없다. 물론 시는 표현의 예술이기에 표현기법은 우선으로 되는 인소로 주목되지만 시속에 녹아 흐르는 사상의 거룩함이 없이는 잰내비가 사람의 옷을 입고 사람의 흉내를 내는 격과 다를 바 없다.

황희숙 시인의 시 세계는 비움과 수용의 불교적 사상의 흔적도 슴배어 있다. 세상에 대한 관용과 포용의 여유로움과 비움의 섭리에 대한 깨달음으로 여유작작 살아가는 자세가 시속에 곱다라니 슴배어 있는 것이 돋보인다.

　황희숙 시인의 다른 시 "미소"에 비낀 이미지와 그 속에 용해된 사상의 경지를 조명해 보기로 하자.

　시간도적들
　진주보석 반찬에
　술 마시고 비틀거려도

　염불(念佛)하는 구멍 난 시간엔
　물보라 일고

　목탁소리가 바다의 잔등에 업혀
　대안에 뿌리 내린다

　노 젓는 인생살이도
　비어있는 대나무 숲처럼
　휘파람 부는 이유를

　바람이 대신
　들고 다닌다

　―시 "미소" 全文

　위에서도 언급했듯이 인간이란 부단히 팽창하는 욕망의 올가미에 납작 걸려들어 절충(折衷)의 섭리를 망각하게 된다. 그것이 초래하는 변질된 삶의 양식(樣式)은 기형적인 보응으로 결실을 맺게 된다.
　화자는 드바쁜 일상에서도 짬만 나면 사욕에 머리 굴리는 인간의 근성(根性)을 "시간도적들 진주보석 반찬에 술마신다"고 해학적 이미지로 꼬집었으며 그 보응의 결과를 취해서 "비틀거리는" 능동적(能動的) 표현으로 교대해주고 있다.

뒤늦게나마 찾은 깨달음이지만 그것이 가슴에 각인되기까지는 "구멍 난 시간에 물보라 일 듯이" 불안정의 과정이 따르게 되어있음을 형상적 은유로 상징을 펼쳐 보이고 있다. 그렇지만 성숙의 이치를 깨닫는 노력의 과정은 바다가 등에 업고 대안으로 가서 뿌리 내리게 한다. 여기서 "바다"는 관용과 수용의 대명사가 된다.

노 젓는 인생살이도
비어있는 대나무 숲처럼
휘파람 부는 이유를

바람이 대신
들고 다닌다

이 대목에서는 힘겨운 인생살이에서 이래저래 응어리진 한(恨)을 내리워 놓으면 "휘파람 부는" 여유로운 삶이 된다는, 그게 바로 극락의 경지임을 제시해주고 있는데, 대나무처럼 속을 비워야 "휘파람 부는 숲"을 이룰 수 있음을 가르쳐주고 있다. 그 경지에 오를 수 있다면 바람처럼 신선처럼 자유로운 삶을 만끽한다는 도리를 이념으로 펼쳐 보이고 있다. 하지만 여기에서도 역시 "인생살이도… 대나무 숲처럼 휘파람 부는", "바람이 대신 들고 다닌다"는 등 환각적 변형으로 펼쳐 보이고 있다.

복합상징시란 단일상징의 복합구성을 이루는 것으로 그 의미를 가지고 있다. 상징이란 화폭의 상징도 있지만, 스토리를 주선으로 한 장면의 상징, 이념의 상징, 서정흐름의 상징, 외형과 내함의 상징, 소리의 상징… 등 갈래가 많다. 이런 상징들은 화자의 정감팽창을 바탕으로 인기되는 환각의 변형에 충실해야 하며 여러 갈래의 상징들이 유기적 결합으로 복합구조를 이루어야 한다.

그 어떤 세상이든 단일구조의 세상은 존재불가능으로 된다. 물론 단일구조와 복합구조의 참조치(參照値)를 어떻게 정하느냐에 의하여 결정되겠지만 그것도 상대적이라고 말할 수밖에 없다. 참조치(參照値)에 의하여 규명된 단일구조도 진일보 세분해보면 역시 복합구조의 우주가 깃들어 있음을 세상은 부인할 수 없는 진실로 받아들이고 있다.

황희숙 시인의 시작품들은 바로 이 점을 확실히 지키고 있다.

인간은 세상을 살아가면서 수많은 낙서와 정서(正書)를 남기게 되는데 낙서한 글씨들은 지워버리기에 애쓴다. 하지만 지워버린 글씨의 흔적은 기억에 그냥 남아 괴로울 때가 많다. 그러나 그런 삶을 성숙으로 받아들이며 회한(悔恨)에 잠겨 새 출발을 꾀하는 것이 바로 인간이다.

시의 내함에 대한 분석은 더 펼치지 말고 황희숙 시인의 시집의 표제시로 되고 있는 "지워진 글씨"을 음미해 보자.

파도위에 새긴 이름
거품 되어 출렁이고
눈물 닦는 감탄표의 흐느낌
바위로 굳어 있다
잔디 푸른 시간 귀퉁이에
뛰어놀던 그림자는 어느 바로
꼬리 감추었을까
꽃펴나던 순간들을 잘근잘근
씹어 삼키며
어둠도 깜박깜박 불 켜들고
사랑 찾아 떠난다

얼핏 보면 그냥 평이로운 언어조합으로 화자의 정감을 펼쳐 보인 서정시 같지만 환각의 변형들로 충만 되어 있음을 어렵지 않게 보아낼 수 있다.

파도위에 새긴 이름→ 그 이름이 거품 되어 출렁인다→눈물 닦는 감탄표→그 감탄표의 흐느낌이 바위로 굳어 있다→잔디 푸른 시간→시간의 귀퉁이→그 귀퉁이에 뛰어놀던 그림자→ 또 그 그림자는 꼬리 감춘다→꽃펴나는 순간→그 순간들을 잘근잘근 씹어 삼킨다→어둠이 불 켜들고 사랑 찾아 떠난다

이렇게 하나씩 각을 뜯어놓고 보니 어느 것 하나가 환각적이 아닌 것이 없다.
복합상징시란 이렇게 환각의 흐름 속에서 장면의 조합을 통하여 화자의 경지를 펼쳐 보이는 시라는 것에 더욱 확신을 가지면서 황희숙 시인의 시집에 대한 견해를 마무리 한다.

일상 속에 감춰진 환각의 따스함

—류송미 시인의 시집 「어느 날의 토크쇼」를 엿들으며

인간은 수많은 일상들의 연장선을 거머쥐고 삶을 엮어나간다. 그게 바로 인생이다. 매 하나의 일상들은 시시각각 환각, 착각, 생각들로 붐을 일으키며 그것들은 다시 환상, 상상의 융합 속에서 질서를 찾아 룰을 지켜나가게 된다.

시란 바로 이런 수많은 일상 속에서 화자가 감내하는 마음의 움직임을 통하여 독자적인 영혼의 경지를 펼쳐 보이는 것이다. 이러한 화자의 경지는 환각을 발단으로 한다는데 그 중요성이 깃들어있다. 또한 이런 환각들은 일상을 바탕으로 무의식속에서 돌연적으로 浮上하여 꽃을 피우게 되는데 그 향기의 연줄에 따라 화자는 상상과 환상을 펼쳐가면서 능동적인 가시화작업을 통하여 변형의 경지를 구축하게 된다.

인간이 자신의 경지를 변형시켜 표출시키는 데엔 신선한 자극을 위한 탈변의 수요라고 할 수도 있다. 새로운 자극은 세상을 흥분시키며 흥분이 극치에로 치달아오를 때 세상은 최상의 오르가즘을 느끼게 된다. 자극 없는 삶은 고요한 늪과 같으며 고인 물은 결코 썩기 마련이다.

생명의 표징이 움직임에 있듯이 한수의 시에서도 움직임의 적절한 표현과 탈변을 위한 변형된 이미지는 새로운 경지를 열어주게 된다.

류송미 시인의 경우, 일상의 매순간을 동반하고 있는 환각의 이미지를 핀센트로 집어 현미경으로 들여다보면서 그것을 여유 있게 스토리에 용해시켜 보여주고 있다.

시집 「어느 날의 토크쇼」가 펼쳐 보이는 시인의 경지는 느긋한 스토리의 흐름 속에서 환각을 통한 화자의 정감세계와 삶에 대한 자세를 반추해보이고 있는 것이 특색이라고 딱 점찍어 말할 수 있다.

친구동생의 부탁으로 월셋방 물색하는 일은
가슴 부푸는 아침을 만져주었다
학교 가는 길에 3층집을 세 준다는
전화번호가
등교하는 어린이들 모습으로 깔락뜀 뛰며
교문에 들어선다
저마다 손에 들고 있는 놀이감의 그림자가
경찰모양을 하면서 질서를 지킨다고
시간의 허리를 잡아 끈다
따르릉… 수업시간입니다
선생님의 입술사이를 삐져나가는
기름 발린 발음들이 다시
전화번호 되어 교실 안을 감돈다
셋집 하나에 매달 백원씩 하면

일 년이면 얼마 되죠, 라고 묻는 말에
병아리 같은 어린이들의 재잘대는 목소리…
셋집, 셋집… 천이백~!
정답입니다, 짱입니다요…
교실안팎에 친구동생의 부탁소리가
바람 되어 향기 되어 헐벗은 공간을
꽃피워준다

－詩 "셋집메아리" 全文

상술한 시에서는 친구의 부탁으로 세집 찾아주려는 화자의 아름다운 심성을 보여주고 있다.

오스트리아 정신분석학파 창시인 지그문트 프로이트는 인간의 본능에 대하여 "성(性)에 집착하는 사람은 나무옹지를 봐도 성기(性器)를 떠올린다"고 하였다. 이 말은 생각의 착안점을 어디에 두느냐 즉 생각의 포인트를 잡는 것의 중요성에 대한 정론으로 되기도 한다.

조선창극집 "춘향전"에서는 이몽룡이 춘향이한테 홀딱 반하여 마음 걷잡지 못하는 것을 달을 봐도 춘향의 얼굴이요, 책을 펼쳐도 책속에서 춘향이가 걸어 나오며 천정을 쳐다봐도 춘향이가 날아 내리는 것 같다고 하였다.

이 모든 것들은 인간의 집착과 연연함으로 초래되는 결과적인 현상은 실재의 현실이 아닌, 가상의 실재라는 것들 뜻하여 준다. 때문에 이미지 포착에서는 사진의 정서에 걸맞는 렌즈를 늘 소지하고 있어야 한다. 팽창된 정서가 그 렌즈를 통하여 투영될 때엔 렌즈가 가지고 있는 마술적 색상으로 그 형태를 드러내게 되기 때문이다.

상기의 보기사례 시에서 스토리에 슴배어 있는 환각의 흐름을 살펴 보도록 하자.

월셋방 물색하는 일은 가슴 부푸는 아침을 만져준다
↓
등교하는 어린이들 깔락뜀이 세집광고 전화번호로 보인다
↓
강의(講義)하는 화자의 발음들이 전화번호 되어 교실안을 감돈다
↓
세집 맡아달라는 친구동생의 부탁이 바람 되어 향기 되어 헐벗은 공간을 꽃피워준다

보다 싶이 화자의 환각은 시종 친구동생의 월셋방 얻어주는 일에 관통되어 있다. 그러므로 시에서 화자의 환각은 정서팽창의 토대위에 꽃을 피운다고 하는 것이다. 이 시에서도 마찬가지이다. 가령 남을 도우려는 화자의 아름다운 심성의 팽창이 극도에 이르지 않았다면 상기의 환각들의 생성은 이룩되지 못할 수도 있는 것이다. 때문에 시는 일상 속에 슴배어 있는 화자 내심의 강열한 움직임의 장면이라고 말하게 되는 것이다.

같은 경우의 일상이지만 그것을 수용하는 인간 자세의 각이함에 따라 삶에 부여되는 색채 또한 다양한 결과를 가져오게 된다. 이렇게 되는 주요인은 각자의 마음의 그릇과 삶을 통찰하는 여유의 한계가 각이하기 때문이다.

류송미 시인은 일상의 매순간마다 가슴 터지고 **뼈**를 깎는 아픔일지라도 초탈의 헌헌함으로 여유 있는 자세로 자신의 삶을 만끽하고 있다.

콘크리트 길 위에 떨어진 낙엽
지저분한 시간의 흔적들이 얼룩져 있다
뜯겨져 있는 기억들 흐르는

그 소리가 바람 되어
바닥에 배를 붙인다
건물 저 켠 비쳐드는 햇살의 그림자
길 저 켠에는 어둠도 기다리고 있었다
그 건너 켠, 짙푸르게 미소 짓는
소나무 숲을 지나
오순도순 계절이 모여사는 동네의 뜬 이야기들이
한낮의 기다림 펼쳐
젖은 사랑 펴 말리우고 있다
딴딴한 길에는 기다림
몸져눕는 소리가 들린다

―詩 "골목길" 全文

　인간은 태어나는 순간부터 고통의 연장선이라는 말도 있다. 인생을 살아가면서 파란곡절의 세파를 겪지 않는 사람은 없다. 윗 시의 경우, 화자는 삶의 질고를 초탈한 경지에서 여유 있게 관조(觀照)하는 자세로 세상을 보듬고 있다.
　콘크리트 길 위에 떨어진 낙엽을 보고도 화자는 그저 지나치지 않고 "얼룩진" "지저분한 시간의 흔적"이라고 삶의 가슴 아픈 나날들에 대한 환각의 상징을 펼쳐 보이고 있다. 상처 입은 기억의 순간들은 참기 어려울 만치 "바닥에 배를 붙인다". 삶이 길에는 "햇살의 그림자"도 있고 "어둠"도 도사리고 있지만 "미소 짓는 소나무 숲을 지나" "오순도순 계절이 모여 사는 동네의 뜬 이야기들이 기다림 펼쳐 젖은 사랑 말리우고 있다."
　여기에서 "뜬 이야기들"은 성숙을 맞이하지 못한 삶의 조각들일 것이며, 그러하기에 "젖은 사랑" 펴 말리며 "기다림을 펼치고 있는" 것이다. 이 대목에 대한 언술은 순결무구할 수만은 없는 세상이 부단히 성숙에로의 연마의 과정으로 거듭난다는 철리를 안받침 해준다.

삶이란 결국 긴긴 기다림으로 이어지며 그것들은 종내는 염원(念願)의 그림자로 세상에 하직을 고하게 되는 것이 섭리이다. 화자는 이러한 이치를 지극히 객관현실의 상징으로 되고 있는 "딴딴한 길"에 "기다림 몸져눕는 소리"의 형상으로 변형시켜 펼쳐 보이고 있는 것이다.

마지막으로 이 시집의 표제시로 되고 있는 "어느 날의 토크쇼"를 살펴보기로 하자.

어느 날의 토크쇼

볼륨 낮춘 메아리를 호주머니에 넣고
바람이 둥지 찾던 날
햇살과 구름의 이야기는
입 다물어 버렸다
고생살이 뒤끝에는 낙이 온다는
실날 같은 예언마저
병마의 딸꾹질에 잠들지 못하고
졸음 쫓는 별들의 깜박거림도
새벽언덕 안개로
덮어 감춘다
무병장수 비결이 너덜거리는
광고판 얼굴같이
엇바뀌며 달리는 차량들 신음소리가
시간의 귀퉁이 눌러주고

주고받는 사랑과 이별의 난센스가
푸른 하늘 잘라
봄 오는 들녘에 깔아주었다
릴릴~ 룰룰~
즐거움의 명멸하는 기억의 공간에서
둘만의 이야기가
하루를 으스러지게
틀어잡는다
손님 싣고 고개 넘는
운전기사의 머리위에
휘파람새가 난다

  화자는 시에서 시종 직설을 피면하고 있다. 정감의 깊이와 너비, 높이를 그냥 환각적인 장면들로, 스토리의 편린들의 유기적인 조합으로 대변(代辨)하여 발설하고 있다.
  복합상징시에서뿐만 아니라 모든 예술에서의 무작정의 직설은 금물로 되고 있는 것이 상식이다. 화자는 이 면을 단단히 틀어쥐면서도 마음의 여유는 시종 열어놓고 있다. 동일한 경우을 당했을 때 단추를 꽁꽁 잠그고 정색하는 대부분 동양인들에 비하여 총알이 쓩쓩 날아오고 대포알이 곁에 떨어지는 순간에도 유모아르 섞어가며 전투에 림하는 서양인들의 마음의 여유에 대하여 누군가 말했던 적도 있다.
  세계를 제패하려고 꿈꾸었던 보나파르트 나폴레옹은 참사가 벌어지는 싸움판에서도 작은 술상을 차려놓고 와인잔을 부딪치며 마음의 여유를 나누었다고 한다.
  한수의 시를 비롯한 모든 예술작품에서도 이런 여유의 미학은 독자들로 하여금 세상에 대한 회의(悔意)로부터 해탈의 감수를 만끽하게 할 수 있다.

류송미 시인의 "어느 날의 토크쇼"는 세상에 대한 너그러운 포용의 자세를 느긋한 비유의 이미지들로 환각의 조합을 이룩해내고 있다.

살면서 퇴색해진 나날들을 맞이하는 화자의 자세는 아래와 같은 여유 있는 표현으로 펼쳐 보이고 있다.

볼륨 낮춘 메아리를 호주머니에 넣고
바람이 둥지 찾던 날
햇살과 구름의 이야기는
입 다물어 버렸다
고생살이 뒤끝에는 낙이 온다는
실날 같은 예언마저
병마의 딸꾹질에 잠들지 못하고
졸음 쫓는 별들의 깜박거림도
새벽언덕 안개로
덮어 감춘다

이런 표현들은 직설의 단순함과 유치함과는 달리 자못 신사적인 매력을 안겨주는 삶의 지혜라고 말할 수 있다.

화자는 이러한 현실이지만 그래도 그 속에서 해탈을 꿈꾸면서 모질음 쓰고 있는데 그 표현은 다음과 같은 환각의 장면으로 멋스럽게 펼쳐 보이고 있다.

무병장수 비결이 너덜거리는
광고판 얼굴같이
엇바뀌며 달리는 차량들 신음소리가
시간의 귀퉁이 눌러주고

주고받는 사랑과 이별의 난센스가
푸른 하늘 잘라
봄 오는 들녘에 깔아주었다
릴릴~ 룰룰~
즐거움의 명멸하는 기억의 공간에서
둘만의 이야기가
하루를 으스러지게
틀어잡는다

여기에서 "릴릴~ 룰룰~"이 대목은 어둠속에서 빛을 찾는 화자의 밝고 명랑한 자세와 마음의 그릇을 보여주는데 크게 유조(有助)되는 분위기 전환의 관건적인 대목으로 된다. 만약 이 구절을 빼놓고 잃어 내려간다면 작품의 내재적 흐름선엔 비약이 사그라들며 크게 손상이 가게 될 것이다. 이런 정서비약의 전제하에서 화자는 달관한 자의 신나는 경지를 다음과 같이 펼쳐 보이고 있는 것이다.

손님 싣고 고개 넘는
운전기사의 머리위에
휘파람새가 난다

한마디로 류송미 시인의 시는 복잡다단한 내심의 정서활동을 내재적 연결고리를 틀어쥐고 여유작작한 스토리의 환각적 장면의 조합으로 유기적 결합시키는데 성공한 작품들이라고 긍정해줄 수 있다.

환각의 여백, 마음의 여유

- 김경희의 詩集 「아침을 열다」에 비낀 놀빛

  무엇을 하든 여지(餘地)를 남기라는 말이 있다. 여지(餘地)란 말은 여백(餘白)과도 통한다. 생각의 여백, 상상의 여백, 환상의 여백, 환각의 여백… 그 여백이 세상의 압박감을 느슨하게 풀어줄 때가 많다. 여백이 클수록 사람은 배포가 두둑하게 되기도 한다.
  복합상징시 창작에서 환각의 여백은 사뭇 중요하다. 환각의 경지에서 더 비전을 가져오기 어려울 때엔 그 여백에 다시 환상과 상상의 씨앗을 심어 싹틔우면서 영혼의 새로운 질서를 찾을 수도 있다. 즉 아직 포착할 수 있는 여지가 더 있다는 것은 마음을 튼실하게 하는, 항시 준비된 삶을 제공해주는 가능성을 시사해주고 있다.
  늘 여지, 또는 여백, 공백을 남겨두는 것은 삶의 지혜이다. 한수의 시에서도 여백의 경지가 엿보일 때, 독자들의 날카로운 신경도 느긋하게 된다.

김경희 시인의 작품세계에서는 세상관조(觀照)와 처세(處世)의 느긋함이 영혼의 신질서(新秩序)구축에 여유로움을 가져다준다. 하기에 그의 시들에서는 팽팽한 긴장은커녕 객관의 입지에서 관망하는 여유로 내심의 정서활동을 이미지에 용해시켜 펼쳐 보이고 있다.

　막대기 하나에 몸 박고
　세월의 긴 자락
　두 팔에 감아쥐었다
　바람 한 장 손에 들고
　새떼 쫓기에 밤에 낮을 이었다
　웃을 줄도 울 줄도 모르고
　그냥…
　본 듯 만 듯 들은 듯 만 듯
　심장을 움켜쥐고
　고독을
　펄럭 거린다

　－시 "허수아비" 全文

　이 시는 한가로운 전야에서 밤에 낮을 이어가며 너펄거리는 허수아비의 여유작작한 형상을 그려 보임으로써 느긋한 삶의 단면을 보여주는 농축된 집약도 라고 볼 수 있다. 이 화폭을 마주하는 순간 독자들은 무한한 안정에 젖어들게 되면서 근면한 노동의 일상도 떠올려보게 된다.
　단선흐름으로 씌어진 시이지만 구성을 따져보면 장면의 복합구성을 이루고 있다. 두 팔을 너펄거리는 장면, 밤낮없이 새떼를 쫓는 장면, "심장을 움켜쥐고 고독을 너펄거리는" 외로운 장면… 이러한 장면들이 한데 집합을 이루면서 부지런하면서도 한가로운 노동의 일상을 펼쳐 보이는 것이다. 화자의 눈에 허수아비가 이렇게 각인되는 것은 세상을 살아가는 화자의 자세 또한 이처럼 여유가 있기 때문이 아닐까 하는 생각도 가져보게 든다.

　김경희 시인의 시는 이미지포착에서도 마음의 여유를 폭 넓게 보이고 있다. 이미지조합에서 화자는 주변의 인지(認知)되는 물상들을 동원하여 그것들을 환각의 변형으로 내심발로를 실현하기도 하는데 물상들에 대한 다룸새가 재래식 룰에서 벗어나 자유분방한 조합을 이룩하고 있다.

　달아오른 커피향 온도가
　가을 한 자락
　식히어준다

　목청 간질이는 프리마의 날개가
　기다림의 목덜미에서 흘러내려
　입맛 다신다

　똑똑 떨어지는 거품무늬의
　소용돌이 속에서, 슬픔이
　미지의 에너지 반죽해 간다

　뒤틀린 이유가
　달빛 타서 마시는 시간은
　아픔이란 대명사가 속곳 속에
　꽃 피우는 안쓰러움이다

　－시 "눈물의 고향" 全文

윗 보기사례의 시에서 이미지들의 흐름새를 살펴보자.

커피향이 가을을 식혀준다
↓
프리마의 날개가 목덜미에서 흘러내려 입맛 다신다
↓
슬픔이 미지의 에너지 반죽해간다
↓
뒤틀린 이유가 달빛 타서 마신다
↓
아픔이 속곳 속에 꽃을 피운다

여기에서 등장하는 상관물인 커피향, 가을, 프리마의 날개, 목덜미, 거품무늬, 소용돌이, 슬픔, 에너지, 이유, 달빛, 아픔, 속곳, 꽃 등 이미지들은 서로 다른 성질의 이미지들이다. 하지만 화자는 이런 것들을 자유자재로 자신의 정감에 알맞게 줄 세워 움직이게 하는 것이다. 그런데 그것들은 화자의 주변에 가까이에 있는 것이 아니라 서로 동떨어져 있다. 하지만 화자는 그것들을 수요에 따라 자신의 정감표출의 선에 의하여 저마끔 움직이게 하고 있는 것이다. 그것이 바로 여유 있는 표현으로 자리매김하게 되는 것이다.

화자의 환각세계를 보면 단지 자신(自身)이 즐기는 제한된 환각의 범주를 벗어나 폭 넓은 환상으로 거듭나는데 아래 시 "여명(黎明)"에서 그 흔적을 따져보기로 한다.

침묵하는 바다
기다림의 눈꺼풀에 고요가 출렁인다
해파리의 모지름
어둠의 빛줄기…

눈두덩에 아침노을 올라앉으면
그 속에서 솟아오르는 여의주

환한 세상, 찰칵찰칵
사진 찍는다

一시 "여명(黎明)" 全文

이 시에서 화자의 환각세계는 바다와 눈꺼풀, 눈두덩이다. 일반적으로 바다라고 하면 파도와 갈매기와 출렁임을 떠올리기 마련이다. 하지만 화자는 바다라는 거시적인 것과 눈까풀, 눈두덩과 같은 미시적인 것의 유기적인 결합 속에서 동화(童話) 같은 효과를 거두어내고 있는 것이다.

　기다림의 눈꺼풀에 고요가 출렁이고, 눈두덩이에 아침노을이 올라앉으면 그 속에서 여의주가 솟아오른다는 표현은 일상에서는 도저히 용인될 수 없는 표현들이다. 속되게 말하면 정신이상에 걸린 환각증세의 표현이라고 봐야 할 것이다. 하지만 유물론의 세계를 떠나서 영혼에 자리 잡은 정감의 세계는 워낙 기성된 현실의 룰이 깨지고 뒤틀리고 변형된 기형(畸形)의 세계이므로 그것은 오히려 예술작품 속에서 당연한 것으로 되며 매력의 근원이 되기도 한다.

　왜서 그렇게 되는가. 모든 예술작품은 결코 현실을 토대로 하여 떠오른 환각의 가상세계에서 오기 때문이다. 환각이란 그 자체가 이질화(異質化) 되고 변형된 세계를 열어가기에 복합상징시에서의 변형 또는 변태적 표현은 그것이 화자의 정감의 수요에 맞게 진행될 경우엔 찬란한 경지의 승화로 거듭나게 되는 것이다.

　윗 사례의 시 "여명(黎明)"은 이 면에서 본보기를 잘 그려 보이고 있다.

　비록 침체된 삶이만 생의 의욕으로 열심히 분투하면 나중엔 빛나는 결실을 맺을 수 있다는 취득정과(取得正果)의 불교적 교리를 변형의 형상으로 펼쳐 보이고 있다.

   기다림의 눈꺼풀
   그 눈꺼풀에 고요가 출렁댄다.

  이 구절을 살펴보자. 고 작은 눈꺼풀에 어떻게 고요가 바닷물처럼 출렁댈 수 있을까. 하지만 예술작품에서는 가능한 것이다.
  그 아래 이미지에서의 표현도 마찬가지이다.

   눈두덩에 아침노을 올라앉으면
   그 속에서 솟아오르는 여의주

  눈두덩에 아침노을 올라앉는다면 유물론적 입지에서는 얼토당토 않은 말이지만 형이상적 복합상징시에서는 너무나도 지극히 당연한 표현으로 되는 것이다.
  상징이란 바로 어떤 변태적이고 변질된 표현의 매력으로 세상을 자극하고 흥분시킴으로써 새로운 질서에 맞는 경지를 새롭게 구축해나가는 것이다.
  김경희 시인의 시집 「아침을 열다」는 바로 이같이 상술한 내용에 부합되는 복합상징시집으로서 전혀 손색이 없다고 본다.
  명징한 언어, 환상적 환각흐름이 사유, 장면조합의 복합구성을 이루는 복합상징시 창작의 한길에서 금후 더욱 알찬 주옥편들을 산출해내리라 확신을 가져보면서 이로써 시집 「아침을 열다」의 평글을 마무리 한다.

어둠 더듬는 사나이의 색깔

―정두민의 詩集「어둠의 색깔」에 대한 진맥

사나이에게 눈물이 있다면 그것은 어둠 앓는 고름일 것이다. 그 고름이 얽히고 응어리져 보석으로 빛을 뿌릴 때 그것을 두고 세상은 별이라고 부르게 된다.

파란만장의 인생길을 억세게 헤쳐 나가는 사나이의 색깔, 그것은 과연 어떤 것일까. 이제 정두민시인의 「어둠의 색깔」이 우리들 앞에 숙연히 침묵으로 다가서고 있다.

주지하는바 상징은 인류문명의 일종 표현이다. 상징의 푸른 하늘을 닮아가면서 자신의 영혼세계를 변형의 목소리로 화폭으로 펼쳐 보이는 정두민시인의 시세계는 낯선 자극과 생신한 흥분으로 세상을 전율케 한다.

혈형이 빚어낸 진액의 사연에

부서진 시간 한 쪼박 스며드는 순간
　　몽타주의 종이장이 동공으로 확대 된다

　　－시 <지문(指紋)의 연출>의 첫 부분

　드라마적인 인생을 걷는 화자의 독백으로서의 이 詩句에서 <혈형>은 인간에게 차례진 숙명적인 삶이라고 볼 수 있으며 <진액>은 고통이 낳은 상처의 기억이라고 볼 수 있다. 화자는 숙명적인 삶의 고통이 낳은 흔적을 <부서진 시간 한 쪼박> 스며든다고 하였으며 <몽타주의 종이장>이 시화로 펼쳐 보이고 있는 것이다.
　그러나 생의 욕구 앞에서는 존엄의 비굴함도 감내해야 하는 섭리를 일간의 집념과 생각의 실천에 의해 좌우됨을 화자는 다음과 같이 읊조리고 있다.

　　존엄을 뛰쳐나온 마주치는 댓가
　　함축된 모든 것이 손가락 끝에 방아쇠를 건다
　　재일 수 없는 사투가 피 흘리며
　　숨어든 신경선
　　승부의 재판에는 색깔이 층계 딛고
　　순번 닦아 전화를 건다

　모든 것에는 대가가 따르기 마련, 쉽게 이루어지는 일엔 튼실함이 결여될 수도 있다. 이런 것들이 또 화자로 하여금 <승부의 재판>을 위해서는 <색깔이 층계 딛어야>만 했으며 <순번 닦아 전화를 걸게 하고 있다. 여기에서 <순번 닦는> 표현은 언어의 강압조합으로서 삶의 뒤틀린 조화가 낳은 어둠의 색채를 한결 돋구어주고 있다.
　그러나 이런 삶의 좌표는 운명적인 삶의 되풀이를 거듭하며 거기에 적응되고 습관 되기에 억울함을 익혀 둔다. 이런 복잡한 내면의 세계를 다음과 같이 표현하면서 시를 마무리하고 있는 것이다.

    또 다른 계약서가 줄지어 이정표에
    날인 찍으며, 아침의 등어리에
    때 묻은 입술을 갖다 댄다

이렇듯 화자의 내면세계는 모순과 불만과 실의(失意)에 충만되어 있다. 하지만 또 그에 대한 탈리와 초탈의 그림자도 메아리로 화자만의 우주를 별처럼 장식해가고 있다.
이 시집 표제시인 〈어둠의 색깔〉을 조심스레 펼치어 보자.

    저녁노을의 숨소리가
    어둠에 질식한
    태양의 발자국 쪼아 먹을 때
    성형수술 한 바람이
    지평선 파도에 들먹거린다

    찻잔 속에 쌓여진 검은 비등점
    고요의 기둥에 물소리 비끌어 매어두면
    깎아버린 손발톱 무게들
    분신자살한 별찌의 빈소를 짓고
    추모의 눈물을 휘뿌려도
    달은 아랑곳없이 태연함을 바른다

    유언으로 남겨놓은 혜성의 간막을
    이식수술 받아
    광명 찾은 늙은 반딧불

잠자는 허공에게 해몽을 서두른다

-시 <어둠의 색깔> 全文

　화자에게 있어서 인생의 색채는 어둡기만 하다. 아름다운 저녁노을도 화자에게는 <어둠에 질식한 태양의 발자국 쪼아 먹는> <숨소리>로 들리며 <별찌>의 존재마저 <분신자살>한 영상으로 비참하게 감지하고 있다. 왜 그렇게 되는 것인가? 화자의 굴곡적인 삶이 그렇게 느끼게 하고 있는 것이다.
　그러나 화자는 그런 삶에 대해 혐오를 느끼면서 그에 대한 반역과 탈출을 시도하려고 몸부림치고 있다. 그 고통스러우면서도 악착스런 분투의 과정이 바로 찬란한 인생일 것이다.
　현실을 개변하고픈 강열한 염원이 <성형수술 한 바람>이 되어 지평선 파도에 들먹>거리고 <달은 아랑곳 없이 태연함을 바른다>. 또 <혜성의 간막을 이식> 받아 <광명 찾은 늙은 반디불/잠자는 허공에게 해몽을 서두른다>
　이토록 화자는 암울한 현실에의 초탈을 갈구하고 시도하며 그에 도전장을 던지고 있다.
　정두민시인의 시세계를 들여다보면 가슴에 연기가 꽉 차오고 숨이 갑갑해지면서 저도 몰래 한숨을 토하게 됨을 어쩔수 없다. 그 연유를 따져보면 답안은 한 여인에게 가서 떨어지게 된다. 화자의 영혼 저켠에는 소리 없이 소담하게 피어나 묵묵히 향기에 젖어있는 들꽃의 그림자가 아미 숙이고 있다. 화자는 그것에 대한 집착과 연민으로 생을 괴로워하고 행복해 한다. 그것은 어디까지나 현실 건너켠의 아름다운 신전 같은 존재로 화자에게 무한한 에너지의 근원을 자리매김 하고 있다. 화자는 그것에 감사했고 그것에 또 한(恨)을 품고 있다.

있다면 여자의 감옥에
겨울이 갇혀있기 때문이었다
그날의 첫눈 향기에 입술 갖다 대던 순간
펜 끝의 탈출을 시도하던 글자들 반역이
꼬드겼기 때문이었다
잔에 담긴 언어의 외도(外道)
탁월한 선택은 슬픔이 고민하고
웃음 비비는 그젯날 제스쳐(gesture)는
레스토랑 마담의 손톱눈에
가시 박혀
어둠 찔러 주기 때문이었다
없다면 거짓말이 기억 찢어
바람벽에 향기 발라둘 신화로
잠들어버렸기 때문이었다

－시 <전화 받지 않는 이유> 全文

화자에게 있어서 여인이란 즐거움의 원천이고 에덴동산의 향기로운 금단의 열매였다. 그러나 현실 속에서의 여인은 요원하면서도 풍요로운 신화로, 신기루처럼 빛나고 있다. 그것이 다시 한(恨) 많은 인생에 발동을 걸고 있는 것이다.
이제 이의 결구와 표현기법을 살펴보기로 하자.

여자의 감옥에 겨울이 갇혀있다
↓
펜 끝의 탈출을 시도하던
글자들 반역의 꼬드김
↓

잔에 담긴 언어의 외도(外道)
선택은 슬픔을 고민 한다
↓
그젯날 제스쳐(gesture)는
마담의 손톱눈에… 어둠 찔러 준다
↓
거짓말이 바람벽에 잠들어 버린다

  화자의 정감흐름에 따른 경지의 이동순서를 도표식으로 그려보았다. 현실적인 삶의 현장에서 한 여인에 대한 끝없는 사랑과 그리움의 모순 속에서 자신에 대한 학대의 장면을 목격할 수 가 있다.
  인간의 모든 행동이란 마음의 지배를 받게 되며 무의식적인 행동일지라도 결국 따져보면 그것은 영혼의 계시에 따른 행위에 귀속되게 되는 것이다. 영혼의 지령에 따르는 마음의 세계는 어디까지나 환각의 나열 속에서 새로운 질서를 찾게 되므로 환각이라는 이 존재의 표현은 어디까지나 변형적인 모습으로 세상과 대면하게 되는 것이다.
  <여자의 감옥>이라는 말 자체부터 추상적인 상징의 세계를 그려보이며 그 속에 겨울이 갇혀있다고 함으로써 더구나 환상적인 색채로 세상에 농후한 환각을 선물해준다.
  <펜 끝의 탈출>을 시도하는 <글자들의 반역>은 기성되어 있는 관습내지 룰(律)에 대한 해탈의 의미를 이념의 상징으로 확실하게 보여주고 있는 것이다.
  <잔에 담긴 언어의 외도>라거나 <마담의 손톱눈에 어둠 찔러준다>는 것과 같은 이념의 가시화는 상징의 깊이에 한결 더 색채를 보태주는 좋은 효과를 이룩하고 있다.
  이제 <거짓말이 바람벽에 잠들어버린다>고 상상해보자.
  바람벽의 이미지에 대하여 세상은 익히 알고 있다. 모든 소식, 소

문이나 스캔들, 지어는 한 여인에 대한 짝사랑의 찢어지는 감정마저도 바람벽에 잠재워 두려는 화자의 애절함이 현실 도피의 주제로 시(詩)의 마감을 장식해주는 것이다.

복합상징시 멤버의 한 사람으로서 정두민의 시세계는 복합구성을 이루는 이미지들의 퍼즐조합으로 정체를 이루는 구조적 특점에선 변함없으나 그 퍼즐들이 화자의 이념적 감정색채의 조화에 따라 형태적 변화를 일으킨다는 데에 대해선 주목해 볼 필요가 있다.

   시간이 빚어낸 액체의 분말에서
   수탉의 홰치는 소리
   굴러 나온다

   맥박의 뿌리에 꿈 매달은
   우담화(優曇華) 향기

   새벽이 딛고 간 발자국마다에
   드라마의 가슴 문질러 대면서
   풀싹들의 속삭임…

   땀방울로
   소망 두 잎에 받아 적는다

   글자마다 보석 되어
   빛으로 다시 녹아 흐른다

   －시 <이슬> 全文

이 시에서의 핵심은 노력의 결실이 빚어낸 생명의 위대함을 노래하는 것인데 화자는 <수탉의 홰치는 소리>, <우담화(優曇華) 향기>, <풀싹들의 속삭임>, <소망의 두 잎(여기서는 마음가짐으로 상징되어 있다)>, <보석> 등 이미지들의 변형적 표현으로 <이슬>과 같은 맑은 영혼의 정화를 찬미하고 있다.

　매 이미지들마다 변형된 능동적 가시화(能動的可視化) 과정을 거쳐 이미지의 구상적(具象的)표현이 잘 실행되었다.

　화자의 사유와 감정의 흐름선에 의하여 이미지들의 내재적 연결고리를 꽉 틀어쥐고 환각의 퍼즐조합으로 영혼의 신질서를 열어간 정두민 시인에게 큰 박수를 보낸다.

　정두민시인의 경우, 이념의 역설과 환각적 이미지와 스토리의 토막들을 변형시켜 화자의 내심을 보여주는데 성공한 사례라고 역점 찍어 말할수 있다.

　정두민 시인의 시를 포함한 복합상징시 계열의 시들을 쉽게 알아볼 수 없는 것은 그것들이 교묘하게 변형되여 상징으로 승화되었기 때문이다.

　지식결구와 인생경력 및 미학구도가 단순한 차원에 머물러 있는 사람들에겐 당연히 알아볼 수 없는 미궁과 같은 존재일 수밖에 없다는 것이 복합상징시의 답이 될 것이다. 그만큼 복합상징시는 대중문화적인 특색과 거리를 두고 있음을 뜻하기도 한다.

　즉 다시 말하면 사발과 꽃병의 구별점과 같다고 해야 할 것이다.

　복합상징시집 <어둠의 색깔>을 보면서 이차원(異次元) 우주의 열쇠를 넘겨받은 듯 기분이 한결 흡족해진다.

　정두민시인의 금후 창작에 더욱 주렁진 열매가 빛뿌릴 것이라 믿어마지 않으며 여기서 글을 마무린다.

안개의 대안에 미소 짓는 메아리

―정하나의 詩集 「안개의 해부도」를 열어 본다

    삶의 시작은 어디고 끝은 어디까지일까. 안개 덮인 삶 속에서 반짝이는 희망을 찾아 마음을 갈고 닦는 淨化의 작업이 바로 고달픈 인생을 값진 보석으로 빛나게 하는 일일 것이다. 복합구성을 이루고 있는 우주의 큰 가르침 속에 무질서한 나열을 딛고 세상을 헤쳐 나가는 정하나님의 詩集 「안개의 해부도」가 지금 지구의 복부에 걸리어 있다.
    이제 그 가슴을 문지르면서 정하님의 안개 속 팔딱이는 세포들을 현미경 걸고 살펴볼 이유가 다가서고 있다.
    어려서부터 삶의 질고에 부대끼던 가난의 동년을 거쳐 파란만장의 청춘의 역을 지나 불혹의 계절을 맞이한 정하나님의 「안개의 해부도」는 인간 삶의 축도이기 전에 예술의 극치에로의 몸부림이라고 볼 수 있을 것이다. 그것은 또한 화자 본인의 삶의 좌표의 흔적이기도 하며 판도라의 궤에 갇힌 희망의 씨실이기도 하다.

호랑이가
　　씨비리바람 올라타고
　　성에꽃 창문 노크할 때
　　사념 부푼 가을부채
　　무지개로 피어난다

　이 詩集의 표제시로 명명되고 있는 詩 「안개의 해부도」의 첫 부분이다.
　시인의 생평 삶에 대한 갈구의 자세는 바로 "호랑이가 씨비리바람 올라탄" 듯한 장엄과 웅장함이며 어려운 삶의 현장은 화자에게 "성에꽃 핀 창문"과 같다. 그런 현실의 창문을 노크하는 시인의 정감세계는 "사념 부푼 가을부채"가 되어 무지개로 피어난다. 삶에 대한 적극적인 태도가 돋보이는 독백이 아닐 수 없다.

　　길바닥에 얼어붙은 존엄의 작은 주먹
　　산호조각 등댓불 밝게 켜둘 일이로다
　　깨진 그릇 부여잡은 백로의 날개
　　갈대 물고 그림자 잡는
　　잠자리의 한숨 소리
　　광솔 되여 깊이깊이 잠들어야 하나

　비록 화자의 삶의 경지는 비참한 현실을 맞이하고 있으나 그것에 대한 시인의 자세는 "산호조각"을 "등댓불"로 환히 밝혀두려는, 악착스럽고 고집스런 "백로의 날개 짓"이며 그것은 또한 "갈대 물고 그림자 잡는 잠자리의 한숨 소리"로 광솔 되여 어둠속에 깊이깊이 잠들어야 하는, 안타까운 현실에 대한 반발이기도 하다.

　　달빛 걸어둔 우주에

개나리 고은 치맛바람
고요 다독여 줄 이유가
향기 모아 새벽을 연다

이 시의 마지막 결구로 되는 이 부분에서는 아름다운 미래에 대한 동경을 "개나리 치맛바람… 향기 모아 새벽을 여는" 동작으로 그 화폭에 생명력을 불어넣고 있다.

시를 쓸 때 우선 포착하게 되는 것은 시의 내함이라고 할 수 있다. 그 내함의 우렬에 따라 시의 무게정도가 가늠된다. 하지만 아무리 훌륭한 내함이라 하여도 그 표현이 적절치 못하다면 그냥 내용덩어리내지 삶의 귀퉁이에 대한 생활용어 집합으로밖에 남을 수 없다. 이러한 특성들이 곧 바로 작품의 예술성을 추구하게끔 강요하는 것이다. 예술성이란 그것에 대한 표현기교에서 비롯됨을 세상은 다 알고 있는 이치이다. 그만큼 표현기교는 작품의 사활(死活)을 결정짓는 자못 중요한 인소로 되고 있다. 화자는 이 면에서 그 기량을 재치 있게 다루었는바 다시 살펴보기로 한다.

상징은 세상이 인류에게 선사한 가장 큰 선물이라고 했다. 상징의 목적에 도달하기 위해서 인간은 상관물을 통한 이미지의 변형을 빌어 복잡한 내면세계를 펼쳐 보이고 있다. 여기에서 핵심은 변형의 표현이다.

변형이란 기존되어 있거나 기성된 상태의 것에 대한 외연과 내연의 불가사이 한 이질적 표현을 실행하는 것을 말하는데 이 시의 경우 그 변형된 사례들을 모두어 보면 다음과 같다.

호랑이: 씨비리바람을 올라타다(바람을 올라타다니… 불가사의 한 표현이다)
부채: 사념으로 부풀다
주먹: 길가에 존엄으로 얼어붙다

산호조각: 등댓불로 켜두다
   백로의 날개: 깨진 그릇 부여잡는다
   그림자: 갈대를 물다
   잠자리 한숨소리: 광솔 되어 잠이 들다
   우주: 달빛 걸어둔 우주이다
   치맛바람: 향기 모아 새벽을 연다

   상기의 이런 변형된 이미지들의 이질적 표현이 바로 화자의 응어리진 내심세계를 낯선 표현으로 꿈틀거리게끔 함으로써 세상의 자극을 긁어주고 있는 것이다.
   정하나님의 이와 같은 삶에 대한 지극한 집착과 역경의 해탈을 위한 모질음은 많은 작품들에서도 그 흔적을 남기고 있다. 詩 "고통", "새벽", "눈 내리는 고갯길", "섭리의 하늘"… 등 작품에서 절실히 체현되고 있다. 하지만 일일이 사례들을 분석하지 않고 "고통"이라는 시 한수를 더 살펴보기로 하자.

   시간의 목에 걸린 열쇠
   놀음이 훔쳐갔다

   고깔모자 쓴 바람의 반란
   폐품 수구소 문어귀에 향기 재워
   침묵을 일으켜 세운다

   하늘나라 저 멀리
   미소 짓는 우주의 영전 앞에
   노을빛 후회

   아빠라는 이력서에 별빛 들어

낙방의 날인 찍는다

기억 삼킨 뒷안길에서
구름의 입덧
서성이는 우윳빛 하늘에
아픔이 냇물 되어

기다림 흐른다
고독이 풀린다

－詩「고통」全文

 정하나님의 시의 세계는 윗 시와 같이 회색의 잿빛 삶으로 충만 되어있다. 그것은 어린 시절 충격이 컸던 동년의 아픈 기억일수도 있다는 점에서 독자들의 마음을 무겁게 한다. 철모르던 동년시절 뜻하지 않게 억울한 누명으로 투쟁받던 아빠에 대한 쓰라린 기억의 시점에서 화자는 감정을 승화시켜 삶의 질고에서 해탈의 구심점을 찾는 정감의 세계를 변형의 화폭으로 可視化 둔갑시켜 펼쳐 보이고 있다.
 천진난만의 시름없던 동년에 대한 회포의 정을 화자는 "시간의 목에 걸린 열쇠/놀음이 훔쳐갔다"는 해학적 표현으로 발설 한다. 그러면서 철없던 시절 아빠에 대한 다 하지 못한 효성에 대한 회의(悔意)의 정감을 "놀빛 후회"라고 視覺化 하여 교대한다.
 "기억 삼킨 뒷안길에서/구름의 입덧"이라는 표현 또한 절묘하기 그지없다. 여기에서 구름은 화자의 암울한 심정의 代辯物이라고 볼 수 있는데 거기에 또 "입덧"까지 함으로 하여 회의(悔意)적 정감의 크기와 깊이와 여운을 확장시켜주는데 유력한 효과를 불러일으키고 있다.

"아픔은 냇물이 되지만" 그런 기다림 속에서 고독은 풀리고 서정적 주인공은 점차 성숙에로 치닫게 된다.

삶의 철리와 섭리가 녹아들어 있는 이 한수의 시는 쉽게 읽혀지면서도 생동한 형상의 변형으로 심상을 그려 보이고 있기에 독자들의 공감대를 불러일으키는데 크게 유조한 특점을 가지고 있다.

그 외에도 정하나님의 시의 세계는 해학과 유머적 색채도 가담가담 끼어 글의 지나친 엄숙성을 회피하면서 전반 시의 흐름을 풍요롭게 하고 있다는 점도 짚고 넘어가지 않을수 없다.

참회

밤이슬 밟고 온 머리맡에
달빛 풀어 놓는다

별빛 묻은
선반 위 먼지
소매가 쓸어 담는다

때국물 고인 방안에서
길손의 손더듬

항아리도 입 벌리고
못 본 체 한다

이 시는 정지된 듯 한가한 공간의 단면에 대한 묘술로써 언젠가 게을렀던 삶에 대한 반성이의 성찰이다. 시속에 흐르는 이미지들의 장면적 흐름은 읽는 이의 취미를 부쩍 끌어당긴다. 다시 살펴보자.

밤이슬을 밟고 왔다. 누가? 생략되었지만 그것은 틀림없는 나일 것이다. 그런 나의 머리맡에 달빛 풀어놓는다 누가? 역시 생략되었지만 그것은 틀림없는 세월의 작간일 것이다.

"별빛 묻은 선반위 먼지", 여기에서 선반은 노동(勞動)의 대명사이다. 그런데 그 위에 먼지가 끼었으니, 잠시 잠깐의 한가함을 뜻하며 그것을 소매가 쓸어 담으니 다시 팔 거두고 나서는, 약동하는 삶의 시작을 뜻하기도 한다.

세상을 가꾸는 일은 어느 누구의 몫인 것만은 아니다. 깨끗하고 아름다운 삶에 대한 집착과 영위는 세상 모두의 몫임을 깨우치는 경상(景象)을 "때국물 고인 방안"을 손더듬 하는 길손들의 행위로 변용하여 상징의 목적에 이르고 있다.

그런데 "항아리"는 입 벌리고 "못 본 체 한다". 그렇다면 항아리는 대체 누구를 뜻하는 것 일가. 항아리는 의심할 나위 없이 세상 자체를 뜻할 것이다. 인간이야 어찌 하든 말든 세상은 존재 그 자체에 의미가 있다. 그런 세상에 대한 세탁과 정화를 자칫 잊고 산 삶에 대한 참회의 목소리가 이 작품에 엿처럼 녹아 있는 것이다.

이 시에서 정감의 기복이자 크라이막스이며 종결로 되고 있는 "항아리도 입 벌리고 못본 체 한다"는 표현은 그야말로 웃음이 쿡 터져 나오는 아이러니한 해학적 표현이 아닐 수 없다.

물론 정하나님의 어떤 작품들은 화자의 경지승화가 좀 옅은, 미흡한 점들도 지니고 있지만 이런 특성들이 시인을 더욱 분발케 하고 있다.

열린 글로벌시대, 복잡다단한 인간의 진실한 내면세계를 무의식의 흐름 속에서 새롭게 질서를 잡아 변형의 能動的可視化로 펼쳐 보이는 작업이 바로 미래지향적인 복합상징시의 사명이라고 할수 있다.

금후 정하나님의 주렁찬 창작성과들이 이 詩集의 뒤를 이어 더욱 밝은 별이 되어 어둠을 헤쳐가리라 굳게 믿어마지 않는다.

성숙의 뒷안길에 미소 짓는 이유

−리순희 시인의 시집 <밤행열차>의 기적소리에 귀 대고

시를 쓴다는 것은 마음의 푸른 하늘을 닦는 성스러운 작업이다. 인류는 어데서 왔으며 무엇 때문에 살며 어데로 가야 하는 것인가. 그 해법 속에 시인의 사명이 깃들어 있다.

시란 무엇이며 세상은 왜 시를 수요하며 시인은 왜 시를 써야 하는가 하는 문제를 현실은 각성하고 있다.

시는 세상을 살아가는 인간 영혼의 반짝이는 결정체이며 그것은 예술에로의 승화의 모식이기도 하다. 하기에 한수의 시에서는 그 사람의 영적경지가 모습을 드러내기도 한다.

타인의 아름다운 영적경지를 읽는 순간, 인간은 그로부터 깨달음을 얻게 되는데 이것이 바로 시가 수요 되는 세상의 근거로 된다. 그 목적달성을 위해서 시인의 영적경지는 감동을 불러일으키는 낯선 자극에로의 작업을 펼쳐나가는 각고의 진통을 겪게 된다.

시인의 사명이란 바로 자신의 주옥같은 영적 세계를 펼쳐 보임으

로써 세상에 감동을 주는 그 자체에 있다. 그러므로 시인은 굳이 시를 쓰게 되는 것이다. 그러나 시는 시인이 쓰는 것이 아니라 시인의 몸속에 은거(隱居)해 있는 영혼의 가르침을 시인이 붓을 놀려 글로 적을 뿐이다. 이를 두고 시는 쓰는 것이 아니라 씌어지는 것이라고들 말하고 있다. 하지만 시를 받아 적는 데에는 올바르게 받아 적는 내공이 필요하다. 그것이 시인으로 하여금 표현기법에 대하여 연구를 지속하게 만드는 것이다.

시를 포함한 모든 예술은 사상과 내용이 아무리 훌륭하다 할지라도 그것에 대한 표현이 적절하고 개성적이지 못하면 세상의 감동을 불러일으키기 어렵다. 때문에 모든 예술은 표현의 예술이라고 한다.

시는 언어로써 내심의 영적 경지를 신묘(神妙)하게 표현하는 고급 예술이다. 신묘(神妙)한 표현은 감동을 불러일으킨다. 그렇다면 신묘(神妙)한 표현은 어떻게 해야 하는 것일까.

답은 이미 나와 있다. 새로운 자극을 위해서는 변형의 과정을 거쳐야 한다. 변형은 인간 의식과 무의식 흐름과정의 가장 본질적인 존재형태이기도 하다. 변형된 모든 생각들이 세상을 개조하고 발전시키는 동력으로 되고 있다. 모든 변형은 환각에서 비롯되며 그것들은 다시 환상과 상상을 통한 상징으로 세상과 대화 나누게 된다. 이것이 바로 예술로 승화하는 과정이다.

복합상징시의 멤버로 활약하는 리순희 시인의 시집 「밤행열차」에서는 상기의 이치들이 여실히 반영되고 있음을 어렵지 않게 보아낼 수 있다.

    내리 꼰지는 빗줄기의 애원도
    떠나는 그 발길 잡지 못했다
    울대 찢어 그리움 씹는 바람의 입덧에
    두견새 울음 애처롭게 달래주었다
    귓방울 간질이며 별빛 잘랑대는 소리

오늘도 시간 비틀어
기억 풀어 올리는데
어둠 주름잡는 바람의 구성진 노래
향기 찾아 꿀 빚으면
설산의 설련화, 고비사막에
오아시스 끌어 올리는 펌프 소리도
달콤한 귀맛 돋구어준다
그런데 아아
장미꽃 잎새 짓뭉개며
쏟아져 내리는 이별의 찬서리
미모사의 혼백 불러 촉수 흔들어대는데
사꾸라꽃 질식하는 내음새도 삭신 녹여주었다
점포 밖 밤 찢는 워낭소리에
출가하는 두 글자가 패쪽 걸고서
기다림의 언덕에 못 박아둔
이별의 가장자리에
낙엽 한잎 빛이 되어 아침을
잠재워둔다

-詩 "미로의 색조" 全文

 윗 사례의 시에서는 잃어버린 사랑에 대한 그리움과 소외된 고독의 신음 속에서 해탈을 갈구하는 화자의 내심활동을 찬란한 슬픔의 미학으로 끌어올리고 있다.
 아름다움과의 이별을 숙명으로 받아들이는 화자의 애절함은 어찌할 수 없는 향수에 젖어 시시각각 화자를 회한의 그리움에 젖어들게 한다. 떠나가 버린 것에 대한 만류(挽留)의 애원도 헛짓이 되고 결국 화자는 그 속에서 해탈의 위안을 찾고저 한다.

내리꽂지는 빗줄기의 애원도
떠나는 그 발길 잡지 못했다
울대 찢어 그리움 씹는 바람의 입덧에
두견새 울음 애처롭게 달래주었다

여기에서 화자는 정감 자극의 지대한 효과를 나타내기 위하여 변형의 과감한 시도를 아래와 같이 하고 있다. 즉 떠나보내기 아쉬운 "애원"은 빗줄기가 되어 사정없이 내리꽂지며 "입덧"은 "바람의 입덧", 진일보로 나아가서 "그리움 씹는" 입덧, 더 나아가서 "울대 찢는" 입덧이라고 환각적 변형을 펼쳐보이고 있다.

다시 살펴보도록 하자.

가지 말라고
애원하는 말씀에 빗줄기가
비수처럼 내리꽂힌다
↓
울대 찢어 그리움 씹는
바람이 입덧
멈추지 못한다
↓
두견새 애처로운 울음이
다가와 위로해준다.

윗 도표를 보면 장면의 흐름이 보인다. 능동적 가시화된 장면들의 흐름이다. 그것도 일상에서는 도저히 불가사이 한 변형의 흐름이다. 상식적으로 기성된 것에 대한 변형이기에, 이는 읽는 이이 가슴에 강렬한 정서의 파동을 불러일으키면서 자극을 낳게 된다. 인간의 흥분내지 감동은 세상에 대한 자극으로부터 온다. 그러므로 이런 표현은 예술이 짊어진 사명에 이미 충실해진 것으로 된다.

　복합구성을 이루는 세상은 상징으로 문명의 문을 열어왔다. 이미지의 변형적 표현은 필연코 상징을 대변하게 된다. 이런 변형된 이미지들의 재조합이 복합상징시를 이루게 된다. 그러나 이런 복합구성은 영혼의 새로운 질서를 위하여 봉사하게 된다.

　…
　(중략)

　점포 밖 밤 찢는 워낭소리에
　출가하는 두 글자가 패쪽 걸고서
　기다림의 언덕에 못 박아둔
　이별의 가장자리에
　낙엽 한잎 빛이 되어 아침을
　잠재워둔다

　윗 사례의 결속부분이 되는 이 시구들을 살펴보자. 이념적인 표현으로 되었지만 환각의 색채와 변형의 흔적은 여전히 우위를 차지한다.

　1. 밤 찢는 워낭소리
　2. 글자가 패쪽 걸고
　3. 기다림의 언덕, 못 박아둔 이별, 이별의 가장자리…
　4. 낙엽이… 빛이 되어, 낙엽이… 아침을 잠재워둔다

　보다 싶이 모두가 환각적인 표현이다. 환각을 통한 변형은 원상태의 철저한 파괴를 실현함으로써 상징에로 승화의 날개를 편다.
　리순희 시인의 또 다른 시 "사랑이 눈 감을 때"를 사례로 환각의 변형흐름과 그 존재의 양상(樣相)에 대하여 진일보로 살펴보기로 하자.

> 슬픈 장미 머리맡에
> 사랑노래 심지 말기를…
> 이슬 젖은 고요의 한숨에는
> 놀빛도 머물다 간다
>
> 뻐꾹새 울음소리
> 남몰래 밤 울 때면
> 진주 품은 가리비의 전설도
> 그리움 켜들고
> 어둠 속에 고독 몇 줄
> 적어 넣는다
>
> 선인장 가시 돋힌 사막의 끝자락에
> 오아시스 미소 짓는 메아리여
>
> 기다림의 별빛으로
> 하늘은 오늘도 짙푸른 약속
> 허공에 걸어놓으면
> 지나가던 구름이 몸 부풀려
> 가리워준다
>
> －시 "사랑이 눈 감을 때" 전문

이른바 상징에는 종류도 많아 화폭의 상징, 소리의 상징, 이념의 상징… 등 형태들이 있는바 이런 것들이 유기적으로 한데 어울리면서 복합구성을 이루는 시가 바로 복합상징시이다.

　사례의 두 번째 시 "사랑이 눈 감을 때"에서는 온통 환각덩어리들 흐름의 집성이라고 말할 수 있다. 이런 환각들은 세상에 미묘한 자극과 느낌을 안겨주면서 장면적인 화폭들이 계시해주는 그 영적세계와 가르침에 대하여 다시 곱씹어 음미해보게 함으로써 점점 깊은 감동의 심연에 **빠져**들게 한다.

　　장미가 슬프다
　　장미밭에 노래를 심다
　　고요가 이슬에 젖다
　　이슬의 한숨
　　놀빛이 머물다 간다
　　뻐꾹새… 남몰래… 운다
　　가리비 전설이 그리움 켜든다
　　어둠속에… 고독을 적어넣는다
　　가시 돋친 사막
　　오아시스의 메아리
　　기다림의 별빛
　　약속을 허공에 걸어놓으면
　　구름이 약속 가리워준다

　어떠한가. 모두가 환각의 흐름천지가 아닌가. 화자는 바로 이런 환각의 자연흐름으로 세상과 대화 나누는 성숙도를 펼쳐 보이고 있으며 삶에 대한 영혼의 승화를 실천해가고 있는 것이다.

　이런 환각들은 화자의 내심에서 일어나는 것들이며 절대 객관적 존재가 아니다. 오로지 주관정서의 팽창을 바탕으로 한 주관적 심리행위라고 정의 내릴 수 있다. 하기에 상징시는 실재현실의 이미지를 활용하지만 현실자체가 아니며, 주관적 내심활동을 변형된 이미지로 보여줌으로써 화자의 영적경지를 펼쳐 보이는 것이라고 말하게 되는 것이다.

한마디로 낯선 자극의 실천, 그것을 위해서는 변형의 이미지를 환각의 장면흐름으로 조합해나가는 능숙한 솜씨가 리순희 시인의 창작스찔 이라고 찍어 말할수 있다.

복합상징시라는 새로운 유파의 시영역에서 바야흐로 두각을 드러내고 있는 리순희시인의 금후 창작에 더욱 알찬 돌파작들이 속출하리라 기대를 가져본다.

이방인의 역에 별이 흐른다

―신정국 시인의 시집 「바다 그리고 사막」의 메아리

    지구라는 이 천체에 우리는 잠간 머물다 간다. 우주는 작열하는 상태의 몇 억만 분의 일초에도 미치지 못하는 찰나의 순간이라고 가정할 때 인류의 존재는 너무나도 보잘 것 없는 것인지도 모른다. 하지만 인류는 그 과정에 무한한 희노애락을 경험하면서 삶을 영위해나가고 있다.

    잠간 머무르는 동안이지만 자신의 삶을 충실히 하고저 인간은 모질음 쓰며, 그것은 결국 현실 초탈의 욕망으로 새로운 세계를 열어가는 영혼작업의 연장선으로 된다. 시를 쓰는 것은 바로 그 거룩한 사업의 한 갈래라고 말할 수 있다.

    시인은 신선을 닮았다고 한다. 하지만 시인은 신선이 아니다. 현실 속에서의 시인은 현실과의 타협가운데서 보다 풍요로운 의식주(衣食住)의 욕망과 정신상의 만족을 위하여 주어진 삶에 도전하여 성취해내기에 골몰한다.

시인은 이러한 삶의 경상으로부터 초탈되어 가상공간에서의 합리적인 현실을 만들어 거기에 안주(安住) 하면서 영혼의 구심점을 그려 보이고 있는 것이다.

가상현실의 각도에서 볼 때 실재의 현실은 이질(異質)상태의 모습일 수밖에 없다. 실재현실의 각도에서 바라보는 가상현실 역시 마찬가지이다.

실재의 각도에서 관조하는 가상현실이 이질적인 것은 그것이 변형되어 있기 때문이다. 그만큼 가상에서는 실재의 불가능했던 것들도 자유로운 조합내지 구성으로 그 정체성을 임의로 이룩되어 갈수 있다. 그러나 그런 불가사이 한 이미지들의 조합내지 구성은 화자의 욕망에 의한 정서의 팽창을 바탕으로 환각에 의한 이미지 재창조에 뿌리를 두고 있음을 명기하여야 할 것이다.

신정국 시인의 시집 「바다 그리고 사막」이 보여주는 이미지는 타향에서의 눈물겨운 사연들에 대한 하소연이며 새로운 삶에 대한 지향과 갈망의 독백이며 영혼승화의 찬가(讚歌)라고 말할 수 있다. 그렇게 되는 것은 신정국 시인의 작품 속 경지가 독자들을 그리로 끌고 가기 때문이다.

시작과 끝 종잡을 수 없는
그리움의 계선에서
회오리 등에 업고 다가서는
애절함이 있다

소라 껍데기에 고동치는
바람의 메아리
신기루 흔들어 잠 깨우는
무지개의 숨결에

파도의 비릿한 내음
가시 펼친 선인장 그림자로
하늘 비낀 오아시스
찌르고 있다

정다운 님은 어디에
라는 물음에,
글자들이 깃 펴는 공간

별이 된 이별의 휴지부는
홀로, 달빛 물어 나른다

—詩「바다 그리고 사막」全文

　화자에게 있어서 산다는 것은 "시작도 끝도 없는" 고달픔의 연속이다. 하지만 그 속에서 희망의 빛을 바라고 분투하는 것이 바로 인생이다. 그리스신화 "판도라의 궤"를 연상케 하는 집약된 삶에 대한 축도라고 할 수도 있다. 화자에게 주어진 삶의 현실은 "소라 껍데기에 고동치는 바람의 메아리"와 같이 보다 질 좋은 삶에 대한 갈구로 충만 되어 있지만 분명 그것에 대한 확신으로 화자는 현실을 림하고 있다. 비록 "신기루 흔들어 잠 깨우는 무지개의 숨결"로 매 하루를 맞이하지만 화자의 현실은 화자에게 아픔과 괴로움으로 이상세계에로의 구축을 자극하고 있다. 화자는 그것에 대한 내심의 발로를 "파도의 비릿한 내음", "가시 펼친 선인장 그림자", "하늘 비낀 오아시스를 찌르는" 것으로 이미지를 펼쳐 보이고 있다. 현실과 이상향(理想鄕)에 대한 거리감을 화자는 "별이 된 이별의 휴지부"로 인식하고 있으며 그 외로움과 소외감을 "홀로 달빛 물어 나르는" 고행의 수련으로 미화시켜 보여주고 있다.

이 시집의 표제시로 되고 있는 이 작품 속에 용해된 경지가 바로 삶을 살아가는 화자의 경지로 빛발 치는 것이다. 단지 화자 혼자뿐이 아닌 인간 모두가 행하고 있는 인생노정(人生路程)이기에 이 시가 공감대를 크게 울려주는 것이라고 본다.

화자는 이 시에서 자신의 정감세계를 환각의 흐름기법으로 변형을 시도하여 가시화(可視化)된 자극을 통감(通感)에 의하여 감동을 안겨주는데 성공한 사례라고 볼수 있다.

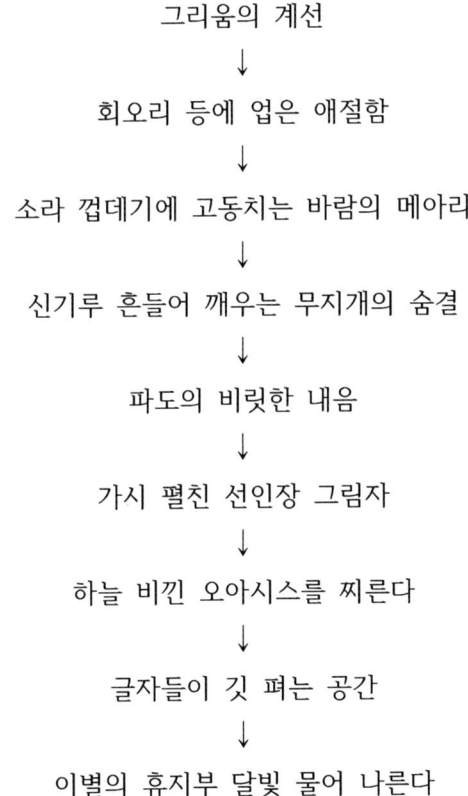

그리움의 계선
↓
회오리 등에 업은 애절함
↓
소라 껍데기에 고동치는 바람의 메아리
↓
신기루 흔들어 깨우는 무지개의 숨결
↓
파도의 비릿한 내음
↓
가시 펼친 선인장 그림자
↓
하늘 비낀 오아시스를 찌른다
↓
글자들이 깃 펴는 공간
↓
이별의 휴지부 달빛 물어 나른다

윗 도표를 유심히 살펴보자.
"그리움, 애절함, 메아리, 숨결, 그림자, 공간"와 같은 이미지들은 추상적인 것이지만 화자는 "소라 껍데기, 신기루, 파도, 가시, 선인장, 오아시스, 글자"등 시각적인 상관물을 빌어 "등에 업은, 고동치는, 흔들어 깨우는, 펼친, 찌른다, 깃 펴는, 물어 나른다"와 같은 능동적(能動的)표현과 "비릿한"과 같은 후각적 표현을 혼용(混用)하여 통감(通感)의 효과에 달성하고 있다.

상기의 기법들을 사용하는 최종목적은 화자의 경지가 세상의 감동을 불러일으키기 위하여 자극을 주려는데 있다고 볼 수 있다. 인류는 시초부터 자극을 추구하는 본성을 지닌 고급동물이면서도 영적인 존재라고 말하고 있다. 강한 자극이 강한 내심활동을 불러일으킨다. 그러나 그 자극은 아름다움의 극치로 치달을 때라야 만이 감동으로 승화될 수 있음을 우리는 알고 있다.

신정국 시인의 다른 시 한편을 더 살펴보기로 한다.

일상의 부리가 지구를 쪼으니
아침의 껍데기 속에서 시간이 고개 내민다
햇살 움켜쥔 파도가 다급히
옷자락으로
백사장 덮어 어루쓸 때
나팔 부는 소라의 그림자가 사금파리 반뜩임
팔소매에 감추어둔다
회초리 끝에 매달린 향기는 초침 때리고
부처님 손끝에 이슬은 하루를 웃어도
염불소리 녹아드는 잎잎마다
꽃계단 보듬어준다
바람 부는데 물이 흐르고
먼지의 행열에는 우주의 잠꼬대 별이 되어
기억의 페이지마다 반짝 거린다
사막의 신기루에 목탁소리는 고르로운

고독 잠재워준다

-詩 "해탈" 全文

하루하루로 이어지는 일상의 반복 속에서 즐거움을 찾아 모질음 쓰며 또한 그 속에서 느껴보는 삶의 즐거움을 가리비가 진주를 품듯이 가슴속에 잠재워 두면서 기다림과 인내와 자아성철의 자세로 성숙의 경계에 오르는 영혼의 승화를 읊조린 시라고 볼 수 있다.
 일일이 작품에 깃들어 있는 사상내용에 대한 해부는 미루어놓고 작품 속에 흐르는 이미지의 변형에 대해서만 살펴보기로 하자.

 일상의 부리-상관물의 가시화
 지구를 쪼으니-축소된 과장
 아침의 껍데기-상관물의 가시화
 시간이 고개 내민다-능동적 환각의 표현
 파도가 옷자락으로 백사장 어루쓸다-장면의 가시화
 그림자가… 반뜩임 팔소매에 감추어둔다-장면의 가시화
 회초리 끝에 향기-정물(靜物)의 가시화
 향기는 초침 때리고-능동적 환각의 표현
 … … …
 (이하 같은 표현의 연속이기에 략)

 상기의 변형들은 모두가 일매지게 환각의 흐름 속에서 정적인 것은 동적으로, 추상적인 것은 구상(具象)적인 것으로 표현을 달리하고 있다. 즉 일상에서 굳어지고 관습화 되어온 사물표상과 속성의 연속성과 룰을 완전 파괴시키고 그 위에 마법의 힘을 빌어 색다른 이미지로 다시 부상시키고 있는 것이다. 현실초탈의 의식체현이라 해도 될 것이다.

인류가 어데서 왔으며 어데로 가든 상관없이, 살아가는 동안에 인간은 부단히 현실초탈의 욕망 속에서 자신을 부단히 갈고 닦으면서 결국 영혼의 승화를 꾀하고 있는 것이다. 그 내심의 복잡다단한 세계가 때로는 의식으로 때로는 무의식으로 육체를 움직여주는데 시인은 바로 그 내심의 세계에서 질서를 잡아 자신을 경지를 펼쳐 보이는 것이다.

인간이라는 특성이 인간으로 하여금 능동적이고 가시적인 것에 먼저 눈길이 끌리게 되어 있으며 변형이라는 것에 먼저 신경이 움직이면서 거기로부터 자극을 얻고 감동과 흥분을 끌어올린다.

복합상징시는 바로 이러한 특성을 딱 틀어쥐고 그 표현을 자극적 감동을 위한 변형의 가시화와 능동성에 초점을 맞추고 있는 것이다.

신정국시인의 시작품세계가 바로 이 점에 대한 포착에 포인트를 맞추었기에 읽을수록 감동이 진하게 느껴지며 사색적 여운이 길게 심금을 울려주는 것이라고 긍정해줄 수 있다.

누구든 세상에 잠간 들렸다 가는 이방인이며 지구 또한 우주에 잠간 머무르는 이방인과 같은 존재임은 지성(知性)을 갖춘 사람이라면 다 아는 이치이다. 우리가 느끼고 있는 우주 역시 잠간 머무르는 세상 속 찰나의 한 순간임을 인지(認知)할 때, 이방인의 섭리는 밤하늘의 뭇별 되어 반짝이는 것이리라.

신정국 시인의 시세계, 그것은 정녕 이방인의 삶을 사는 우주의 이치로 세상을 포용하는 숙성된 세계의 뉘앙스이다.

좋은 시집의 출간에 감축 드리면서, 신정국 시인의 창작나무에 찬란한 별들이 무성하기를 바라는 심정이다.

상징의 복합구성은 화자의 정서에 뿌리 내린다

 수억만개의 우주를 망라한 세상 자체는 복합구성을 이루며 문명이라는 개념이 도입되면서부터 상징을 동반하게 된다. 문명이 발달할수록 상징의 폭과 깊이, 높이는 정비례를 이루게 된다.
 인류의 영혼은 가상세계에서의 경지를 현실세계의 상관물을 빌어 상징으로 펼쳐보이게 되는데 이것을 예술이라고 한다. 가령 노출된 나무뿌리를 그대로 두면 현실에 불과하지만 그것을 가공하여 각이한 형태의 조형물을 만든다면 그것은 예술로 되는 것이다.
 인류는 현실에 대한 개조와 창신으로 문명의 역사를 엮어왔다. 그것은 예술에 대한 집착과 추구가 그 기본 동력이 되어 있기 때문이었다.
 예술은 단일구조적 세포조직으로서는 이룩되기 어렵다. 반드시 여러 개의 세포조직체들의 다각구조로 하나의 정체를 이루게 된다. 사람의 얼굴도 눈, 귀, 코, 입... 으로 이루어졌으며 손도 손가락, 손톱, 손등, 손바닥... 으로 이루어 지지 않았는가. 세상의 모든 구조

역시 마찬가지 이치가 작동하는 것이다.

우리는 밥을 먹을 때 순 밥만 먹는 것이 아니라 여러 가지 채소에 반찬을 곁들여 먹는다. 정말 강압적인 특수 경우가 아니라면 그냥 한가지 음식만 먹고 사는 경우가 적다. 또한 한가지 음식만 먹는다 해도 그 먹는 방식과 량의 변화를 동반하게 된다.

그러고 보니 결국 세상은 고정불변한 한가지로만 관통되는 것이라곤 존재하기 어렵게 된다. 왜? 세상은 부단히 움직임 속에서 발전과 변화를 거듭하기 때문이다. 움직임, 그 속에 생명이 깃들어 있기 때문이다.

인류의 가상세계는 눈에 보이지 않고 만질수 없는 세계이지만 화자 본인의 경지를 대변 하고 있다. 이제 우리는 그것을 볼수 있고 만질수 있게 하여 세상을 공감시켜야 한다. 그 유일한 방법은 현실적 상관물을 빌어 화자의 경지를 암시적으로 표현하는 것이다. 이런 작업이 곧바로 상징인 것이다.

화자의 경지는 복합구성의 이치에 따라 다각도의 심상 즉 이미지 조합으로 이룩되는데 그러한 심상들은 이질화 되고 변형된 상관물의 능동적 가시화에 의하여 생명의 의의를 부여하면서 예술로 거듭나게 된다.

여기에서 초현실주의 상징시 계열의 한갈래인 하이퍼시에서의 주장을 잠간 살펴 보기로 하자.

하이퍼시에서는 이좀의 원칙에 따라 객관상관물을 통한 상징의 변형을 무질서, 무의식의 흐름에 따라 나렬하는 것으로 새로운 질서를 찾는다.

이를테면 <새벽>이라는 시를 쏜다면 강아지풀, 담배꽁초, 발바닥, 모래알, 구름 등에 대한 변형된 가시화의 표현으로 렬거만 해 놓으면 매 상관물이 어떤 정서의 표현으로 되었든 자연 본연의 상태로 돌아갔기에 시로 되었다고 한다.

하지만 초현실주의 상징시 계열의 또 다른 갈래인 복합상징시에서는 무질서, 무의식의 흐름가운데서 화자가 표달코저 하는 정서에 알맞은 것들만 골라내어 그것들을 다시 조합하여 하나의 정체를 만들어 간다.

여기에서 하이퍼시와 복합상징시의 근본 구별이 유표히 드러나게 된다.

인간의 감정정서는 어디에서 오는가? 그것은 인간의 마음에서 온다. 그럼 인간의 마음은 어디에서 생기는 것인가? 그것은 인간 영혼의 가르침에서 비롯되는 것이다.

다시 거슬러 올라가서 인간의 영혼은 인간의 마음을 결정하고 인간의 마음은 인간의 감정정서를 불러일으키며 인간의 감정정서는 인간의 행동을 야기 시키게 되는 것이다.

위에서 언급했듯이 생명의 근원은 움직임 즉 행동에서 비롯된다고 하였다. 움직이는 화폭, 그것은 생명을 가지게 되며 그것의 변형은 예술적 상징으로 거듭나게 된다. 이러한 상징들이 각지 나름대로의 정서대로 무질서하게 놀아댄다면 그것이야말로 사불상(四不像)이 즉 도깨비 씨나락 까먹는 소리가 되어 궁극적으로 세상과의 공감대가 끊어져 독자를 잃고 말게 되는 궁지에 빠지게 된다.

상징이란 그 자체가 모호하고 희미하고 알릴듯 말듯 함을 지니고 있다. 상징시의 경우 척 보는 순간 일목료연하게 안겨온다는 것은 상상조차 할수 없는 일이다. 어떤 상징시는 전혀 알아보지 못하겠다는 독자들의 반향이 무성하다. 하지만 그 뜻은 모르지만 척 보고서 무엇이 대체적으로 있기는 한 것 같고 얼떠름한 가운데 강력한 거부감을 느낄 대신 오히려 미묘함을 느꼈다면 그것은 이미 예술로 승화되어 있는 것이라고 봐야 한다. 그런데 왜 독자들이 그것을 알아보지 못할 것인가. 그것은 독자들의 심미기준과 세계관과 철학관과 지식구조에 차도(差度)가 있기 때문이다.

대중문화인 리얼리즘 계열의 시거나 노랫말, 구호, 철리시와는 달리 상징시는 그 자체의 모호성을 지니고 있기에 근로대중(勤勞大衆)

범위를 벗어나 인테리 계열의 독자층에서 읽혀지게 되며, 상징의 깊이와 폭, 높이, 길이의 차원이 높아갈수록 극 소수의 급진적 인사들에 의해서만 읽혀지게 되는 것이다. 그러므로 상징시는 엄격히 말해서 대중문화의 보편성을 외면, 탈리하게 되는 것이다.

이 점이 바로 순수예술과 통속예술의 차이점이라고 할수 있다.

하이퍼시든 복합상징시든 다 초현실주의 상징시계열의 시로서 자매간이라고 할 수 있겠다. 또 무질서, 무의식의 흐름속에서 이미지들에 대한 변형의 조합을 거쳐 상징의 가상경지(假想境地)를 펼쳐 보이는 고급예술에 속한다.

복합상징시는 변형된 이미지들이 원초적, 무질서하고 무분별한 존재에서 화자의 강렬한 감정정서에서 인기되는 환각적 이미지들만 골라 조합을 꾀한다. 다시 말하면 이러한 이미지들이 화자의 뇌리에 부상되는 것은 화자의 강렬한 감정정서가 야기 시키기 때문이라는 것이다. 때문에 이러한 이미지들은 화자의 감정정서에 뿌리를 박고 있다고 말하게 되는 것이다.

인간의 사유세계는 그냥 한 곬으로만 생각하겠다고 해서 그렇게 되는 것이 아니다. 주관 염원과는 달리 아무리 노력해도 저도 모르는 사이에 다른 이미지들이 느닷없이 환각 안고 달려 나오는 것이 법칙이다. 그렇다고 해서 그렇게 느닷없이 떠오르는 모든 환각적 이미지들을 변형시켜 마구 나열해 놓는다면 그것은 시의 형식을 빌은 예술인 것이 아니라 위에서 언급했듯이, 사불상(四不像) 즉 도깨비 씨나락 까먹는 소리로 전락되는 것이다.

복합상징시에서는 느닷없이 치달아 나오는 환각적 이미지들 가운데서 화자의 정서에 딱 알맞은 이미지들만 골라서 그것을 변형시켜 상징으로 펼쳐 보이는 예술이라고 역점 찍어 말할 수밖에 없다.

한 사람이 사기, 협잡 당하여 기붕이 엉망인 경우를 사례로 들어 보기로 한다. 그때 그 사람의 뇌릿 속에는 구름, 강물, 돌멩이, 꽃향기, 확대경, 바위… 등 수많은 사물, 현상들이 떠오를 것이다. 문득 문득 당시의 기분과는 상관없이 챠플린의 콧수염도 떠오를 수 있을 것이다. 그야말로 무질서한 환각의 흐름 아닐 수 없다. 그렇다면 이 가운데서 어느 상관물을 틀어잡고 화자의 경지를 보여줄 것인가? 대답은 <다 가능>이다. 이건 대체 무슨 뜻이란 말인가...

주지하는바 세상 모든 사물과 현상엔 아무런 감정도, 계급도 존재하지 않는다. 즉 금이든 옥이든 똥이든, 오줌이든 다 똑같은 마찬가지 사물이라는 것이다. 인간이 금과 옥을 좋아하고 똥과 오줌을 멀리하는 것은 인간 스스로가 그렇게 느끼고 움직이기 때문이다. 세상의 모든 사물, 현상엔 좋고 그름이 존재하지 않는다.

이제 인간은 그러한 상관물을 자신의 정서에 알맞은 표현으로 바꾸어 표현시킨다. 그게 바로 변형이라는 것이다. 인간은 그런 변형을 능동적 가시화 작업을 거쳐 상징으로 펼쳐보이게 되는데, 여기서 또 새로운 문제가 제기 된다. 그 많은 무질서한 환각적 상관물 가운데서 어느것을 택해야 할것인가. 여기에 대한 답은 화자의 세계관, 미학관, 철학관... 등 지식구조에 의하여 나름대로의 선택이 결정짓게 되며 몇 개의 상관물 선택 하느냐 에서도 각자의 나름에 달렸으나 대체적으로 복합상징시에서는 네댓개의 상관물을 기본으로 하여 적당히 조절해 나가는 것을 기본으로 한다.

그럼 위의 정서대로 떠오르는 환각적 상관물을 다시 라렬해놓고 그것을 사기, 협잡 당해 엉망이 된 정서에 맞게, 상징적 가시화 변형을 시도해 보기로 하자.

주어진 환각적 상관물-구름, 강물, 돌멩이, 꽃향기, 확대경, 바위

환각의 가시화 변형-
구름: 때 묻은 얼굴 하늘 옷섶에 부빈다
강물: 목청 찢어 감아쥐고 내처 달린다
돌멩이: 날개 꺾인 새 되어 추락한다

꽃향기: 잎잎의 주름 잡고 흐느낀다
　확대경: 거꾸로 볼수록 오히려 작아지는 슬픔
　바위: 종일토록 침묵 깔고 앉아 념불하는 부처님 같다. 부처님의 혼, 바위를 쓰다듬는 것 같다.

　위에 변형시킨 표현들은 죄다 슬픔과 억울함을 바탕으로 한 정서에 뿌리를 두고 있다는 것을 우리는 쉽게 보아낼수 있다.

　이제 윗 표현들을 우수"憂愁" 라는 제목으로 다시 조합하여 복합상징시로 만들어 보자.

　<우수>

　때 묻은 얼굴 하늘 옷섶에 부비는 구름
　강물이 목청 찢어 감아쥐고
　내처 달린다
　날개 꺾인 새 되어 추락하는
　돌멩이
　잎잎의 주름 잡고 흐느끼는
　꽃향기여
　거꾸로 볼수록 오히려 작아지는
　슬픔의 확대경이여
　종일토록 침묵 깔고 앉아
　념불하는 부처님의 혼
　바윗돌 쓰다듬는다

　윗사례를 통하여 알 수 있듯이 복합상징시란 현실세계의 상관물을 통하여 가상세계에서 화자의 경지를 보여주는 상징적 영상(映像)

이라는 정의가 내려지게 된다.

　상관 변형물들의 상징적 조합은 화자의 정서 팽창에 뿌리를 두며 그 생성과정도 그에 비롯됨을 다시 천명하면서 본고(本稿)를 마무리 짓는다.

움직이는 그림, 부채살이 춤춘다

－강성범 시인의 시집 「빼앗긴 사랑」에 비낀 이미지

    거시적인 우주로부터 먼지, 세포, 립자에 이르기까지 우리가 사는 세상 전체가 복합구성을 이루고 있음은 삼척동자도 다 아는 일, 거기에 문명이 개입되면서 인류는 상징을 동반하며 오늘에 이르렀다.
    복합상징구조는 세상구성의 리치라 할수 있겠다. 들뢰즈와 가타리의 <천개의 고원>의 핵심이론인 이좀의 원리에 상징을 부여하여 복합구조를 통한 정체성 회복을 꾀하는 것이 복합상징시의 기본형태라고 할 수도 있겠다.
    매 하나의 단절 되고 흩어진 이미지들은 그냥 그대로 연결고리가 없이 무중심, 무중력 상태에서 저마끔 임의의 변형이 아니라 하나의 정서팽창을 바탕으로 한, 변형의 능동적 가시화 작업을 거쳐 최종 화자의 경지를 보여주는 것이 복합상징시인 것이다.
    변형의 최종목적은 상징을 불러오기 위해서라고도 할수 있겠다. 복합상징시는 인류문명이 고도로 발달해가는 글로벌시대, 더욱 높은 차원의 우주를 열어 가는데 정신적 지혜의 공간을 제공해 주어 마음을 다스리는 효과적인 작업이 아닐 수 없다.

복합상징시가 보여주는 화자의 경지, 그것은 현실세계가 아닌 화자의 영혼 심처에서 인기된 가상세계에서 비롯된 것이며 그것은 또한 현실세계와의 접목 속에서 공감대를 찾아 현실계몽의 역할을 감당하기도 한다.

강성범시인의 복합상징시집「빼앗긴 사랑」은 토막난 생명체들의 꿈틀거림의 조합으로써 화자의 정서의 깊이와 영혼의 경지를 펼쳐 보인 전범(典範)이 될수 있다고 본다.

시 <새벽>을 들어 본다.

빛이 두려워 도망가는 어두움
자리 잡은 아침
부끄러워 얼굴 붉히는 동녘해

가슴 풀어헤친 구름송이
잠자는 호수 깨운다

산도 나무도 푸른 하늘도
수채화로 드러눕고
온갖 잡새 노래가
누리 쥐고 흔든다

-<새벽> 전문

이 시에서 등장한 물상들은 <어두움, 동녘해, 구름송이, 산, 나무, 하늘, 온갖 잡새>들이다. 화자는 이러한 물상들을 변인화(變人化)의 작업을 거쳐 세상과 다가서는 거리감을 좁히기에 애썼다. 또한 그것들을 살아 생생이 움직이는 것으로 표한함으로써 생명력을 과시하게 되어 이미지들마다 팔딱거리게 하였다. 어두움은 도망간다, 동녘해는 얼굴 붉힌다, 구름송이는 가슴 풀어헤친다, 산, 나무, 하늘은 수채화로 드러눕는다, 온갖 잡새가 누리 쥐고 흔든다… 등과 같은 표현은 이미지조합의 정체를 살아있는 생명체로 탈바꿈시킨다.

　더욱이 중요한 것은 변형이다. 변형이란 원유의 형태를 비틀고 굴절시키고 덮어 감추고 은어(隱語)로 표현하여 세상이 쉽사리 알아보지 못하게 하며 수수께끼 같은, 애매성과 모호성이 매력으로 된다.

　경박하고 경솔한 느낌을 주기도 하는 직설의 힘은 문명이 치달아오르고 예술이 깊어갈수록 자취를 감추게 되며 신중하고 궁냥 깊은 성숙을 보여주기도 하는 상징으로 그 표현이 바뀌게 된다.

　초급단계로부터 고차원에로의 향상을 지망하는 것은 인류의 본성이다. 하므로 변형은 현대인들의 사치스런 멋이라고도 부른다.

　강성범 시인은 이 시에서 <구름이 가슴 풀어 헤쳤>다고 했으며 새들 노래가 <누리 쥐고 흔든다>고 표현하였다. 구름에게 가슴이라면 무엇이겠는가. 그리고 노래에게 손이 있다면 무엇이겠는가. 이것은 현실세계에서 도저히 성립될 수 없는 현상이다. 하지만 화자의 가상세계에서는 이 모든 것들이 다 가능한 것으로 된다. 그리고 그것들이 어색하지 않고 자연스럽게 현실세계와 접목한다. 마환기법을 통한 판타지적 변형의 표현, 그것이 낳는 상징의 깊이와 폭은 엄청 크다고 말하지 않을 수 없다.

　백사장 뒹굴던 숨결
　파도가 달려 와 그러안는다
　눈 내리는 바닷가
　갈매기 울음소리
　물안개 헤치며 조가비 귀를 열면
　사운대는 기억의 섬바위

이랑이랑 씌여진
　　어제를 읽으며
　　퍼렇게 멍든 세월 깔고 앉는다

　　-<편지> 전문

　이 시에서는 네 개의 이미저리(이미지덩어리)로 구성되어있다. 두 번째 이미저리를 빼고 기타의 이미저리들은 전부가 환각적 마환기법으로 변형이 되어 있다.

　첫 번째 이미저리에서는 <숨결이 뒹군다>, <파도가 달려와 그러안는다>는 능동적 가시화를 통한 환각의 흐름을 보여주었으며 세 번째 이미저리에서는 <조가비 귀를 열면> 섬바위가 <사운댄다>고 의인화 처리를 하였다. 네 번째 이미저리에서는 섬바위가 <어제를 읽으며> <세월을 깔고 앉는다>고 변인화 처리를 하였다.

　전반 시에서는 기억 저켠의 아름다움에 대한 끝없는 동경과 회한의 마음을 보여준것으로써 제목도 <편지>라고 달은 것이 퍽 재치있는 스찔이다. <편지>는 내가 누구에게 보낸 것도, 누가 나에게 보낸 것도 아닌 내 영혼이 나에게 가르쳐준 미묘한 경지의 지침서라고 볼수 있다. 화자는 그 경지를 거울처럼 자주 비춰보며 흘러간 옛날에 대한 그리움으로 수많은 편지를 날렸을 것이다. 아름다움에 대한 추구, 그러나 그것은 한낱 편지에 문안과도 같은 존재가 되어버린 현실의 아픔이 찬란한 무지개처럼 화자의 하늘에 곱게 비끼어 있다. 화자는 바로 이러한 심적 경지를 상관물을 통한 이미지들의 환각적 능동적가시화처리를 재치 있게 변형시킨 것이다. 뿐만 아니라 그러한 환각적 이미지들은 모두 하나의 정서를 위하여 변형되여 정체를 위한 조합을 실천한다는 것이다.

　무릇 그 어떤 생각, 환상, 환각 따위는 화자의 정서팽창에 의하여 생성되는 것이라고 할수 있다. 인간의 정서는 마음에서 비롯되며 마음은 영혼의 가르침에서 온다고 하였다. 인간은 정서의 산물이기에 정서가 팽창할수록 그에 따르는, 변형된 이미지들을 통한 상징이 더욱 확실해진다.

　인간이 그 어떤 정서가 고도로 팽창될수록 그에 따르는 생각, 환상, 환각이 풍부해지는데 그것들은 형태가 천 갈래 만 갈래로 분류되며 그 매 갈래의 것들은 저마끔 각이한 변형을 거치는데, 법칙은 일매지게 하나의 팽창된 정서에 알맞은 변형을 거친다는 것이다. 그러한 변형의 조각들이 한데 모여 정체를 이루게 되는데, 이것이 복합상징시의 가장 근본적인 핵심요소로 되는 것이라 할 수 있다.

　　때벗이가 길 떠났다
　　구름 타고 산 넘어 강 건넜다
　　지독한 놈들 간 녹인다
　　살점이 찢기고 뼈 깍인다
　　밤마다 방황하는 사랑
　　아물줄 모르는 상처 고름 흐른다
　　번개불 갈기갈기 심장 찢는다
　　마른 땅 딛고 선 고별
　　눈물이 천지를 삼킨다

　　ㅡ<폭우> 전문

　이 시에서는 <때벗이, 지독한 놈들, 방황하는 사랑, 상처, 번개불, 고별, 눈물> 등 상관물이 등장한다. 이러한 상관물들은 저마끔의 이미저리를 형성하는데 하나의 정서 즉 고통이라는 것에 의해 변형되여 조합을 이루고 있다.

　길 떠난 때벗이가 정처 없이 떠돈다. 간이 녹고 살점이 찢기고 뼈가 깍이운다. 방황하는 사랑의 상처에선 고름이 흐른다. 심장 딛고 선 고별의 눈물은 천지를 삼킨다.

  시는 이와 같은 환각의 흐름을 펼쳐 보이고 있는바 그 정서의 밑바탕은 전부가 고통이라는 것이다. 그 고통은 어데서 왔으며 또 어데로 흘러갈 것인가에 대해서 화자는 일언반구도 제시하지 않았다. 애매성과 모호성, 수수께끼와도 같은 은밀한 상징은 복합상징시의 매력이기도 하기 때문이다.

  이와 같은 사례들은 이 시집에서 눈 감고 집어 들어도 부지기수라고 할수 있다. <커피>, <쪽배>, <꿈>과 같은 시들은 그 가운데서도 **빼**어나게 잘되 수작이라고 볼 수 있겠으나 일일이 분석, 설명하지는 않겠다.

  마지막으로 시 한수를 더 들어보기로 한다.

  얼굴이 심장 달랜다
  어둠이 눈물 흔들어대며
  고독 춤춘다

  부질없는 넉두리 한숨 토하고
  지나간 발자국 설음 낳는다

  그리움 삼킨 **빨**간 추억
  불타는 마음 부채질 하면

  지나가던 새가 날아 와
  이름 석자 물고 달아나 버린다

  －<임 그리워> 전문

  이 시에서는 능동적 가시화 처리가 특히 잘 되였다. <달랜다, 흔

들이댄다, 춤춘다, 토한다, 낳는다, 삼킨다, 부채질 한다, 달아난다>와 같은, 감각적 언어를 통한 능동적 표현을 함으로써 최대한 가시화를 실현하였다. 매개의 이미지들은 또한 환각적 상징의 변형을 서슴없이 대담히 펼쳐 보이고 있다.

어둠이 눈물 흔들어대며 춤추고 넋두리가 한숨 토하며 발자국이 설움 낳는다. 추억이 부채질 하면 새들은 이름 석 자 물고 달아나버린다.

마치도 한 폭의 판타지 동영상을 보는듯한 느낌이 들지 아니 한가. 그것도 변형된 이미지들의 능동적 가시화, 그것이 펼쳐 보이는 마음의 경지는 어떠한 것일가. 떠나버린 임에 대한 그리움인 것이다.

화자는 바로 이렇게 자신의 경지를 능동적가시화를 통한 상징의 변형조합으로서 그 실천을 꾀했던 것이다.

인류문명이 고도로 발전함과 더불어 고차원, 다선, 다각구조를 이루는 복합상징의 세계는 끝없이 무한환장으로 충만되어 있다. 또한 그것들은 저마끔 살아 꿈틀대는 햇살처럼 누리를 비추며 춤추는 부채살 되어 잠든 영혼을 깨운다. 이제 우리는 그 명멸하는 복합상징의 세계에서 영혼의 수련작업을 거쳐 빛나는 복석으로 남는 일밖에 더 무엇이 있겠는가.

강성범시인의 시집 <빼앗긴 사랑>의 페지마다 피어난 향기 진한 꽃송이에 입술을 갖다 대면서 이상으로 이 시집에 대한 평글을 붙여본다.

인간심성의 은닉과 영혼의 경지

−김영 시인의 시집 「바위의 눈물」에 비낀 영혼의 그림자

복합결구의 구조로 거듭나는 세상에 문명이 개입되면서부터 상징은 싹트고 꽃피우게 되었다. 상징이란 인간심성의 은닉을 가리키기도 하는바 그것을 다시 굴절, 변형, 암어(暗語) 내지 은어(隱語)로 달리 표현함으로써 본연의 직설을 회피하여 예술로 승화시키는 것이다.

직설로는 도저히 난감한 심성을 상징으로 보여주는 것, 그래서 "같은 값이면 다홍치마"라는 말도 적용되는 것인가 싶다.

생각나는 대로 심성을 털어놓는 직설, 그것은 흔히 경솔하다거나 가볍다는 인상을 동반한다고 필자는 「복합상징시」 약론 제1장에서 언급한 바가 있다. 인간은 타인에게 좀 더 세련되고 센스 있고 매너 넘치는 신사, 숙녀다운 모습으로 세상에 위상을 세우고 싶어 한다. 이것이 인간의 본성이다. 그러기 위해서 인간은 일거수일투족에 신경을 써가며 자신의 언행과 표정관리에 힘쓰게 된다. 그렇지 않고

막돼먹은 인간은 신사, 숙녀 범주에 넣고 거론할 여지조차 없다. 아무리 최하층에서 허덕이는 사람일지라도 신사, 숙녀의 아름다운 꿈은 마음 심처에 숨 쉬고 있으리라.

인류 영혼의 결정체를 갈고닦아 예술로 승화시키는 복합상징시의 경우엔 더구나 이러한 인간본성의 체현이 직접 상징으로 변형되어 양상을 드러내는 것이 당연 이치임을 어찌할 수가 없게 된다.

상징이란 현실세계 그대로의 스캔이 아닌, 가상현실에 대한 변형으로써 화자의 내심세계를 세상에 펼쳐 보이는 것이라고 했다. 복합상징시에서의 화자 심성의 표현은 변형된 가상현실의 능동적 가시화를 통하여 화자 영혼의 경지를 펼쳐 보이게 되는데 이것이 핵심의 핵심이고 본질이라고 말할 수 있다.

그렇다면 김영 시인의 시집 「바위의 눈물」이 보여주는 인간심성의 은닉과 표현은 구경 어떻게 실천되며 그 속에 비친 영혼의 경지는 어떤 모습일까.

아래 대표적인 작품들을 몇 개 간추려 분석하는 가운데서 그 해법을 찾아보도록 하겠다.

톡 벌어진 입으로 슴새나오는
그리움 익는 냄새

나비 되어 팔랑팔랑 날아가고
냇물 되어 촐랑촐랑 흘러가고

꽉 움켜쥐면 쏙 빠져나가는
미꾸라지 같은
천사의 향기

눈 감아도 반딧불 깜박이는

무지갯빛 그 이름…

시 <꽃> 전문이다. 화자는 아름다움에 대한 갈망과 그리움으로 가슴 불태우는, 그러나 그것은 소유할 수 없는 황홀하고 신성한 것이라는 것, 또한 그렇기 때문에 기억의 하늘에 반딧불처럼 깜박이지만 무지갯빛과도 같다는, 미에 대한 열광적인 추구의 심정을 읊조린 시이다.

화자는 아름다움을 꽃으로 비유하면서, 꽃이 향기를 풍기는 정경을 인격화하여 '톡 벌어진 입으로 슴새나온다'고 하였으며 그 냄새는 '익는다'고 촉각과 시각을 통한 감각 처리로 변형시켜 보여주고 있다.

화자는 또 그 냄새를 나비가 되어 날아가고 냇물 되어 흘러간다고 가시화 처리를 하여 아름다움에 대한 동경의 심정을 능동적으로 표현하였다.

"꽉 움켜쥐면 쏙 빠져나가는/ 미꾸라지 같은" 아름다움, 그러나 그것은 어디까지나 신성하고 거룩한 것이기에 '천사의 향기'와 같은 것이며 "눈 감아도 반딧불 깜박이는/ 무지갯빛 그 이름"이라고 화자는 읊조리고 있는 것이다.

육안으로 느끼는 현실세계 저편, 약동하고 있는 가상현실의 거룩한 삶의 묘미와 풍요로운 조화의 질서는 세상을 숨 쉬는 빛으로 팔딱거리게 한다. 그것이 복합상징시가 보여주는 화자의 영혼 경지이다.

둥기당 둥기당
가슴 뜯으며
저녁노을 긴 한숨 쉰다
천둥 번개에
향기 놀라고

나부끼는 옷자락에
이슬이 운다

오는 임 가는 임
세월 풀어 댕기 매고
봄 오는 언덕에
그림자가 옷 벗고
일어선다

－<가야금> 전문

 이 시에서 가야금은 화자 본신의 대변이기도 하다. "둥기당 둥기당/ 가슴 뜯으며" 어느덧 인생의 저녁노을 맞이하게 되니 인생무상의 허탈감에 '긴 한숨' 내쉰다. 공적 없이 무모하게 보낸 일상들이 안타깝게 느껴져 "천둥 번개에/ 향기 놀란다"고 하였다. 여기에서 '천둥 번개'는 느닷없이 들이닥친 인생의 황혼을 뜻하며 '향기 놀란다'고 한 것은 워낙은 풍요로워야 할 인생에 돌이킬 것 별로 없다는 데서 "보람찬 것이 없어 놀란다"로 인식하여야 할 것이다. 하오니 나부끼는 쓸쓸한 옷자락에 이슬이 아니 울 수 있겠는가.
 이렇든 저렇든 인생은 가고, 가는 인생 잡을 수도 없는데, 갈 바에는 보기 좋게 저녁노을 빨갛게 불태우며 가야 하지 않겠는가. 이 것은 긍정적 삶을 영위하려는 화자 영혼의 경지를 보여주는바 한결 차원 높은 자세를 보여준다.
 "오는 임 가는 임/ 세월 풀어 댕기 매고"는 누구든 보기 좋게 가야 한다는 호소이며 "봄 오는 언덕에/ 그림자가 옷 벗고/ 일어선다"는 홀가분하게 털어버리고 숙명적 삶을 당당하게 맞이하겠다는 화자의 입지를 분명하게 펼쳐 보이고 있는 것이다.
 이 시의 외향적 이미지를 따져 보면 아래와 같다.

저녁노을이 한숨 쉰다
↓
향기가 놀란다
↓
옷자락에 이슬이 운다
↓
오는 임 가는 임 댕기 맨다
↓
그림자가 옷 벗고 일어선다

 살펴보면 변인화된 물상들의 판타지적 움직임을 보여주는 한 편의 동화(動畫)라고 볼 수 있다. 그러나 표면에 흐르는 이러한 영상(映像) 건너편 또는 뒷면에 숨어 있는 화자의 심상은 삶에 대한 회의(悔意)와 생에 대한 바른 자세의 비장함으로 도배되어 있다. 표상 건너편 또는 뒷면에 숨어 있는 이것이 바로 상징인 것이다.
 복합상징시는 이러한 상징을 단 하나의 상관물에 기탁하여 이루어내는 것이 아니라 여러 개의 상관물의 변형조각들을 연결고리에 의하여 하나의 정체로 펼쳐 보이는 것이다. 또한 이러한 상관물의 조각들은 저마다 독립적인 구성을 이루지만 화자의 극도로 팽창된 정서의 색감과 맛에 알맞게 변형되어 복무한다는 것이다. 화자의 정서를 위하여 복무한다는 이 점이 바로 여러 개의 독립된 변형조각들의 연결고리로 되는 것이다.

속곳 벗은 안개
하얀 몸매 꼬아댄다

닭 울음소리 비틀어
허리에 찬 농부

노을 안고
문을 연다

―<아침> 전문

　능동적 가시화의 변형을 거친 이미저리상들에 대한 조합을 통한 화자 영혼의 경지를 펼쳐 보이는 것, 거기엔 어떤 거룩한 사상을 주입 또는 직설하지 않아도 화자의 의도가 스스로 용해되어 흘러나오게 된다. 이것은 복합상징의 또 다른 매력이기도 하다. 독자가 화폭을 펼쳐 보고 스스로 인지(認知)하게 되는 화자의 경지, 거기로부터 공감을 받고 감동을 느낀다면 그것만으로도 예술은 사명을 완수하게 되는 것이다.
　위 시의 경우, 화자는 목가적인 풍경을 핍진하게 펼쳐 보임으로써 순결무구한 인간심성의 자연본연에로의 복귀의 갈망을 보여주고 있다. 이 시에서 화자는 자극을 추구하는 제반 요소들을 통감의 기법을 운용하여 펼쳐 보였다.
　인간은 부단히 새로운 자극을 추구해 왔으며 그러한 자극이 삶을 풍요롭게 덧칠해 왔다. 자극은 인간을 분발하게 하며 세상에 향기를 보태 준다.
　화자는 이러한 목적 달성을 위하여 극력 자극적인 통감의 기법으로 펼쳐 보이고 있다.
　안개는 속곳 벗고 하얀 몸매 꼬아댄다, 농부는 닭울음소리 비틀어 허리에 찬다. 여기에서 '속곳', '하얀 몸매'는 여인의 은밀한 육체를 떠올림으로써 남성(男性)으로 하여금 불끈 분발하게 하는 자극적 효과를 자아낸다. 또 닭울음소리 '비틀어' 허리에 '찬다'는 첫새벽 부지런한 농군의 심성을 변형시켜 잘 보여준 사례로 된다.
　이 시는 나중에 "노을 안고/ 문을 연다"고 했는데 구경 누가 그랬다는 말인가. 화자는 주체를 생략하였지만 우리는 아침의 시작을 어렵지 않게 짐작할 수 있게 된다.

　이렇게 이 시는 직관적인 현실세계를 변형시켜 화자의 농경문화를 동경하는 진솔한 심정을 상징으로 효과적으로 보여주었다

　마지막으로 시 한 수를 더 살펴보기로 하자.

　　꽃이여 치마 흔들며 윙크하라
　　눈귀 틈새로 정이여 흘러라
　　오므린 빨간 입술이여
　　바람 물고 신음하라
　　냄새여 세월이여 거미줄 쳐라
　　나비들이 걸려 버둥거리고
　　쥐는 꼬리 들고 춤 춰라
　　구렁이여 빙긋 웃어라.

　　－<바보> 전문

　이 시는 사랑에 대한 갈구와 사랑 앞에선 원수도 친구도 고귀함도 비천함도 똑같이 성스럽다는 화자 나름대로의 철학적 사상을 화폭으로 변형시켜 보여주고 있다.

　이 시를 풀어 보면 다음과 같은 해법이 나온다.

　아름다운 것은 맘껏 그 어여쁨을 뽐내라, 즐거움은 기껏 향수하라. 아무런 주저도 말고 자유분방 하라. 나비들은 걸려들어 파닥거리며 즐기고, 쥐들도 대담히 꼬리 쳐들고 춤춰라. 구렁이도 독살만 피우지 말고 빙긋 웃어라. 사랑 앞에선 누구나 평등하다. 사랑 앞에선 누구나 즐겨라. 사랑은 성스럽다. 사랑으로 충만되면 세상은 행복으로 차넘친다…

　화자는 바로 이러한 이념을 주체의 입지에서 토로하면서 능동적

가시화 처리를 하여 변형을 완성한 것이다.
다시 살펴보자.

꽃: 치마 흔들며 윙크하라
정: 눈귀 틈새로 흘러라
입술: 빨갛게 오므리고 바람 물고 신음하라
냄새, 세월: 거미줄 쳐라
나비: 걸려들어 버둥거려라
쥐: 꼬리 들고 춤 춰라
구렁이: 빙긋 웃어라

어떤가. 그야말로 신통하지 아니한가.
화자는 물상들을 시각화 처리하면서 물상 건너편에 꽃피운 화자의 영혼 경지를 소리 없이 펼쳐 보이고 있는 것이다.
인간심성의 은닉으로 상징을 꾀하여 영혼의 경지를 펼쳐 보이는 것, 이것이 복합상징시의 핵심이라고 할진대 김영 시인의 시세계는 그에 걸맞은 수작(秀作)들로 주렁진 것임을 승인하지 않을 수 없다.
여직 소설 위주로 근신하던 김영 작가가 단 한두 달의 짧은 기간에 돌변하여 복합상징시 공부에 몰입하면서 이루어낸 성적들, 참으로 가상할 만한 일이다. 타고난 천재가 없이는 도저히 이룩되기 어려운 게 시인이라는 말도 이런 때엔 적용되는 듯싶다.
복합상징시 창작의 행렬에서 주옥같은 작품들로 황홀한 영혼의 경지를 더욱 확실하게 펴 보일 그날을 기대하면서 김영 시인의 시재(詩才)에 큰 박수를 보낸다.

눈뜬 퍼즐들의 변신술

─배련희 시인의 시집 「행복배터리」를 절개하며

 인류의 역사는 미지의 세계를 개척하는 열쇠 찾는 과정이라고 말할 수 있겠다. 인류는 현존 세계에 안주하지 않고 부단히 새로운 경지 개척에 모질음 써 왔다.
 새로운 세계 구축을 위하여 인류는 기성된 율(律)에 대한 파괴, 해체의 작업을 거친 후 다시 새로운 재조합을 하게 된다.
 세상을 이루는 모든 물상 또는 현상 들은 매 하나의 퍼즐에 불과하다. 색다른 퍼즐들을 한 무더기 모아 놓고 이리저리 조합하다 보면 전혀 생각지 못한 형태들이 엉뚱하게 만들어지기도 한다. 그리고 그것이 눈에 거슬리지 않고 아름답게 느껴진다면 그 조형물은 예술로 승화된 것이다.
 그것은 당사자의 주관적 이념을 떠나 신들린 퍼즐들이 손잡고 만들어낸, 무의식 흐름 속 질서 잡힌 영상(映像)들의 조합이기 때문이다.

세상을 구성하고 있는 퍼즐들의 조합, 그것의 부동한 표현형태를 빌려 화자는 자신의 영혼 경지를 보여준다. 사람미다 님다른 사신의 경지를 보여주기 위하여 퍼즐 맞추기에 분주한 삶을 산다.

불교에서는 세상 모든 것을 연(緣)으로 해석하고 있다. 복합상징시에서 등장하는 물상들은 각기 하나의 퍼즐로서 그 존재는 이미 보이지 않는 연줄에 의해 한데 관통되어 있다.

가령 시인이 시를 쓰기 전 뇌리 속에 여러 가지 영상들이 떠올랐다면 그 영상들은 이미 내적 연계를 가진 집합체이다. 그것은 무엇 때문인가? 답은 아주 간단하다. 수많은 영상들 가운데서 하필이면 그러한 것들만 떠오를 때 그것들은 이미 고도로 팽창된 정서(情緖)의 산물이기 때문이다.

이제 시인이 해야 할 일은 그렇게 떠오른 영상들을 변형시켜 능동적 가시화 작업을 거치는 것이라고 말할 수 있다.

변형이란 말 그대로 형태를 다르게 바꾸라는 말이다. 변신이라는 것도 몸의 형태를 다르게 바꾼다는 말이니, 결국은 변형과 변신은 같은 말이 되겠다.

그런데 왜 시를 쓸 땐 꼭 변형이 필요한 것인가. 인간 삶이 그것을 요구하기 때문이다.

위에서도 언급했지만 인간은 늘 현존의 세계에 만족을 느끼기 못하며 부단히 수수께끼 같은 미지의 숲을 파헤치기를 즐긴다. 또한 그러한 인간본성이 세상의 발전을 꾀해 나가고 있는 것이다.

복합상징시는 인류에게 언어문자로 펼쳐 보이는 신성한 미지의 수수께끼라고 말할 수 있다. 수수께끼를 푸는 방법 또한 각자 나름이겠지만 다 풀고 나면 그로부터 오는 즐거움 또한 적지는 않을 것이다.

타인에게 쉽게 발각되지 않으려고 마음을 영상으로 포장하여 세상에 펼쳐 보이는, 신사적인 자세가 복합상징시의 골수(骨髓)라고 말할 수 있다. 포장은 하되 아름답게 하여 자극의 극치를 끌어내는 것이 최종 목표이기도 하다.

배련희 시인의 시집 「행복배터리」는 바로 상기 복합상징의 제반 특성들을 잘 살려낸 한 권의 수작(秀作)시집임에 틀림없음을 인정하면서 구체적 작품세계를 파헤쳐 보기로 한다.

꽃잎 포개 사랑했던
향낭(香囊)의 보랏빛
짙어가는 그리움 얼굴 파고든다

연분홍 속치마 파르르 내밀던 봄바람의 손
봉숭아 순정의 눈빛으로
한 자락 바다 집어 들며
하늘 한 귀퉁이
물들여 간다

소나타 귀갓길
애틋함 깔고 지나며
아름다움
영원 엮어 핏줄 만든다

―<가을 저편 너머> 전문

위 시에서는 가을을 맞으며 성숙으로 가슴 열고 서 있는 화자의 자세를 그려 보이고 있다. 시에 어떤 내용 또는 정서를 담았는가는 세상과의 공감대 울림에 있어서 직접 관여가 된다.

하지만 시에서의 내용 내지 정서는 사람마다 대동소이한 것이기에 거기에서 특별히 남다른, 아름답고 고상한 것을 골라내어 메가폰 들고 선전하는 것이 아니다.

시는 어디까지나 형상으로 그려 보이는 예술이기에 화자는 내용 내지 정서를 어떻게 묘한 상징으로 펼쳐 보이는가 하는 데 공력을 들여야 할 것이다.
　묘한 상징은 어떻게 이루어지는가. 그것은 오로지 영상들의 변형에 의해서만 가능한 것이다.
　위 시 첫 연에서는 '꽃잎 포개', '그리움 얼굴 파고든다' 등으로 표현함으로써 가시화(可視化)의 목적을 달성하고 있다. 더욱이 그리움은 추상적인 상관물인데 '얼굴 파고든다'라는 표현과의 결합 속에서 형상적인 상관물로 변신하여 완전 가시화의 효과에 도달하였다.
　두 번째 연에서 '봄바람' 역시 추상적인 상관물이지만 화자는 "연분홍 속치마 파르르 내미는… 손"이라고 하여 형상적으로 안겨오게 하였으며 또 봄바람의 손이 "한 자락 바다 집어 들며/ 하늘 한 귀퉁이/ 물들여 간다"라고 상상의 공간을 크게 넓혀 주었다. 상상해 보자. 손이 바다를 집어 든다, 손이 하늘 한 귀퉁이 물들여 간다. 그렇다면 손의 크기는 얼마나 될까. 손에 비하면 바다거나 하늘은 미비한 존재일 수밖에 없다. 참으로 놀라운 상상력으로 펼쳐 보인 화폭이 아닐 수 없다.

　　그리움 연 날린다
　　머리 위로 나는 새들의 윙크
　　구불구불 산길이
　　미소 받쳐 올린다
　　언뜻언뜻 낯익은 운동장
　　추억의 **빨랫줄** 나붓거리고
　　감미로운 동년의 그림자
　　귓등 간지럽힌다
　　스르르 풀린 이야기보따리
　　간밤 뭇별 또렷하던

흉허물 벗기니
아침해 철렁 그물에 걸려
찰랑찰랑
잔 비워 간다

−<행복배터리> 전문

본 시집 표제작품이기도 한 이 시에서 화자는 자신의 경지를 어떻게 펼쳐 보였을까.
  사색을 멈추지 않는 생명의 연장선엔 수많은 환각들이 구름처럼 언뜻언뜻 스쳐 지나게 된다. 화자는 그 속에서 정서에 알맞은 영상들을 거머잡고 그것들을 다시 변형시켜 퍼즐 맞추면서 능동적 가시화 처리를 해 나갔다.
  시 <행복배터리>에서 화자는 장면들의 조합으로 정체를 이루어 내는 기법에 의하여 시적 구도를 짜고 심상(心象)을 변형시켰다.
  이 시에서 매 하나의 장면은 하나의 영상이며 그 영상을 이루는 시어들의 조합과정은 퍼즐 맞추기에 해당하다고 봐야 할 것이다. 글자와 글자, 단어와 단어의 조합은 기성관념의 벽을 부수고 새롭게 조합시켜야 생신한 조형미를 창조해 낼 수 있는 것이다. 그런데 퍼즐 맞출 때 주의할 점은 전반 시에 흐르는 정서의 빛깔과 냄새, 맛에 알맞게 변형시켜야 한다는 것이다.
  이 시에서 등장하는 물상들을 보면 '그리움, 새, 산길, 운동장, 빨랫줄, 그림자, 보따리, 아침해' 등이다. 그런데 이 물상들은 사람처럼 변인화 되어 움직인다. 잠간 살펴보기로 하자.

그리움: 연 날린다
새: 머리 위로 윙크 날린다
산길: 미소 받쳐 올린다.

운동장: 언뜻언뜻 낯익다
빨랫줄: 추억 나붓거린다
그림자: 귓등 간지럽힌다
보따리: 이야기 풀고 별들의 흉허물 벗긴다
아침해: 그물에 걸려, 잔을 비운다

이렇듯 이 시는 매 하나의 물상마다 살아 꿈틀거리는 영상으로 둔갑시켜 강한 자극을 안겨줌으로써 흥분의 극치에 도움을 주고 있다.
한 수 더 들어 보기로 하자.

그리움의 교향곡
낮과 밤 반죽한다
어둠의 장막 찢으며
낙하하는 폭포
눈물이 사품치며 흐른다
갈매기 울음소리
애절한 번지들의 점프
노 젓는 쪽배 한 척이
뭉클한 가슴 한 됫박 안고
고슬고슬 밥 지으며
그리움 갈아 먹는다

-<석탑·3> 전문

시를 쓰다 보면 가끔 독자들이 고개 갸웃하는 현상에 직면하게 되는데 그것인즉 "시의 내용과 제목이 왜 다른가"이다.
가령 꽃을 시제로 한 수 썼다고 하자. 제목을 <꽃>으로 하고 본문에서 꽃의 향기와 이파리와 줄기와 뿌리와 씨앗에 대해 상세히 쓴다면 일반 독자들은 대뜸 그 의미를 파악하고 흡족해할 것이다. 이에 해당하는 독자들은 많은 비중을 차지하지만 비교적 단순한 삶에 종사하는 부류로 봐야 할 것이다.

하지만 제목을 <꽃>이라 하고 본문에서 꽃에 대해서는 일언반구도 없고, 고스란히 살다 간 한 여인에 대해 썼다면 그것은 상징적 표현이기에 트로트를 즐기는 대중들에겐 크게 환영받지 못할 수도 있다.

예술이란 높은 경지에 오를수록 독자군이 적어진다는 것은 이미 자명한 이치이므로 여기에서는 설명을 약하도록 하고, 배련희 시인의 시 <석탑·3>이 보여주고 있는 구조적 특점과 정서 색감의 조화와 제목이 가지고 있는 의미를 해부해 파보도록 하자.

이에 앞서 우선 시는 현실 그대로의 스캔이 아니라 현실세계로부터 현실 건너편 영혼의 경지를 다시 현실에 펼쳐 보이는 작업임을 꼬집고 넘어가야겠다.

석탑을 썼는데 왜 본문에서 석탑은 그림자도 보이지 않느냐고 질문하는 사람들은 석탑 뒤에 서 있는 석탑을 가려 볼 줄 모르기에, 눈뜬 소경임을 스스로 알고, 자신에 대한 충전(充電)에 애써야 할 것이다. 사람은 사람이로되 사람의 말을 알아듣지 못하면 초급단계에서 벗어나지 못함이리라.

인류사회에 문명이 개입되면서부터 인류는 상징을 배우고 활용하게 되었다. 예술의 한 형태인 시는 더욱이 상징의 집약도로서 이를 알아보는 데엔 지적인 혜안이 필요하다.

이제 다시 본론으로 돌아와서 배련희 시인의 <석탑·3>을 돌이켜 보자.

그리움이 낮과 밤을 반죽하고, 어둠이 장막을 찢는다. 낙하하는 폭포가 눈물 되어 사품 치며 흐른다. 갈매기들이 처량하게 울고 쪽배 한 척이 풍랑 세찬 바다 위에 떠 있다. 채 익지 않은 쌀이 고슬

고슬한 밥 되어 쉰내 나는 기다림을 씹는다…

　이 시가 보여주는 정서적 이미지를 나름대로 떠올려 보았다. 이렇듯 장엄한 한 폭의 상징화가 보여주는 미적 감수는 무엇일까. 조화가 으깨지고 삶의 조롱 속에서 소박맞은 외로움과 고독의 깨달음, 그것이 이 세상에 석탑으로 우뚝 솟아 세월을 기억해 두는 것이 아닐까.

　화자의 이런 경지를 보여주는 물상들의 흐름은 위에서도 언급했듯이 고도로 팽창된 정서의 기초에서 생성되는 환각에 의하여 비롯되는 것이다. 환각의 흐름 속에서 화자는 생각, 상상, 환상의 나래를 펼쳐 능동적 가시화의 효과에 도달하게 되는 것이다.

　요컨대 환각에 입각한 상상, 환상의 작업과정은 낯선 표현으로 신성한 자극을 불러일으켜야 한다는 것이다. 상상과 환상은 변형을 불러오는 주된 요인이지만 그것들은 다시 환각의 흐름으로 전이되어 화자로 하여금 시의 경지에 빠져 끌려가게 한다.

　그리하여 시인이 시를 쓸 땐 시를 쓰는 것이 아니라 영혼의 가르침을 받아 적는 도구에 불과할 뿐이라는 설(說)도 일리가 있는 것이다.

　기성된 언어들의 연결성을 깨뜨리고 자유로운 낯선 조합으로써 퍼즐 맞추기에 열공 하는 배련희 시인님의 시집 「행복배터리」의 출간을 크게 축하하면서 복합상징시의 신비로운 하늘에 반짝이는 샛별로 거듭나기를 진심으로 바라마지 않는다.

제2부

김현순 문학평론집 · 성인시문학평론

동심의 푸른 하늘을 닦아가는 시인

-문삼석 시인의 동시세계를 열어 보이며

한국에서의 동시의 본격출현은 육당 최남선(1890. 4. 26.~1957. 10. 10)시인의 "해에게서 소년에게로"가 있은 후부터였다. 그 이후로 윤석중, 방정환, 강소천 등 많은 시인들에 의하여 그 맥을 이어 갔으며 후기에는 유경환, 박경용, 신현득, 김종상, 문삼석, 엄기원, 김완기, 박종현, 이상현, 정용원 등 많은 시인들에 의하여 더욱 활짝 꽃을 피우게 되었다.

그중 문삼석 시인은 한국 동시단에서 유년동시를 위주로 동시단의 큰 왕별로 자리매김을 하여 해내외에서 널리 그 이름과 작품이 알려지게 되었다.

동시는 무조건 동심의 팽창이어야 한다는 신조 하나로 한생을 불태워온 문삼석 시인의 동시작품은 오늘날 온라인, 오프라인을 통하여 세상 방방곳곳에 익숙히 알려져 있다. 문삼석 중한 대역동시집, 문삼석 영문동시집… 등 많은 책자들이 세상에서 빛발치고 있다.

그럼 문삼석 시인은 도대체 어떤 분이실까. 먼저 그 생평에 대해 간단히 요해하는 시간을 갖도록 하겠다.

문삼석-

1941년 전남 구례에서 출생, 구례남초, 구례중, 광주사범, 서울사대부설교원교육원, 전남대교육대학원 등에서 공부하였다. 전남, 광주, 서울 등지의 초·중·고등학교에서 40여 년 동안 교직생활을 하였다.

1963년 조선일보 신춘문예 동시 당선으로 문단에 나와 그간 동시집 「산골 물」, 「우산 속」, 「바람과 빈 병」 등 50여권의 책을 펴냈으며 대한민국문학상, 방정환문학상, 소천아동문학상, 윤석중문학상 등 많은 상을 받았다.

일찍 한국 계몽아동문학회 회장, 한국 아동문학인협회 회장, 국제펜클럽한국본부 부이사장, 한국 동심문화원 원장 등 직책을 지낸 적 있는 시인은 지금 어린이들을 위한 글쓰기에 전념하고 있다.

한국 동시단의 거목으로서의 문삼석 시인의 동시작품과 그것이 보여주고 있는 동심의 세계는 구경 어떠한 것일까. 필자는 최근에 출간한 시인의 동시집 「나는 솔잎」에서만 몇 수 골라서 피력해보고저 한다.

1. 매개물의 표상과 속성에 대한 동심의 표출.

동시 <시골 오솔길>의 전문은 다음과 같다.

바람이 열면/ 풀잎은 닫지요// 풀잎이 닫으면/ 바람은 열지요// 열면 닫고,/ 닫으면 열고…// 하루 내 바쁜/ 시골 오솔길//

지극히 짧은 시이다. 이 시를 읽으면 시골길의 경상이 눈앞에 확 떠오르고 있다. 그러면서도 다정하고 친근하게 느껴지는 것은 거기에 인간 삶의 속성을 용해시켰기 때문이다. "하루 내 바쁜/ 시골 오솔길"은 열심히 부지런히 일하는 인간 삶의 모습을 떠올려준다. 뿐만 아니라 "열면 닫고 닫으면 열리는" "열고 닫고, 닫고 여는"가 시화된 움직임의 표현으로 절주 있게 꿈틀거리게 하였으므로 "시골 오솔길"을 진짜 생생히 살아 움직이는 것으로 동심을 최대한 살려 주었다.

유년기의 동심은 세상에 대한 인식과 이해로 어섯눈을 뜨는 단계이다. 시인은 바로 이 점을 딱 틀어쥐고 시적 상관물을 예술적으로 표현하였는데 특히 "시골 오솔길"의 표상과 속성에 대한 이해에 포인트를 맞추고 가시적인 능동성에 인성을 결부시킨 것이다. 여기에 시인의 놀라운 내공이 깃들어있는 것이다.

2. 가슴으로 이어지는 인간 사랑의 표출

마음은 밝은 면과 어두운 면을 동시에 가지고 있다. 인간은 밝은 면을 무한대로 확장해나가면서 삶을 가꾸어가고 있다. 이것을 긍정적인 자세라고 한다. 반면 어두운 면의 확장은 인간을 기로에 끌고 나가며 나중에는 돌이킬 수 없는 나락에 전락시켜버리게 된다.

우리가 사는 인류사회는 늘 밝고 긍정적인 사유로 세상을 공유해 나가는 것이 근본으로 되어야 한다. 이러자면 어려서부터 마음의 지조를 굳건히 세워야 하며 그것은 동시문학을 망라한 예술작품에서도 의도적인 노력을 기울여야 한다. 이런 각도에서 문삼석 시인은 동시 "손을 잡고 간다"를 창작하지 않았나 생각이 든다.

「손을 잡고 간다」

　손을 잡고 간다/ 꼬옥 잡고 간다/ 손을 꼬옥 잡고/ 소풍을 간다// 먼지 날리는 차들도 밉지 않다/ 꼬불꼬불 들길도 멀지 않다/ 귀밑 스치는 바람도 싫지 않고/ 어깨 누르는 가방도 무겁지 않다// 오늘은 즐거운 날/ 소풍 가는 날/ 손에 손을 마주잡고/ 소풍 가는 날// 꼬옥 손을 잡고 간다/ 순이 손을 잡고 간다/ 꼬옥 순이 손을 잡고/ 랄랄랄랄 소풍을 간다//

　인간은 어려서부터 이기적 인간이 되지 말고 서로 도우며 함께 하는 사람으로 육성하여야 한다는 이치를 보여주는 감칠맛 나는 동시이다.
　이 시에서는 의도적으로 "손을 잡고 간다"라는 말을 일곱 번이나 거듭 반복함으로써 손을 꼭 잡듯이 서로서로 가슴으로 이어지는 사랑을 명기하고 그에 익숙해져야 함을 강조하고 있다.
　하지만 시에서는 그런 도리 따위를 교조적이거나 직설하지 않고 "손잡고 소풍 가는" 즐거운 스토리에 용해시켜 자연스럽고 친절하게 보여주고 있다.
　어린이들에겐 이래라 저래라 직접 훈계하면 반감을 사게 된다. 어린이에게도 인격이 있는 만큼 재미나는 스토리 장면을 펼쳐 보임으로써 스스로 감복되게 하는 것이 동시창작에서의 또 다른 절묘한 내공의 하나라고 본다.
　문삼석 시인은 이 면에서 뛰어난 재치를 보여주고 있는 것이다.

3. 재미나는 생활의 편린들에 초점을 맞춘 시

작품 보기:「초미세먼지」

미세먼지보다 작은 게/ 초미세먼지라구?// 작은 초미세먼지를/ 더 조심해야 한다구?// 형아!/ 들었지?// 난/ 초미세먼지다//

역시 짧지만 동심을 극도로 팽창한 수작(秀作)의 사례라고 볼 수 있다. 어리광스러우면서도 장난끼가 다분한 유치함이 동심의 주 특성의 하나로 되고 있다는 점을 우리는 다 알고 있다. 그러나 생활의 순간순간에 어리어있는 동심의 발굴은 그리 쉽지만은 않다. 늘 가슴 속에 동심을 간직하고 사는 자세를 갖추지 않고서는 도저히 스쳐지나는 동심세계를 포착하기 어렵다.

평범한 삶이지만 또는 그보다 악렬한 삶이지만 동심 하나만 간직하고 있다면 세상엔 밝은 빛이 그득 차게 되는 것이다. 그러하기에 일제치하에 있던 고난의 년대에도 세상은 삶의 희망을 버리지 않고 어려움을 끝내 이겨내게 되었던 것이다. 이런 사례는 일찍 저항시인 윤동주시인에게도 있었다.「아기의 새벽」,「오줌싸개지도」와 같은 동시들도 그에 해당되는 작품들인 것이다.

문삼석 시인에게 있어서 이런 작품들은 부지기수이다. 그중 가장 대표적인 작품으로는「바람과 빈병」,「우산 속」과 같은 불세출의 작품들이 있다.

동시「초미세먼지」의 경우는 바로 생활의 단면들에 초점을 맞추고 장난기 많으며 어리광스럽고 유치한 동심을 팽창시킴으로써 생활에 대한 무한한 열애의 정감을 보여주고 있는 것이라 하겠다.

4. 세상을 살아가는 바른 자세와 인성교육

오래전에 명화 한 폭을 본적이 있다. 그림은 숱한 새끼 게를 거느리고 엄마 게가 옆으로 걸으면서 새끼 게들에게 훈계하는 내용이었는데 그때 엄마 게가 새끼 게들에게 하는 말, "너희들은 바로 걸어라"였다. 그때 받은 인상은 오늘도 지워지지 않는다.

기실 세상을 살면서 인간은 늘 "아, 이렇게 살았어야 했는데…"라는 후회가 들 때가 많다. 그래서 다음 세대는 그렇게 살지 말기를 바라고 빈다. 오점으로 남은 자신의 경우를 생각해서라도 새 일대들에겐 바르게 가르치고자 조기교육을 중시하는 것도 오늘날 사회의 현상으로 부상되고 있다.

그런데 그 조기교육은 위에서도 언급했다 싶이 어린 세대에 대한 강요나 주입식이 아닌 감화교육이 필요하다. 그것의 가장 효과적 방법의 하나는 동시라는 예술형식을 빌어 재미나는 장면에 용해시켜 펼쳐 보이는 것이다. 그러면 독자들은 그로부터 감복되어 스스로 자신의 참다운 자세를 굳혀가게 되는 것이다.

문삼석 동시인의 동시 「당당한 이유」는 바로 이 점에 대한 훌륭한 사례 작품이 된다고 본다.

묵은 빛/ 비워내는 데에만 꼬박 보름// 새 빛 가득/ 채워 넣는 데만도 꼬박 보름…// 바로 그거야/ 저 보름달,// 밤하늘에 높이 떠/ 저리 빛날 수 있는// 당당한/ 이유//

동시 「당당한 이유」 전문이다. 보통 짧은 시로서 특징지어지는 문삼석 시인의 시이지만 이 시는 사람이 당당해지려면 그에 따르는 노력의 댓가가 따라야 한다는 철리적 내용을 달이 둥글었다 이지러졌다 하면서 빛을 비워내고 채워 넣는 현상을 빌어 보여주고 있다.

같은 값이면 다홍치마라는 말이 있다. 교훈적이고 철리적인 내용도 재미나는 동심의 노래도 들려주는 거기에 동시문학의 시명이 깃들어 있는 것이기도 하다.

이외에도 문삼석 시인의 동시작품에는 회화적 기법, 장면조합흐름과 같은 기법으로 된 작품들도 많지만 본고에서 필자는 상기의 네가지 방면으로 국한하여 살펴보았다.

총적으로 문삼석 시인의 동시작품이 보여주는 동심의 세계는 동심의 제반 특성들을 구현함에 있어 남김 없으며 가장 순수하고 간결하며 형상적인 동심의 언어로 재미나게 구성되고 있어 모든 동심에 사는 사람들을 흥분의 도가니에 들끓게 하는 마력을 가지고 있다.

하기에 문삼석 시인의 작품은 전 세계 여러 나라에 널리 홍보되어 있는 것이라고 본다.

현재 중국 조선족시몽문학회와 20여년의 끈끈한 맥을 이어오면서 시인은 또 「동심컵」 한중아동문학상을 제정하여 20회에 이르도록 35명의 아동문학가들을 등단시킴으로 하여 한중아동문학의 발전에 마멸할 수 없는 공적을 쌓아왔다.

문삼석 시인의 동시작품과 그의 업적은 금후 더욱 찬란한 전설로 세상에 길이 남을 것이라는 것은 의심할 바가 없다.

중국 조선족아동문학 개황

1. 조선족아동문학이 걸어온 길

주지하는바 조선족이라면 한 세기 이전, 한반도에서 이주하여 간도를 중심으로 그 주변에 산거하여 정착한 조선인과 그 후손들을 통틀어 일컫는다고 할 수 있다. 이민 3세, 4세를 거쳐 5세에까지 이르는 기간, 조선족은 한민족이라는 자부심을 잃지 않고 겨레의 언어문자를 지켜왔었다.

조선족이 조선족이라 불리기 시작한 것은 1952년 9월 3일, 연변조선족자치주가 성립되면서부터 정식으로 불리어진 이름이었다. 그 이전엔 조선인, 한인으로 명칭이 혼용되었다. 그리하여 자치주 성립 전 중국에서의 우리 민족 아동문학을 조선족아동문학이라 해야 하느냐, 한인아동문학이라 해야 하느냐, 조선아동문학이라 해야 하느냐를 두고 오늘날까지 시비가 그치지 않고 있다.

하지만 상관없이 중국 땅에 거주하는 우리 민족의 아동문학만은 잠시 크게 조선족아동문학이라 가정해놓고 본고를 피력해 보려 한다.

일찍 조선족아동문학은 간도일보, 만선일보를 통하여 싹트기 시작한바가 있다. 일제치하에 있던 상황이였지만 당시 안수길, 윤극영, 강경애 선생의 영향 하에 아동문학은 그래도 생기와 희망을 잃지 않고 있었다.

반달할아버지로 불리는 윤극영선생의 뒤를 이어 윤동주 시인이 나타났으며 8·15광복 후에는 김례삼, 채택룡 등 선생들이 궐기하여 아동문학을 전승해나갔다. 그 이후로는 이민 2세, 3세, 4세, 5세의 아동문학가들이 그 뒤를 이어나가면서 조선족아동문학의 맥을 이루어나갔다.

중화인민공화국 창립전 조선족아동문학은 일제치하에서의 삶의 질고에서도 꿈과 생기와 희망을 안겨주는 것이 핵심이였다면 중화인민공화국 창립후 조선족아동문학은 중국공산당의 따사로운 햇살 아래 튼실하게 자라는 새 일대의 무한한 행복과 긍지를 만천하에 자랑하고 구가하는 것이 핵심이였다.

그런 와중에 작가들은 중국아동문학의 영향을 직접 받으면서 중국특색이 있는 조선족아동문학으로 거듭나는 자부심으로 벅차 있었다.

이 시기 대표작으로는 김례삼의 "고갯길"과 채택룡의 "기차놀이", 윤정석의 "앵코타기"를 들 수 있다.

그러나 그 시대를 지나 중국은 대약진, 문화대혁명의 사회주의 기치 밑에 어린이들은 조국의 주인공이 되어 공산주의위업을 위하여 분투하여야 한다는 사상으로 아동문학이 통일전선을 이루어나갔다.

이 시대 대표적 작가들로는 김득만, 김만석, 최문섭 등 많은 사람들을 꼽을 수 있는데 "뭇별들은 어째서 깜박이나요", "인사드리자", "대기 따라 나가자"와 같은 작품을 들 수 있다. 그러나 그런 기후에서도 어린이들의 심성을 파헤쳐 시대의 흐름에 물젖지 않은 깨끗한 동심만을 걸러내어 그것을 문학으로 승화시킨 작가들도 있었는데 그 대표적 작가들로는 농민작가 김영과 허씨네 삼형제인 허충남, 허봉남, 허두남을 예로 들수 있다.

김영의 "딱곰과 그의 벗들", 허충남의 동화집 "거꾸로나라 여행기", 허봉남의 장편소설 "엄마 찾는 아이", 동화집 "거짓말나라 국경선", 허두남의 우화집 "불에 타죽은 여우"와 같은 작품은 시대의 장단과는 상관없이 동심의 맑은 하늘을 펼쳐보인 수작秀作이라는데서 특히 문학사적 의의가 크다. 그 외에 전복록 작가의 동화 "귀돌이와 세발가진 황소", 허호범작가의 "짐승들이 세운 기념비", 전춘식 작가의 "짝귀와 카카"와 같은 작품들도 홀시할 수 없는 작품으로 인정이 되어있다.

개혁개방의 시대에 들어서면서 조선족아동문학은 한 차례 격변기의 세례를 겪게 되었다. 쇄국정책이 풀리면서 한국을 통한 세계아동문학의 다양한 유파와 사조가 물 밀 듯 조선족문단에 쓸어들어 왔다. 좁은 울타리 안에서 대천세계에 직면한 조선족 아동문학가들은 분별없이 외래 작품들을 마구 답습하다보니 패러디, 모방, 도작이 난무하는 폐단을 초래하게 되었다. 그러나 김만석, 김현순 등 대바른 지성인들에 의하여 이러한 형국은 점차 정리되어 나갔다.

개혁개방이 심화되고 글로벌시대에 들어서면서 조선족아동문학은 점차 자아반성의 단계에 들어서면서 개성수립의 단계를 맞이하게 되었다.

틀에 맞춘 삶에서 자신의 이상과 도덕과 심미적 추구를 선호하면서 국제아동문학의 흐름에 합류하려는 노력이 돋보인 시대라고 할 수 있겠다.

이 시기의 대표적 작가들로는 한석윤, 김철호, 김현순, 리태학, 정문준, 최동일, 이영철, 신철국, 김미란 등을 들 수 있다. 이들은 새로운 의식과 표현기법으로 초탈의 경지를 구축하려고 알심을 들여왔다. 한석윤은 한국동시의 진면모를 연변에 맨 첨으로 소개하였으며 김현순은 동시의 다양화와 소년시 개척의 선두에서 열심히 뛰었다. 또한 리태학은 동물이야기를 소설로 끌어올렸고 정문준은 서정동화의 개척에 알심을 들였으며 이영철은 동화창작에서의 이야기흐름의 합리성에 대한 연구를, 최동일은 짓눌린 동심의 활성화에 모를 박았다. 신철국, 김미란은 재래식 소설과 동화에서의 재래식 구조적 특성에서 벗어나 개량아동문학에 대한 탐구로 정진하였다.

세월은 살같이 흘렀다. 새천년에 들어선 조선족문학은 새로운 형세 하에서 중국공산당의 핵심영도사상을 높이 받들면서 이른바 "홍색아동문학"을 흥기시키는 열조를 불러일으켰다. 사회의 밝은 면과 적극적인 인소를 골라 노래하고 공산당의 따사로운 정책을 구가하며 그 햇살아래 나타나는 영웅사적, 선진사적을 발굴하여 널리 홍보하는 것이었다.

이에 많은 사람들이 새롭게 필봉을 바꾸어 앞장 나섰는데 그들은 그 주류를 이루면서 아동문단을 리드해가고 있다. 그러나 그에 상응하지 않은 소수의 작가들은 세월의 장단과는 상관없이 순수문학에로의 탐구로 거듭나고 있다.

현재 중국 조선족아동문단에는 세 개의 단체가 있다. 연변작가협회 아동문학창위원회, 연변조선족아동문학연구회, 중국 조선족시몽문학회가 있는데, 시몽문학회는 2004년 3월 5일에 창립된 사단법인 아동문학학회와 시몽동인회의 합병체로서 복합상징시를 위주로 하면서 성인문학과 아동문학을 함께 아우르고 있는 단체이다. 그러나 시몽문학회는 한국과의 문화교류를 멀리 하라는 유관상급부문의 정신에 따르지 않는다는 이유로 2024년 7월 22일에 정부로부터 강제취체당하여, 그 단체명을 묵향문학회로 고쳐 문학활동을 이어가고 있다.

2. 아동문학의 다양화와 단일화의 경계선

조선족아동문학은 80년대 초엽까지는 이론의 참조가 크게 없이 자체발전을 거듭해왔다. 그러다가 연변대학 조선한국어 연구중심에 있는 김만석 교수에 의하여 "아동문학과 그 창작"이란 책자가 출간되면서부터 그것을 많이들 참조하게 되었다.

김만석 교수는 일찍 사천성에 있는 아동문학가 홍신도교수의 "동화학", 상해 절강사범대학 장풍교수의 "아동문학개론", 쏘련 쓰제반노와의 쏘베트아동문학, 일본 죠우쇼우이찌다로우 아동문학입문, 조선김대교과서 아동문학과 아동문학창작수업, 한국 이재철 교수의 아동문학개론, 한국아동문학사를 탐독, 학습한 적이 있다.

김만석 교수의 아동문학이론은 김철호, 김장혁 등 광범한 작가들에게 영향을 주면서 조선족아동문학을 근 40년간 리드해왔다.

하지만 조선족 아동문단에는 급변하는 글로벌시대의 발걸음과 심미적 취향에 초점을 맞추지 못한 점과 빗나간 이론의 혼란으로 하여 적잖은 문제들이 물의를 불러일으키고 있다.

아래 그 혼란스러운 문제들 가운데서 몇 가지만 조목식으로 나열해 보겠다.

1. 아동문학의 독자대상은 순수 어린이이다.
2. 소설에서의 서두는 환경묘사로 되어서는 안 된다.
3. 동화는 산문화된 아동문학작품이 아니라 과장과 환상에 의거한 판타지적인 것이어야만 하며 사물의 본질적 특성을 벗어나서는 안 된다. 이를 테면 배추는 땅에 뿌리를 박고 살기에 배추가 하늘로 날아다니거나 달아 다닌다고 해서는 안 된다.
4. 동시는 무조건 깜찍하고 귀엽고 기특하게만 써야 한다.

상기의 이런 극단적 폐단은 반드시 시급히 극복해야 할 것이다. 세월의 흐름에 따라 김현순을 비롯한 많은 시인, 작가들은 낙후한 조선족 기성아동문학이론의 병폐를 극복하며 새로운 차원에로의 노력을 아끼지 않고 있다.

3. 아동문학 작가대오와 아동문학의 생존환경

조선족아동문학작가대오는 극심한 노령화에 처해있다. 아마추어라 해도 40대에 두세 명, 50대에 두세 명일 뿐 기성작가는 거개가 60대 후반에서 80대에 머무르고 있다.

현재 조선족인구분포상황을 살펴보면 한국에 진출해있는 조선족이 120만 미만, 대련, 청도, 위해, 상해, 광주 등지에 산거해있는 인구가 40만 미만, 연변의 수부 연길시엔 인구 60만 가운데서 조선족은 10만도 안 되는 상황이다. 그리고 전 연변의 중소학생 수를 몽땅 합쳐도 3만이 안 된다.

더구나 이제 곧 대학입시에서 조선어과목을 폐지하게 되는 형국에서 조선어에 대한 활용은 풍전등화의 국면에 처해있다.

이러한 상황에서 조선족 아동문학가들에게 생존의 길은 두 갈래밖에 없다고 인식하고 있다.

첫째. 중국어공부를 잘하여 직접 중국문단에 진출하거나 자신이 쓴 작품을 중국어로 번역하여 중국의 주류문단에 진출하는 것이다.

둘째. 세종대왕님이 창제하신 우리 글 우리 문자로 창작하여 한반도로 진출하는 것이다.

4. 새로운 지평을 열며

조선족아동문학은 한민족아동문학의 분리할 수 없는 일부분이며 중국아동문학의 일부분이기도 하다. 중국특색이 있는 사회주의 대가정에서 중국몽, 부흥몽, 일대일로의 벅찬 흐름 속에서 민족의 정통성을 지켜 국제한민족아동문학 대동맥에로의 합류를 꾀하는 것은 조선족아동문학의 최종 분투목표라고 할 수 있다.

    시대는 발전하고 예술은 찬란한 문명을 맞이해오고 있다. 조선족아동문학의 밝은 미래를 기원하면서 이로써 조선족아동문학개황에 대한 일가견을 간추려본다. 기탄없는 지적이 따르기를 기대해본다.

아동문학의 독자대상과 장르 및 스토리의 경지에 대하여

들어가는 글

아동문학의 산생되어 오늘에 이르기까지 아동문학의 개념정립과 독자대상 및 장르 획분에 대한 논쟁과 시비는 줄곧 이어져 왔다. 하지만 최종적인 결론은 내려지지 못하고 있다. 의식형태 영역의 다양한 사상과 경지와 미학 통일은 상고시대 때부터 시도하여왔다.

일찍 중국의 진시황 영정은 도량형을 통일하면서 의식형태도 통일하여 군주집정의 편리를 도모하려고 하였다. 그리하여 공자, 로자, 한비자, 장자, 묵자, 순자…를 비롯한 제자백가들의 서책을 다 불살라버리고 유생들을 생매장해버리는 전대미문의 '분서갱유' 사화를 빚어내기도 하였다. 하지만 무한대로 전파되고 파생되어 나가는 사상과 사유의 봇물을 막아내지는 못 하였다.

유럽에서의 사유의 개방은 르네상스시기에 전성기를 맞이하면서부터 오늘의 글로벌시대를 열어가고 있다.

인류의 단순사유로부터 다선사유에로의 진화과정에 문학의 한 형태인 아동문학도 그 개념으로부터 독자대상 및 장르에 이르기까지의 변화와 발전을 거듭하면서 오늘에까지 이르게 되었다.

필자는 이 글에서 오늘날 쟁점 화제로 되고 있는 아동문학의 개념과 독자대상, 장르에 대한 일가견으로 아동문학에 대한 인식을 펼쳐보이고자 한다.

1. 아동문학의 산생

인류는 썩 오래전부터, 문명이 탄생하면서부터 어린애에 대한 중시가 사뭇 컸었다. 어린애는 장차 내일의 주인공이라는 점과 그에 대한 기대와 피타는 훈육(訓育)은 미덕으로 높이 칭송되어 왔다.

애들이 보챌 때면 다독이며 불러주었던 노래거나 옛말 따위들은 애들의 심성에 가상의 아름다운 세계를 구축해주었다. 그것이 꿈이 되고 희망이 되어, 애들은 커서 꿈의 실현을 위하여 분투하게 되는 것이었다. 그때 그 시절의 노래거나 옛말 따위들 가운데서 어린애들이 즐겨 듣는 옛말들의 전승이 초기상태의 아동문학을 산출시킨 모태(母胎)였다.

고전설화 "해와 달", "콩쥐 팥쥐", "바보 온달"과 같은 이야기는 한반도를 중심으로 한 한겨레 어린애들이 즐겨 듣는 서민들의 생활이야기였으며 "백설공주", "개구리 왕자"와 같은 설화들은 유럽 광범한 지역에서 어린애들이 즐겨 듣는 이야기는 귀족 중심의 이야기들이었다.

일본의 옛날이야기 "다케토리 모노가타리(竹取物語)", "모모타로(桃太郎)", "잇슨보시(一寸法師)"와 같은 설화들은 무협정신을 칭송하거나 귀족중심의 이야기로부터 점차 서민중심의 이야기로 변이되어 나갔다.

일본의 옛날이야기는 에도(江戶) 시대에 예로부터 구전되는 이야기들을 정리해 삽화와 함께 실은 '오토기조시(御伽草子)'에서 유래된 것이 많다. 이전의 이야기들은 귀족이 중심이었다면 '오토기조시'에서는 동물이나 서민이 주인공인 작품이 많은 것이 특징이다.

이 시기 각 나라 지역마다에서 어린애들에게 알맞은 이야기들이 산재적(散在的)으로 유전되고 있었다.

그러다가 17세기에 프랑스의 베러가 첫 번째로 민간이야기를 개작하여 "엄마의 이야기"라는 동화집을 출간하였으며 독일의 그림(Grimm) 형제가 민간에서 유전되던 어린애들에게 적합한 이야기들을 모아 1812년에 156편으로 된 초판 "어린이와 가정의 동화"를 출간하였다. 그것이 발단으로 되어, 동화라는 문학은 세상에 처음으로 독립적인 개념으로 모습을 드러내게 되었다. 그러나 그것은 어디까지나 전래동화였다.

유럽에서의 창작동화의 시조는 덴마크의 안데르쎈((1805~1875)이라고 말할 수 있으며 대표작으로는 "그림 없는 그림책", "인어공주", "성냥 파는 소녀애" 등을 들 수 있다.

중국의 경우 일찍 도가의 장자가 쓴 "장자"에서도 어린이들에게 교훈적 이야기를 담은 흔적을 보이였으며 청나라 때 오승은이 쓴 "서유기"에서도 농후한 색채가 다분하였다. 중국현대동화는 중국현대동화의 시조로 불린 손류수(孫毓修1871~1922)가 1909년에 상해상무인서관 국문판 "동화"잡지 주필로 있으면서 개작한 "천묘국(天猫國)"을 "동화"잡지에 발표하면서부터였다. "천묘국(天猫國)"은 유럽동화 "태서오십궤사(泰西五十軼事)"에 기초하여 묶은 것이었지만 중국현대동화의 탄생을 상징하고 있었다. 일찍 중국 저명한 작가 모순, 장천익, 조경심, 진백추 등은 손류수를 중국동화의 시조할아버지라고 높이 우러르고 있었다. 중국현대동화는 1923년 엽성도의 "허수아비(稻草人)"가 발표되면서부터 본격적인 창작동화의 길을 걷게 되었다고 로신은 말하였다. 1932년엔 장천익의 장편동화 "대림과 소림", 1958년엔 김진이 창작한 "잉어가 용문을 뛰여넘다"가 선후로 발표되면서 중국동화는 전성기를 맞이하였다.

　일본은 에도(江戶) 시대에 예로부터 구전되는 이야기들을 정리해 삽화와 함께 실은 '오토기조시(御伽草子)'에서 유래된 것이 많았지만 후기에는 유럽의 그림형제동화, 안데르쎈동화, 와일드동화를 번안하면서부터 본격 "동화"라는 이름을 사용하게 되었다.

　조선반도에서 동화문학이 기본 형태를 갖추기는 마해송이 1923년에 "샛별"잡지에, 또 1926년에 "어린이" 잡지에 "바위나리와 아기별"을 발표하면서부터라고 볼 수 있다. 그 후기엔 방정환, 이원수 등 많은 작가들에 의해 한민족 동화도 "동화"라는 이름으로 창작전성기를 맞이하게 되었다.

2. 아동문학의 개념과 독자대상

　아동문학의 초기형태가 어린애들에게 적합한 문학이라는 의미에서 아동문학의 개념정립은 "어린이"라는 데 역점을 두게 되었다. 그렇게 고착되면서 흘러온 것이 국제적으로 2백 년, 아시아지역에선 백 년 세월이 흘렀다.

　아동문학에 대한 사전식 해석을 살펴보면 다음과 같다.

[국어사전]
　어린이를 대상으로 그들의 교육과 정서를 위하여 창작한 문학. 동요, 동시, 동화, 아동극 따위이다. 또는 어린이가 지은 문학 작품.

[한자어사전]
　어린이 교육(敎育)과 정서(情緒) 도약을 목적(目的)으로 하는 문학(文學). 동요(童謠), 동시, 동화(童話), 우화, 어린이 소설(小說), 어린

이극의 각본(脚本) 따위.

[빠이두(百度)사전]
어린이를 전문 상대로 창작된, 아동들에게 읽기 적합한 독특한 예술성과 풍부한 가치가 있는 각종 문학작품의 총칭이다.

그 외에도 독일, 프랑스, 영구, 네델란드, 스웨덴, 러시아 등 많은 나라와 민족마다 자기식 나름대로의 사전식 정립을 굳혀오고 있지만 그 핵심은 어린이를 전문상대로 지어진 문학이라는 데 초점이 모아져있었다. 따라서 아동문학의 독자대상도 어린이들이라는 것이다.
그런데 오랜 세월을 흘러오면서 점차 이런 이론정립에 반발하는 무리들이 생겨나면서 아동문학의 개념 정립은 다시 개조를 운운하기 시작하였다. 그 운운의 핵심을 모아보면 다음과 같았다.

ㄱ. 아동문학은 어린이를 전문상대로 한다면 어른들은 왜 아동문학작품을 보는가?
ㄴ. 아동들이 읽는 글이 아동문학작품이라면 어린이들이 읽는 성인작품은 무엇인가?

이런 문제에 관심을 가지기엔 이제 겨우 반세기정도 채 안 된다. 하지만 아동문학개념 정립이 담고 있는 경향성문제는 문학계와 학술계에 큰 물의를 불러일으켰다. 하지만 초기엔 정립된 어린이들만을 위하고 어린이들만 보는 문학이라는 관념이 우세를 점하면서 오늘날까지 아동문학은 여전히 그 맥을 이어오고 있었다.
중국 조선족아동문학은 재래의 사전식 이론정립을 깃발로 삼고 조선족아동문학작가와 작품의 흐름새를 피력하면서 조선족아동문학의 진영을 구축해왔는바 중국과도 한반도와도 유럽과도 일본과도 다른 소위 조선족특색이 있는 아동문학만을 고집하였다. 그 고집의 근본이 되는 점이란 장르 획분에서의 차이점일 뿐 아동문학이라는 개념정립에는 사진식 그대로의 답습이었다.

그러나 오늘날 조선족아동무학진영에도 아동문학의 개념정립으로부터 장르 획분에까지 질의가 일어나면서 사전식 이론에 대한 개량의 필요가 쟁점으로 부상되고 있다.

상기의 문제를 해결점은 어디서 어떻게 찾아야 할 것인가?

우선 성인문학과 아동문학에 대한 인식부터 정확히 가져볼 필요가 있다.

성인문학이란 딱 성인만 보는 것이 아니라 어린이들도 볼 때가 있는데 그것은 어린이들에게도 가끔씩 성인다운 일면이 있기 때문이다. 때문에 어린이들의 마음연령은 육체연령보다 훨씬 키가 커 있다고 말한다.

그러므로 이런 결론도 도출하게 되는 것이다.

"성인문학은 무릇 성인다운 마음에 살고 있는 사람들에게 알맞게 창작된 예술성 높은 모든 문학작품이다."

반면에 아동문학작품 역시 이런 결론을 도출해낼 수 있게 된다.

"아동문학은 무릇 어린이다운 마음에 살고 있는 사람들에게 알맞게 창작된 예술성 높은 모든 문학작품이다."

여기에서 유의할 점은 어린이다운 마음이라는 구절이다. 어린이다운 마음이란 바로 동심(童心)이라는 뜻이다.

허구한 세월을 세상은 "동심"이란 바로 어린이의 마음이라고만 인정해왔다. 그러나 인류정감의 발전법칙의 차원으로부터 동심이란 어른들에게도 존재하는 것이라는 것에 일치를 가져오면서 동심이란 더는 어린이의 마음뿐이 아닌, 어린이다운 마음이라는 결론으로 낙인찍게 되었다. 그럼에도 불구하고 여러 사전식 해석은 개정되지 않고 있는 상황이었다.

이러한 폐단이 교조적으로 학술계와 문학도들에게 혼란을 조성하여 국제 아동문단에 혼돈의 그림자를 던져주기도 하였다.

하지만 작가와 학자의 사명은 그 시대에 물젖어 살면서도 밝음을 향하여 시대를 끌고 가는 선각사임에 틀림없다고 해야 할 것이다.

영국의 동화작가 조앤.K.롤링은 기성관념의 벽을 무너뜨리고 "해리포터"라는 작품을 써내어 마환동화의 경전으로 빛발 쳤으며 영국의 소설가 톨킨이 쓴 판타지동화 "반지의 제왕"은 "해리포터"와 쌍벽을 이루면서 세계전역에 돌풍을 불러일으켰다.

일본의 낭만화가 도산명(鸟山明)의 격투(格鬪)동화 《용구슬(七龍珠)》과 수총지충(手冢治虫1928.11.3.-1989.2.9.)의 《테비아퉁무(铁臂阿童木-1955.4.5)》는 당시 세계 1위의 베스트셀러가 되었고 미국의 동화작가 한나·마버라가 쓴 《미키와 오리의 모험기》 역시 세계 1위의 베스트셀러가 되었다.

이러한 작품들은 모두가 사전식 아동문학의 개념정립의 한계를 벗어나 실재의 모범을 보이고 있는 작품들이었다.

낡은 이론의 한계를 벗어나 시대의 발전에 걸맞은 아동문학, 그것이 열린 글로벌시대에 알맞은 예술의 경지임을 인식해야 할 것이다.

3. 아동문학의 장르 획분

《한국현대문학대사전》(2004. 2. 25., 권영민)에는 이렇게 밝히고 있다.

"문학의 장르(genre)는 문학의 사회 문화적 또는 역사적 실체로 등장하는 여러 가지 작은 갈래의 문학 형태를 말한다. 문학에서 서정적 양식, 서사적 양식, 극적 양식 등은 각각 시대와 여러 문화에 걸쳐 가장 보편적이며 지속적인 속성을 드러낸다. 이들 문학 양식은 여러 가지 다양한 하위의 역사적 장르로 형상화되어 특정한 언어를 기반으로 문학사에 등장하게 된다. 문학의 장르는 그 소재와 형식의 구성 방법에 따라 각각의 특징이 규정된다. 이것은 고정 불변하는 것이 아니라 시대적으로 변화하며, 공간적으로 특정의 지역이나 민족에 따라 그 형태나 구조가 달라지기도 한다."

문학의 하위개념으로서 장르 획분은 대체적으로 유사한 경향을 가진 작품들을 분류하여 명명하는 것일 뿐이다. 여기서 명기해야 할 점은 장르 획분은 이론탐구와 창작의 참조를 도모하기 위하여 그 존재가치가 있을 뿐이라는 것이다.

낮과 밤의 계선이 엄연히 분명하지 않듯이 장르 획분에 딱 분명히, 면도칼로 자르듯, 이렇게 하면 소설이요, 저렇게 하면 안 되오 하는 식의 설법은 존재하지 않는다.

자고로 장르란 시대적발전과 창작의 편의를 위하여 파생되거나 실족되는 경우를 거듭하였다. 일찍 문학의 원초장르는 가요에서 비롯되었고, 거기에서 시가 파생되었으며 또 그로부터 백화문이 산출되었다.

아동문학도 초기에는 민가에선 널리 유전되던 가요나 이야기들 가운데서 아이들에게만 걸맞은 것들로 수집, 정리하여 그것을 아동문학이라고 명명하게 되었다. 따라서 그 독자대상도 소년아동이라고 역점 찍게 되었다. 그러나 점차 시대의 흐름과 예술발전과 광범한 독자들의 감수성의 발전에 따라 아동문학은 더는 아동들만 위하는 문학이 아니라 동심에 살고 있는 모든 사람들을 위한 문학이라는데 초점이 모아지게 되었다.

그에 따라 장르 획분도 변화를 가져오게 되었다.

아동문학의 초기 장르는 성인문학의 시, 소설, 극의 3대 장르 획분법에 따라 동시, 동화, 동극으로 나뉘게 되었다. 여기에서 아동소설은 어린이들이 읽는 이야기라는 뜻에서 동화에 귀속시켰다.

말 그대로, 어린이들이 읽는 시는 동시, 어린이들이 읽는 산문화된 이야기는 동화, 어린이들이 읽는 극은 동극이었다.

여기에서 주의할 점은 동화는 어린이들이 읽는 산문화된 글이라는 광의적 의미라는 것이다. 동화에는 소설, 이야기, 우화, 수필…

등 많은 부문이 포함되었다. 훗날 거기에서 소설, 우화, 이야기, 수필이 독립되기도 하고 그냥 그대로 통틀어 동화라고 불려 지기도 하였다.

한국, 일본, 유럽 등 나라들에서는 광의적 의미에서의 동화를 그대로 사용하고 있으며 개별적으로 세분하여 소설, 이야기, 우화… 등으로 사용하기도 한다. 그러나 중국과 조선에서는 아동소설, 동화, 이야기, 우화… 등으로 무조건 세분하여 명명한다. 그런데 유개념으로서의 동화를 중국과 조선에서는 종개념으로 사용하면서 환상과 과장을 통한 동심의 이야기만을 동화라고 명명하여 국제적 물의를 불러일으키고 있다.

중국 조선족아동문학도 중국식 장르 획분법을 무조건 그대로 따라 하고 있다.

이는 어찌 봐도 타당하지 못 한 것이라고 본다.

이를테면 사람이라고 하면 흑인, 백인, 갈색인, 황색인이 있고 남자, 여자, 어린이, 어른이 있기 마련인데, 거기에서 황색인종만 사람이고 그담 인류는 다른 이름으로 명명해야 한다는 억지와 마찬가지 이치가 되는 것이다.

시대의 발전에 따라 장르 획분과 그 명명도 달라질 수는 있지만 유개념과 종개념의 구별을 혼동하지는 말아야 한다.

4. 작품에 체현되는 등장인물과 스토리의 경지

산문의 경우 작품의 경지는 등장인물을 토한 스토리의 전개를 통하여 이룩된다. 때문에 한편의 소설이든 동화든 등장인물의 설정과 스토리흐름은 사뭇 관건적인 요소가 된다. 이런 이치는 문학에 내공 있는 작가라면 거개가 무난히 해결해나가는 기본공으로서 더 거론할 필요가 없겠지만, 분명 작품은 되었음에도 이를 두고 문단의 쟁명은 그침이 없다.

 그렇게 되는 원인을 파헤쳐보면 작가의 미학관과 세계관과 지식관에 그 답안이 있음을 어렵지 않게 찾아낼 수 있다.

 세상에 대한 작자의 인지도(認知度)는 작품이 체현하는 경지의 여하를 결정짓는다. 자고로 세상에 대한 작자의 태도는 나라와 지역과 민족에 따라 각이한 경향을 보이고 있다.

 동화를 사례로 살펴보기로 한다.

 일본 동화의 경우, 어려서부터 남에게 지지 말고 강하게 살아야 한다는 이념의 지배하에 거개의 작품들은 무용(武勇)을 뽐내는 내용들로 충만되어 있다.

 일본 동화 "모모타로(桃太郎)"의 스토리 경개는 다음과 같다.

 한 할머니가 빨래를 하다가 강에서 떠내려 온 커다란 복숭아를 건져 반으로 잘랐더니 귀여운 남자아이가 들어있었다. 노부부의 사랑을 받으며 씩씩하게 자란 모모타로는 도깨비(鬼)가 사람들을 괴롭힌다는 말을 듣고 할머니가 만들어 주신 수수경단을 가지고 도깨비를 물리치기 위한 여행을 떠난다.

 도중에 개, 원숭이, 꿩을 만난 모모타로는 수수경단을 주며 부하로 삼았고 도깨비가 사는 마을에 도착해 부하들과 함께 그들을 물리친다. 모모타로는 도깨비가 약탈해 간 보물을 가지고 돌아와 할머니, 할아버지와 행복하게 살았다.

 또 한 편 살펴보기로 하자.

 동화 "잇슨보시(一寸法師)"의 경개는 다음과 같다.

 아이가 없는 부부가 신에게 기도한 뒤 아들을 낳았는데 키가 1촌(一寸. 약 3cm) 밖에 되지 않았고 몇 년이 지나도 자라지 않아 잇슨보시라고 불리게 되었다. 어느 날 잇슨보시는 부모님의 반대에도 불구하고 무사가 되기 위해 수도인 교토(京都)에 가기로 결심한다.

잇슨보시는 지푸라기로 만든 칼집에 칼 대신 바늘을 넣은 다음 밥그릇 배를 타고 강을 따라 여행을 떠났다. 이윽고 교토에 도착해 한 대갓집에서 일하게 된 잇슨보시는 그 집의 아가씨와 신사에 참배하러 가다 도깨비의 습격을 받았는데 그만 도깨비가 잇슨보시를 삼켜버리고 말았다. 뱃속에 들어간 잇슨보시는 바늘로 살을 찔렀고 너무나 아팠던 도깨비는 잇슨보시를 토해내고 산으로 도망쳤다. 잇슨보시는 도깨비가 두고 간 요술 방망이를 써서 6척(182cm)의 훌륭한 젊은이가 되었고 아가씨와 결혼한 뒤 행복하게 살았다고 한다.

이외에도 세계 전역에 돌풍을 불러일으킨 도산명(鸟山明)의 격투동화 《용구슬(七龍珠)》과 수총지충(手冢治虫, 1928.11.3.-1989. 2. 9.)의 《테비아퉁무(铁臂阿童木, 1955. 4. 5.)》를 비롯한 많은 동화들은 치고받고 죽이고 하는 처절한 싸움 장면을 적나라하게 보여주는 것으로 특징지어진다.

한반도 동화의 경우, 한반도 최초의 동화작품 마해송(본명 상규, 1905년~1966년)의 "바위나리와 아기별"을 살펴보기로 하자.

남쪽나라 바닷가에 바위나리라는 빨강꽃, 파랑꽃, 노랑꽃, 흰꽃 등 영롱한 오색 꽃이 피어난다. 바위나리는 나무도 새도 풀도 없는 쓸쓸한 바닷가에서 "세상에 제일 가는/어여쁜 꽃은/그 어느 나라의 무슨 꽃일까/먼 남쪽 바닷가/감장돌 앞에/오색 꽃 피어 있는/바위나리지요"라는 노래를 날마다 부르고 울기도 하며 애타게 동무를 부른다.

그러던 어느 날, 밤이면 남쪽 하늘에 맨 먼저 뜨는 아기별이 그 울음소리를 듣고 별나라 임금님께 다녀오겠다는 말도 하지 않고 바위나리를 찾아 내려온다. 어느덧 바위나리와 아기별은 정이 든다.

잠깐 동안만 달래주고 돌아가려던 아기별도 바위나리가 아름답고 귀여워 이야기도 하고, 달음박질도 하고, 노래도 부르고, 숨바꼭질도 하면서 밤 가는 줄도 모르고 놀다가 새벽이 되어 하늘 문이 닫히기 전에 하늘나라로 돌아가지만 밤이 되면 또 바닷가로 내려온다.

그러던 어느 날, 바위나리는 병이 들고 아기별은 밤새 바위나리를 간호하다 그만 하늘에 올라가는 시간을 놓쳐버린다. 하늘의 임금님은 밤마다 아기별이 나갔다 오는 것을 알고 외출 금지령을 내린다.

기다림에 지친 바위나리는 마침내 모진 바람에 바다로 휩쓸려 들어가고 밤마다 울던 아기별은 하늘에서 쫓겨나 지상으로 떨어진다. 그런데 참 이상하게도 아기별이 풍덩실 빠져 들어간 곳은, 오색꽃 바위나리가 바람에 날려 들어간 바로 그 위의 바다였다. 지금도 물이 깊으면 깊을수록 환하게 밝게 보이는 것은 한때 빛을 잃었던 아기별이 다시 빛나기 때문이다.

이 작품은 환상적 탐미성(眈美性)이 강한 작품으로 순정적인 내용의 양식을 보여 주는 것으로 특징지어진다.

이외에도 한반도의 아동문학은 남, 북을 통틀어 아름답고 선량하고 착한 심성으로 자라야 한다는 사상으로 관통되어있는 것이 특색이다. 그런데 그런 특성이 지나치게 팽창하면 작중인물을 몽땅 동곽선생과 같은 나약한 존재로 전락시키는 경향에로 전락하게 되는 결함도 잠재하고 있음은 짚고 넘어가야 할 것이다.

중국 동화의 경우, 중국 최초의 창작동화작품을 쓴 엽성도(葉聖陶, 1894~1988)의 "허수아비"를 살펴보기로 하자.

엽성도는 서양 아동문학의 전형적인 틀을 벗어 버리기로 결심하고 어린이에 초점을 맞추어 동화를 쓰면서 아이들의 깨끗하고 맑은 심성, 순진하고 따뜻한 내면 풍경을 다룬 이야기들로 창작활동을 펼쳐왔다. 동화 "허수아비"의 경개는 다음과 같았다.

들판에 서 있는 허수아비는 가족을 잃고 해충 탓에 농사를 망쳐버린 할머니, 병든 아이를 눕혀둔 채 한밤중 고기잡이에 나선 어부,

도박 빚에 팔려갈 위기에 놓인 여자 등 허수아비가 목격하고 있지만 논밭에 박혀 움직일 수 없기에 눈뜨고 보기 괴로운 상황 앞에서 괴로워한다.

엽성도 이후 장천익(張天翼)의 장편동화 "대림과 소림", "보물 호리병"을 비롯한 많은 동화작품들은 집단의 지혜와 힘을 칭송하는 경향에로 리얼릭한 현실제재를 토대로 환상과 과장을 펼쳐 보이는 것으로 특징지어진다.

이와 같이 시대적으로 나라와 민족에 따라, 또 작가의 인지관(認知觀)의 구별에 따라 작품에서 노리는 등장인물과 스토리의 흐름이 판정 나게 되는 것이다.

위에서도 언급했다 싶이 작가의 미학관과 세계관과 지식관은 각이하며 그로 인해 그려지는 작품의 경지도 각기 부동할 수밖에 없게 된다.

중국 조선족아동문학은 중국의 한족아동문학과 더불어 그 영향을 직접 받으면서 한시기 군단적(群團的) 발전을 하여왔다. 그리하여 등장인물 설정과 스토리 구성에서도 일정한 틀을 만들어 그것으로 작품을 예속하는 경향도 뿌리 깊게 내리고 있다.

이를테면 승냥이, 여우, 뱀 같은 것은 사악한 것 대신에 토끼, 사슴, 노루 같은 선량한 것을 등장시키는 것과 같은 것이다. 스토리 경개도 권선징악, 선과보응의 기성관념에 따라 스토리를 깎아 맞추어야 하는 것과 같은 것이었다.

그러나 아동문학의 본격 발상지인 유럽 여러 나라들에서는 상기의 관습을 의식하지 않고 자유분방한 스토리의 전개를 무랍 없이 펼치면서 등장인물의 자유로운 선택과 변이를 서슴없이 진행하여 오고 있다.

때문에 유럽의 아동문학은 아시아 아동문학보다 거개가 활발하고 파격적이며 생기발랄한 특점을 듬뿍 지니고 있는 것도 승인하지 않을 수 없는 사실이다.

나가는 글

 오늘날 아동문학은 글로벌시대 열린 아동문학이다. 한 개 지역에만 국한되어 지역성 특징만 고집할 때가 아니다. 드넓은 우주공간에서 지구촌이라는 이 울타리를 벗어나 가상공간이라는 이차원(異次元)의 세계를 넘나들면서 꿈으로 아롱진 동심세계를 활짝 꽃펴나가야 할 사명이 아동문학가들에게 주어지고 있다.
 모든 동심에 살고 있는 세상 사람들에게 황홀하면서도 아름답고 숭고한 자극을 창출해 내어 우리 사는 이 세상을 동심으로 빛나는 삶의 낙원으로 꾸려가는 것이 아동문학가들의 꿈이고 희망이다.
 이제 그 꿈과 희망을 아동문학이라는 이 장르에 담아 명멸하는 우주의 대문을 활짝 열고 박차를 가할 일이다.

동시의 본질과 그 창작에서의 표현의 갈래

　동시는 우선 시로 되어야 한다는 상식쯤은 시 쓰는 사람치고 모를리 없을 듯 하지만 진정 시의 내함을 모르고 쓰는 사람 또한 적지 않다. 시의 본질도 모르고 씌어진 시는 진정한 시로, 예술로 거듭나기 어렵다. 그러므로 본고에서는 동시의 본질을 피력하기에 앞서 시의 본질부터 꼬집어보기로 한다.
　시에 대한 정의와 인식은 자고로 쟁론이 그치지 않았고 통합을 이루어 본적이 없었다. 하지만 대체로 시란 현실을 토대로 마음에 비낀 정신적 경지를 가시화 된 영상(影像)이거나 이념 또는 소리로 변형시켜 리듬과 서정의 결합으로 귀결시키는 고난도의 예술임을 종합해 볼 수 있다.
　이 와중에 표현기법의 다양화에 따라 수많은 갈래가 형성되는데 어찌 됐든, 시는 현실을 복사하여 그대로 적나라 하게 보여주는, 직설적인, 원시적 표현이 아님을 우리는 알아야 한다.

보기①

봄이 오니 따스하고
가을 오니 서늘하구나

이와 같은 표현은 시적 표현이라고 말할수 없다. 그냥 말 그대로 생활용어이기 때문이다. 하지만 아래와 같이 표현하면 시적 표현이라고 할 수 있는 것이다.

보기②
봄이 오니 따스함 둥지 틀고
가올 오니 서늘함 옷깃 가리네

보기②가 시로 될수 있는 것은 표현 속에 환상의 색채가 깃들어 있기 때문이다. 환상은 환각의 기인(起因)을 토대로 하거나 동반하는데 환각은 변형을 필수로 한다. 이는 변태(變態)를 꿈꾸고 갈구하는 인간 본연의 속성에도 부합된다. 이러한 인소들이 인간의 정서활동을 촉구해 가는 것이다.

인간에게 있어서 가장 복잡다단하고 아름답고 심오한 경지는 그 사람의 영혼의 깊이에 잠재되어 있다. 인간은 잠자는 그것을 발견하고 깨워서 세상과 공유해야 하는데, 그것의 보다 충분한 표현을 실천해 갈수록 원시적인 직설과는 담을 쌓아야 한다.

육안(肉眼)에 보이는 모든 것은 실상이지만 실상 아닐 수도 있음에, 인간은 가상현실에서 오히려 실상의 진한 감동을 만끽하게 되는 체험을 수없이 겪게 된다.

시는 바로 이러한 인간 영혼 심처에 꽃펴나는 아름다운 경지를 필봉으로 그려내어 현실과의 교감을 이룩해내는 신성한 예술의 극치인 것이다.

인간의 경지 여하(如何)에 따라 그 시의 함금량(含金量)이 결정되며 그것에 대한 표현기법에 따라 그 시의 가치가 낙착점을 찾는 것이다.

시의 함금량(含金量)은 화자의 창작자세가 결정적인 요인으로 된다.

화자의 마음에 비친 상관물의 형태는 화자의 정서와 삶의 자세와 정비례 된다.

오스트리아 정신병리학자 지그문트 프로이트는 《꿈의 해석》이라는 저서에서 성(性)에 집착 하는 여자는 삐죽 나온 나무 등걸을 보고도 남자의 성기를 떠올린다고 하였으며 중국 제자백가의 한사람인 순자는 《권학편》에서 "푸른빛은 쪽에서 나온 것"이라고 말한 적이 있다.

시를 포함한 모든 예술분야에서 화자의 정서거나 삶의 자세는 그 사람 환각의 성질을 결정하며 그로 인한 환상과 상상을 야기 시킨다. 때문에 시인은 자신 삶의 자세정립과 정서의 팽창에 무진 애를 쓸 필수를 인지하여야 한다. 이것이 시 쓰기 전에 갖추어야 할 기본 자세라고 말할 수 있다.

동시창작에서도 상술한 요소들을 결정적 요인으로 간주하여야 함은 더 운운할 필요도 없을 줄 안다.

동시는 모든 동심에 사는 사람들이 즐겨 읽을 수 있는 시를 말한다. 여기서 핵심은 동심이라는데 역점 찍지 않을 수 없다. 그럼 동심이란 어떤 것일까?

동심은 어린이들의 마음을 뜻하는 것이 아니라 어린이다운 마음을 뜻한다. 어른의 가슴 속에 동심이 사품 칠 수도 있으며 어린이들의 마음 자체가 동심이 되는 경우도 있다.

동심의 양상(樣相)은 환상과 과장과 유치함, 오락, 기발함, 해학, 유머, 어리광이 한데 조화를 이룬 심리활동으로 표현되는데 그것의 표현은 능동적 가시화된 소리와 이념(理念)과 영상(影像)으로 실현

된다. 하기에 동시는 문자로 그려내는 그림이며 음악이라고 말하게 되는 것이다.

　위에서도 언급했듯이 화자의 경지는 곧바로 작품의 함금량(含金量)을 결정하며 함금량의 가치는 표현기교에 정비례한다고 필자는 주장하고 있다. 또 화자의 경지는 그 사람 삶의 자세와도 정비례 된다고도 언급했다. 즉 인간이 개한테 미치면 모든 소리가 개소리처럼 들리고 꽃에 반해 있다면 모든 것이 향기롭게 느껴지는 것과 같은 것이다.

　보기:

　아기바람에
　날려 온
　서너 송이

　팔랑팔랑
　춤추며
　어깨에 앉는다
　나뭇가지에 내린다
　옳지, 그래
　손에 하나 꼭 잡았다!

　살짝 펴보니
　눈물 한방울

　아차,
　몹시 아프게
　쥐였나 보다

―김철호 "첫눈" 전문

　이 시에서는 눈 내리는 날 겨울 꿈밭을 뛰놀면서 나비처럼 춤추는 눈꽃을 잡을 내기 하는 어린이들의 풍요로운 삶의 단면을 화폭으로 펼쳐 보인 것이라고 말할 수 있다. 시는 단지 이 정도에 머물러도 되는 것이라고 봐야 할 것이다. 하지만 시인은 눈이 녹아 물이 되는 것을 너무 꽉 쥐였기에 눈이 아파서 흘린 눈물이라는 환각에 빠져든다. 이러한 환각은 어디로부터 오는 것일까. 바로 티없이 깨끗하고 맑은 시인의 사랑의 마음에서 비롯되는 것이다.
　여기에서 꼭 집고 넘어갈 것은, 동시창작에서 화자의 이런 마음자세와 정서활동은 반드시 동심의 범주에서 이룩되어야 한다는 것이다. 만약 동심의 범주를 벗어나 성인다운 시각으로 다룬다면 그건 동시가 아닌 성인시로 될 것이기 때문이다.
　또 하나, 화자의 이런 정서활동과 삶의 자세는 동시창작에서 반드시 적극적인 방면으로 전개되어야 한다는 것이다. 즉 동심의 긍정적이고 적극적인 일면을 틀어쥐고 표현기교를 부려야 건전한 예술로 거듭날 수 있다는 말이 되겠다.
　가령 갑돌이라는 애가 을남이라는 애에게 구박 당했다고 치자. 그 때 갑돌이는 칼로 을남이를 칵 찔러 죽였으면 좋겠다는 생각을 했다. 이런 동심은 절대 긍정적인 동심이라고 할 수 없으므로 이것을 시로 전개해서는 건전한 예술이 될수 없다는 말과 같은 이치이다.
　위에서 동시의 본질이 구경 무엇인가를 대체적으로 꼬집어 봤다. 이제 아래엔 표현기법에 따르는 동시창작의 갈래에 대해 피력해 보려 한다.

　1. 사물의 표상이나 속성에 대란 리해를 목적으로 하는 동시

이 부류의 동시는 유년단계 학령전 어린이들을 상대로 하는 경우가 많은 비중을 차지한다. 아직 세상에 대한 이해가 모호하며 인지되는 사물의 종류와 범위가 협소하기에, 감지 할수 있는 모든 것에 대한 신비와 궁금중 해소에 대한 갈망이 충만 되어 있다.

유치함과 어리광, 해학, 유머를 통한 세상에 대한 관조와 간단한 기초인식이 주목적으로 되는 단계이기에 이 부류의 동시는 간결하고, 리듬감이 넘치며 시어 또한 이해에 쉬운 표현으로 대체하게 된다.

보기:

흑염소는 눈이 까맣다
흑염소는 코가 까맣다
흑염소는 입도 까맣고
흑명소는 귀도 까맣다

까만 염소 흑염소
매해 매해 흑염소
흑염소는 까매서
똥도 까맣다

-문삼석 "흑염소" 전문

이 시에서는 흑염소가 까맣다는 특점을 딱 틀어줘고 썼기에 이미지가 한눈에 확 안겨온다. 하지만 시인은 이 시에서 "흑염소는 까매서 똥도 까맣다"라는 상징적 표현을 함으로 하여 밝고 맑은 심성이 바른 세상을 이룩할 수 있다는 이념을 용해시켜 보여주고 있는 것이다.

첫연의 시적 구조를 따져 보면 "흑염소"와 "까맣다"를 행마다 반복하면서 흑염소의 까만 표상(表象)을 강조하고 있으며 둘째 연에서도 "흑염소"라는 시어를 육속 반복하면서 "흑염소는 까매서 똥도 까맣다"는 이념적 속성을 암시하여 준다.

그런데 이 시에서 "흑염소"와 "까맣다" 라는 시어가 그렇듯 빈번하게 반복되였음에도 따분한 감을 느끼지 않는 것은 전반 시에 흐르는 율동적인 운율의 리듬감이 흥거운 음악적 효과를 자아내기 때문이라고 봐야 할 것이다.

이로부터 알 수 있는바 이런 류형의 동시는 반복, 열거 등 기법을 동반한 음악적 리듬감 살리기에 공력 들여야 함을 알 수 있다.

2. 이념 풀이식 동시

이 부류의 동시는 세상에 대한 심미적인식과 세계관이 점차 형성되기 시작하는 어린이들에게 삶의 도리내지 자세를 가르치는 것을 목적으로 하는 것이 기본이다. 또한 심미적 추구도 어느 정도 심어주는 것으로 특색지어 진다.

보기:

이슬은
밤새워 풀잎을 닦는다
그리하여 아침은
마알갛게 떠오른다

바람은
밤새워 창문을 닦는다

그리하여 아침은
새 빛이 솟는다

해님은
밤새워 구름을 닦는다
그리하여 아침은
새 힘이 넘친다

ㅡ박종현 "아침을 위하여" 전문

 이 시는 아침을 위하여 기울이는 이슬과 바람과 해님의 수고스러운 정성의 노력을 찬미하고 있다. 맑고 싱싱하고 힘이 넘치는 아침은 그저 저절로 찾아오는 것이 아니라는 것, 즉 세상일은 그저 쉽게 이룩되지 않는다는 도리를 시속 화폭에 깔아둔, 무게 있는 시라고 볼수 있다.
 이 시에서는 이슬과 바람과 해님이라는 세개의 상관물을 틀어쥐고 그것들의 움직임을 인격화 하여 아침을 맞이하는 경상을 능동적 가시화로 보여주고 있는 것이다. "닦는다", "떠오른다", "솟는다", "넘친다"라는 가시화된 표현은 생기 넘치는 아침의 탄생을 위한 서두름의 정도를 강력화(强化)시켜 주는데 퍽 유조한 것으로 된다.

3. 생활단면들의 조합 동시

 이 부류의 동시들은 세상에 대한 인지도(認知度)가 높아가면서 점차 삶에 대한 집착과 열애, 끈질긴 추구로 아름다운 세상과 인생을 갈구하는 것으로 특색지어 진다.
 이 단계의 동심을 가진 독자들은 복잡다단한 세상의 조리와 부조리와는 상관없이 한없이 아름답기만 한 세상에 대한 갈망과 촉구로 마음의 세계를 화려하게 장식한다. 이러하기에 가령 어려운 삶의 매 순간마저도 아름다운 시각으로 내다보려고 애쓰는 흔적이 엿보이고 있다.

보기:

밤과 낮이 바뀌인 갓난아기도
대낮인데 잚에 곯아 콜콜 코올콜
밤대거리 마치신 아기 아빠도
대낮인데 잠에 빠져 쿨쿨 쿠울쿨
코올콜 쿠울쿨 대낮 음악회
청중이란 뜨개질에 무척 바쁘신
살뜰한 우리 엄마 한명 뿐이다

밤과 낮이 바뀌인 갓난아기도
앵두입을 다시면서 콜콜 코올콜
밤대거리 마치신 아기 아빠도
야간작업 그려 보며 쿨쿨 쿠울쿨
코올콜 쿠울쿨 대낮 음악회
청중이란 뜨개질에 무철 바쁘신
살뜰한 우리 엄마 한명 뿐이다

－김득만 "대낮 음악회" 전문

이 시에서는 밤대거리 하는 아빠와 어린 아기가 잠든 새에 아기에게 고까옷 입히려고 엄마가 손수 뜨개질 하며 어려운 삶의 질고를 이겨 나가는 장면을 낮잠 자는 아기의 "콜콜 코올콜" 코 고는 소리와 아빠의 "쿨쿨 쿠울쿨" 코 고는 대낮 음악회로 아름답게 비추어 보이고 있다. "뜨개질에 무척 바쁘신 엄마"도 "청중"이라는 유머적 화폭으로 삶의 단면을 아름답게 조명하고 있는 것이다.

4. 유희식 동시

본고의 앞부분에서 동심의 양상(樣相)에는 오락적인 일면도 있다고 했다. 오락은 유희의 형식을 많이 띠고 있다. 천성적으로 장난끼, 어리광, 유치함을 지니고 있는 동심은 그에 걸맞는 생각과 행동을 필연코 생상하게 된다. 그것이 화자의 가슴에 맞혀 올 때 화자는 그것을 승화시켜 가상현실로 부상시킨다. 그것이 다시 현실과의 교감될 때 독자들은 그로부터 진한 감동을 받게 되는 것이다.

보기:

하늘나라 아이들
신나는 소꿉놀이
어둠 속에 사알짝
몸을 숨겼네

긴긴 밤 놀이터에 울리는
술래의 노래
꽁꽁 숨어라
머릿카락 보인다

바람은 여기 저기 분주히
달아 다녀도

반짝반짝 눈들이 지켜보는 걸
알지 못한다

-문초의 "별" 전문

이 시에서는 별과 바람이 숨박곡질 노는 장면을 그려냈는데 움직이기 좋아하는 동심의 유희에 매혹된 심정을 핍진하게 펼쳐 보이고 있다. 또한 삶을 열애하는 화자의 심성과 자세도 함께 살짝 열어 보이고 있다

5. 환상 또는 환각의 조합 동시

생명체로서의 인간은 생을 마감하는 순간까지도 의식과 무의식의 흐름 속에서 삶을 꽃피워 가고 있다. 인간의 사유는 많은 경우에 무의식상태로부터 의식의 상태로 전환되고 있다. 그 과정에 인간은 수많은 환각에 임하게 되는데 그러한 무질서한 환각들이 환상내지 상상을 불러 일으켜 아름다운 경지를 구축하기도 한다.
　동시창작에서 이런 입지를 토대로 창작되는 부류가 바로 환상 또는 환각의 조합 동시를 형성하게 된다.

보기:

뿌웅…
기적이 물결 가르며
그물 당긴다

뿌죽한 아랫배 부력이

무게 들어 올린다

부서진 햇살들이 팔딱팔딱
갑판에 쏟아진다

구릿빛 선장의 은빛 수염
그 흐뭇함에 찔려
통통통
숨 톺는 어선

갈매기 울음이 뒤에서
깃 치며
또 다시 그물
바다에 던진다

―김천사의 "어선" 전문

이 시에서는 물고기 잡는 어선의 광경을 동화적 환각으로 펼쳐 보이고 있다. 살펴보자.

기적이 물결 가르며 그물 당긴다
↓
뾰죽한 아랫배 부력이 무게 들어 올린다
↓
부서진 햇살들이 팔딱팔딱 갑판에 쏟아진다
↓
은빛 수염에 찔려 숨 톺는 어선
↓

갈매기 울음이 뒤에서 또 다시 그물을 바다에 던진다

다섯 개의 이미지 조합으로 구성된 시이다. 이미지마다 환각적 표현이다. 현실세계에서는 도저히 이룩될 수 없는 현상들을 가상세계에서의 이질적 변형을 통하여 환각으로 보여주고 있는 것이다. 이러한 환각에 의하여 독자들은 감염되면서 그 판타지 세계로 빨려 들어가는 것이다. 왜냐 하면 인간이란 워낙 환각과 환상과 상상의 동물이기 때문이다.

6. 이야기 흐름식 동시

이 부류의 시는 이야기의 토막 내지 비교적 완미한 이야기의 흐름 속에서 서정적 주인공의 마음의 갈등 또는 희비애락을 읊조리는 것으로서 리얼릭한 스토리의 얼얼함을 진하게 안겨주는 특색을 띠고 있다.

보기:

운동장 달리다가
상급생 오빠와 부딪쳐
힌둥 넘어간 꽃순이

-눈이 멀었니?
빽 소리치려던 꽃순이

그만 얼굴 붉히며
종알종알

-와, 멋있게 생겼다
키도 엄청 크고…

-최길록의 "멋있게 생긴 오빠" 전문

이 시에서는 이성에 어섯눈 뜬 어린이들의 야릇한 정감세계를 꾸밈없이 보여주고 있다.

누구든 어린 시절 이와 유사한 경력은 있었을 것이다. 남자는 이쁘장한 여자를, 여자는 잘생긴 남자를 은근 슬쩍 흠모하는 사춘기 묘령의 짜릿함, 그 속에 알록달록한 정감의 세계가 포옥 우러나고 있는 것 아니겠는가. 화자는 운동장에서 달리기 하다가 우연하게 부딪친 상급생 오빠와 하급생 소녀애의 재미나는 에피소드를 영화의 한 대목처럼 이야기로 구수하게 펼쳐 보이고 있는 것이다.

7. 정감 표출식 동시

정감의 표출이란 서정의 표출이란 말이 되기도 한다. 서정은 공연히 허망 생겨나는 것이 아니다. 그것은 살면서 부딪치는 생활정서의 단면들에서 불이 붙는 것이다.

서정의 분출은 외표에 드러난 것과 내면으로 암장처럼 흐르는 것이 있다. 거듭 언급하지만 시에서의 현실에 대한 직설은 금칙이다. 서정의 외표에 드러난 직설은 예술이 되지 못한다. 하므로 내면에 흐르는 서정을 형상 속에 용해시켜 이미지 또는 스토리의 흐름 속에서 그 절절함을 느끼게 하여야 하는 것이다.

여기에서의 서정은 직관적인 것이 아닌, 이미지내지 스토리를 새김질 하여 소화시키는 독자들의 정도차원에 따라 점차 각기 부동한 정서의 파문이 일면서 서정의 분출이 형성되는 것이다.

보기:

선생님 말씀 하셨어
크리스마스에는 산타할아버지가
집집마다 선물을 주고 가신대

아, 나에게도 선물이…
그날 밤 자지 않고 기다렸다

그 이튿날에도
산타할아버지는 오지 않았다
하얀 함박눈만 펑펑 창문을 두드렸다

하얗게 날 보고 웃어주는
겨울의 미소
그게 바로 선물임을 아아아~!
나는… … 이제야 알았다

－신현희의 "산타 할아버지의 선물"

　이 시는 마음의 공허를 메우기 위한 기다림과 소망의 갈구 끝에 마침내 찾고저 하는 "선물"은 깨달음이라는 심적 경지를 보여 주는 작품이다.
　이 시는 자유율(自由律)속에서 기술식(記述式)으로 정서의 움직임과 그 발전과정을 소박하게 보여주는바 마지막에 가서 "하얗게 웃어주는 겨울의 미소, 그게 바로 선물임을 알았다"고 진솔하게 고백함으로써 독자들의 가슴을 찡하게 만들어 준다.

이상, 동시창작에서의 표현의 갈래에 대하여 피력해 보았다. 이외에도 화(話)적동시, 관념동시, 철리동시를 비롯한 여러 갈래의 동시들이 적지 않겠지만 본고에서는 상술한 몇 가지 류형의 동시들만 언급하는 것으로 그 의미를 부여하겠다.

　예술의 한 형태로서의 동시는 그 본질파악이 우선이고 그담이 표현기교임에 틀림없음을 다시 한 번 강조하면서 동시문학의 건전한 발전과 탐구로 꽃펴나기를 기원하는 바이다.

동시창작에서의 환각의 표현과 상관물의 변형

들어가는 말-환각에 대한 리해

　환각이라 하면 우리는 환상, 상상, 련상 등 용어들이 줄지어 떠올리게 된다. 의학지식에 따르면 무릇 사람이라면 누구나 다다소소 환각을 처할 때가 있다고 한다. 그것이 일정한 도를 넘어서면 정신환자로 판정이 나게 된다
　환각은 인간의 무의식상태에서 준비없이 돌연적으로 들이닥치는 현상들이라고 말할 수 있다. 즉 눈, 귀, 코, 입 피부 등에 지각되는 실체적 대상이 존재하지 않는 심적 현상을 이르는데 지각되는 감각에 따라 환시, 환청, 환후, 환미, 환촉, 체감환각 등으로 분류되기도 한다.
　환각은 인간을 늘 피동에 처하게 한다. 인간은 환각을 완전 떨쳐버릴 수 없는 반면에 환각 속의 경지가 때로는 위대한 발상이 되어

세상을 새롭게 변모시키기도 한다.

환각 속의 경지는 상상과 환상을 거쳐 완미한 예술로 거듭나게 되는데 이러한 사례를 우리는 쉽게 찾아볼수 있다.

안데르쎈의 동화 "성냥 파는 처녀애"에서의 주인공 처녀는 섣달 그믐밤에 추위 속에서 생명의 마감을 하며 성냥가치를 성냥곽에 그어 불태우면서 아름다운 환각에 깊이 빠져들어 행복한 세상에 대한 동경을 그려낸다. 환각 속 아름다운 세상은 인류 모두가 지향하는 인정 후더운 낙원의 극치이다. 하기에 인류는 그런 세상을 맞아오기 위하여 판도라의 궤에 갇힌 행복 찾아 오늘도 심성을 갈고 닦으며 리상향 구축에 애쓰는 것이 아닌가 싶다.

그 와중 인간은 늘 생각하며 사색하며 산다. 생각과 사색은 상상을 낳고 상상은 환상을 인기시키며 환상은 환각을 불러일으키는 계기가 되는 것이 사유의 법칙이다. 때로는 그 순서가 엇바뀔 때도 있다.

여기에서 류의할 점은 생각, 사색, 상상, 환상은 인위(人爲)적인 행위에 속하지만 환각은 준비 없이 들이닥치는 영혼의 흐름현상이라는 것이다.

오스트리아의 정신분석학자 지그문트 프로이트는 인간의 의식 속에 눌리었거나 은폐 되였거나 망각되어있던 의식의 발로를 잠재의식의 표현이라고 하였다. 잠재의식의 표현은 결국 의식의 흐름에 속할뿐, 결코 무의식의 흐름이 아니다.

무의식의 흐름은 위에서 말한 의식 밖 환각의 흐름이다. 그렇다면 환각은 어데서 오는 것일까? 바로 영혼에서 기인되는 것이라고 봐야 할 것이다.

영혼설에 의하면 인간의 영혼은 인간의 육체에 부착하기도 하지만 육체를 떠나 광활한 우주공간의 건너 켠 영적세계에 산재해있기도 하다고 한다. 영혼의 실체는 육안으로는 보이지 않으며 오로지 인간의 텔레파시에 의하여 그 존재를 감촉할 수 있다고 한다.

그러한 영혼들이 가져다주는 메시지와 영상 즉 동영상과 이미지들이 인간의 대뇌에 전달되어 환각을 불러일으키는 것이다. 즉 환각은 영적세상이 인간에게 안겨주는 특이한 선물이라고 해야 할 것이다.

우리는 흔히 마음에 비친 그림을 심상이라고 말하기도 한다. 그럼 마음은 또 어데서 오는 것일까? 마음은 인간의 영혼에서 비롯되는 것이라고 봐야 할 것이다. 그러므로 심상이란 결국 영혼의 경지라는 설법이 서게 되는 것이다.

여기에서 심상에 대하여 또 두 가지로 나누어 설명해야 할 필요를 느낀다.

화자의 인위적인 의도적 행위에 의하여 상상과 환상으로 생성되는 심상은 무의식에서 환기되는 환각에 입각하여 상상과 환상을 거쳐 생성되는 심상과 구별된다는 점이다.

전자의 경우, 심상을 떠올리는 데엔 논리적사유와 체계를 동원하여 실천가능 한 것이지만 후자의 경우 즉 환각에 입각 할 경우 상상과 환상으로 생성되는 심상은 비교적 쉽게 이루어진다는 것이다. 요컨대 관건은 그렇게 생성된 심상들의 합리적 조합을 꾀하는 것만이 남았을 뿐이다.

그런데 여기에서 문제는 또 제기된다. 환각은 아무에게나 그렇게 쉽사리 찾아오는 것이 아니기 때문이다. 환각은 깊은 정서의 상태에서만 쉽게 환기되는 것이기 때문이다. 때문에 시를 쓰기 전에 우리는 먼저 깊은 정서상태에 빠져들어야 하는 필요가 있다. 오직 깊은 정서상태의 소지자만이 시인으로 거듭날 수 있는 기본을 갖춘 것으로 되기 때문이다. 이것은 시는 정서의 산물이라는 설이 틀리지 않는 점을 증명해주는 유력한 근거로 되고 있다. 그 어떤 이념이나 관념을 앞세우는 주지시 역시 정서의 기초에서 관념, 이념이 생성되기 때문이다.

위에서 언급한바와 같이 프로이트 설에도 어떤 정서가 있으면 그에 연관되는 상상내지 환상 또는 환각을 불러일으킨다고 하였다. 깊은 정서를 지니지도 못하고 시를 쓴다는 것은 억지로 만들어내는것에 불과함을 간과해야 할 것이다.

환각적 심상의 표현

주지하는바 인간은 심상을 타자에게 펼쳐 보이고픈 강렬한 욕구를 갖고 산다. 그것은 자신을 세상에 표현하고픈 인간의 본성이 그렇게 하게 하기 때문이다.
자신의 심상을 타자에게 펼쳐 보이는 방식에는 크게 세 가지가 있다. 즉 소리로 보여주는 것, 화폭으로 보여주는 것, 언어문자로 보여주는 것이다. 문학은 그 가운데서 언어문자로 보여주는 경우에 해당된다.
때문에 문학은 언어예술로 삶을 재창조하는 것이라고 정의를 내려지게 되는 것이다. 문학의 한 형태인 동시는 역시 언어예술로 동심의 세계를 새롭게 표현하는 시의 한 형태임을 우리는 상식적으로 다 알고 있는 상황이다.
여기에서 동심세계의 새로운 표현이라는 말이 지극히 중요하다. 새롭다는 것은 있는 그대로의 스캔이 아닌, 새롭게 창조된 모습이라는 말이 된다.
그렇다면 동심의 새로운 발견과 표현에서의 환각은 구경 어떤 역할을 하고 있는 것일까? 아래 구체 사례를 보기로 하자.

사례: 눈 오는 지도(地圖)/ 윤동주

순이(順伊)가 떠난다는 아침에
말 못할 마음으로 함박눈이 나려, 슬픈 것처럼

창(窓) 밖에 아득히 깔린 지도(地圖)우에 덮인다.
방(房)안을 돌아다 보아야 아무도 없다.
벽(壁)과 천정(天井)이 하얗다.
방안에까지 눈이 나리는 것일까.
정말 너는 잃어버린 역사(歷史)처럼 홀홀이 가는 것이냐,
(이하 생략...)

이 시에서 화자는 눈 내린 아침 방안의 벽과 천정이 하얀 것을 보며 방안에도 눈이 내리는 환각에 빠진다. 이럼으로써 결과적으로 떠나가 버린 시 속 서정의 대상물인 순이에 대한 그리움의 창백함을 한결 불러일으키게 되는 것이다.
하나 더 보기로 하자.

사례: 굴렁쇠/ 백천만

아버지가 고물점에서 사온 굴렁쇠
몇 번이나 연습해서야 굴릴 수 있었다
분주한 거리를 피해
동네 화단주변을 빙빙 돌았다
재미 있었다
담배 피우며 흐뭇하게 바라보시는 아버지
절렁절렁 굴렁쇠소리에서
할아버지 웃음소리가 들린다고 하셨다
찌그러져가는 초가집 불 때는 소리도 들린다고 하셨다
굴렁쇠 굴리며 귀 기울이니 절렁절렁…
내게는 미쏘 미쏘 파미레 음악으로 들렸다
연분홍 립스틱 살짝 바른, 쪽 빨아보고 싶은
처녀 음악선생님의 간지러운 목소리로 들렸다

절렁절렁 돌리고 돌리며 배고플 때까지 놀았다
온 하루가 절렁절렁 돌아가고 있었다

이 시에서는 굴렁쇠 굴리는 소리에서 <미쏘 미쏘 파미레>하는 음악 흐르는 소리를 듣는 환각과 처녀 음악선생님의 간지러운 목소리를 듣는 환각, 그리고 <하루가 절렁절렁 돌아가는> 환각에 빠져들면서 "아버지"과 "나"의 동년을 대비하면서 동심의 아름다운 경지를 읊조리고 있다.

주지하는바 인간은 로봇이 아니기에 인간의 생각은 정해진 프로그래밍에 의하여 돌아가는 것이 아니기에 걷잡을 수 없는 것들이 많다. 그런 걷잡을 수 없는 사유의 한 형태인 환각 속에서 인간은 자기 심성에 알맞은 합리한 것들을 골라 다시 상상과 환상의 나래를 펼쳐 자신만의 세계 즉 경지를 타자에게 생신하게 보여주는데 이것을 우리는 예술창작이라고 하는 것이다.

내공과 마음의 경지

아무리 좋은 경지라고 할지라도 그것을 타자에게 제대로 펼쳐 보이지 못한다면 예술로의 승화가 어렵게 되는 것이다.
동시의 경우, 우선 동심의 새로운 발견을 찾아야 하며 다음엔 그것의 새로운 표현에 힘써야 할 것이다.
동심의 발견은 현실세계에서의 깜직하고 기특한 생활의 단면들에 대한 스캔이 아니라 그 속에 용해되어있는 감동을 찾아내야만 한다.

흑염소는 눈이 까맣다.
흑염소는 코가 까맣다.
흑염소는 입도 까맣고,

흑영소는 귀도 까맣다.

까만 염소 흑염소,
매해매해 흑염소.
흑염소는 까매서
똥도 까맣다.

－문삼석 유년동시 "흑염소"

이 시에서는 흑염소가 까맣다는 특점을 딱 틀어쥐고 썼기에 이미지가 한눈에 확 안겨온다. 하지만 시인은 이 시에서 "흑염소는 까매서 똥도 까맣다"라는 상징적 표현을 함으로 하여 밝고 맑은 심성이 바른 세상을 이룩할 수 있다는 이념을 용해시켜 보여주고 있는 것이다. 이러한 기교는 아무나 부릴 수 있는 것이 아니다. 깊은 내공의 수련이 없이는 도저히 이룩해내기 어려울 것이다.

깊은 내공은 마음의 경지와 갈라놓을 수 없다. 오스트리아의 정신분석학자 지그문트 프로이트의 설에 의하면 하나의 사상은 그와 관련되는 이미지창출을 낳는다고 하였다. 즉 뱀에게 놀란 사람은 물에 비낀 바오라기 그림자 보고도 놀란다는 말이 되겠다. 조선창극집 『춘향전』에서도 춘향을 연모(戀慕)하는 이몽룡이 책을 펼치니 책 속에서 춘향이가 걸어 나오고 창문 열고 달을 보니 달이 춘향이 얼굴이 되어 웃어준다고 묘사하고 있다.

주지하다 싶이 마음의 경지가 심상을 그려내고 그 심상이 언어를 통하여 예술로 승화될 때 그것은 한수의 아름다운 시로 탄생을 거듭하게 되는 것이라고 봐야 할 것이다.

유년동시 한수 더 보기로 하자.

아기바람에

날려 온
서너 송이

팔랑팔랑
춤추며
어깨에 앉는다
나뭇가지에 내린다

옳지, 그래
손에 하나 꼭 잡았다!

살짝 펴보니
눈물 한 방울

아차,
몹시 아프게
쥐였나보다

－김철호 "첫눈" 전문

  이 시에서 눈 내리는 날 겨울 꿈밭을 뛰놀면서 나비처럼 춤추는 눈꽃을 잡을 내기 하는 어린이들의 풍요로운 삶의 한 단면을 그림으로 펼쳐 보인 것이라고 말할 수 있다. 시는 단지 이 정도에 머물러도 되는 것이라고 봐야 할 것이다. 하지만 시인은 눈이 녹아 물이 되는 것을 너무 꽉 쥐였기에 눈이 아파서 흘린 눈물이라는 환각에 빠져든다. 이러한 환각은 어디로부터 오는 것일까. 바로 티 없이 깨끗하고 맑은 시인의 사랑의 마음에서 비롯되는 것이다. 이것이 바로 시인의 경지이며 내공인 것이다.

변형의 매력

우리말에는 "부뚜막의 소금도 집어넣어야 짜다"는 속담이 있다. 아무리 진한 감동이라도 타자에게 그것을 펼쳐 보이지 않으면 공감대를 울려주기 어렵다. 공감대를 울리는 데에는 직설, 우회, 굴절, 변형 등 여러 가지 도경이 있을 것이지만 본고에서는 변형을 통한 표현기법만을 말하고저 한다. 상관물의 합리한 변형은 독자들에게 생신성을 안겨주는 아주 효과적인 방법이라고 인식하기 때문이다.

이른바 변형이란 타자에게 자신의 드러난 정체를 감추기 위하여 위장하거나 탈변하여 자신의 내심을 상징으로 펼쳐 보이는 수단이라고 볼 수 있다.

인간의 내심 표달엔 직설도 있겠지만 상징으로 보여주는 것도 있다. 유년, 동년단계의 어린이들 경우엔 직설의 경우가 절대 대부분을 차지하지만 소년단계의 어린이들 경우엔 우회적, 또는 굴절, 변형의 방법으로 내심을 표달 하는 것이 보통이다.

장면 사례: 어린이가 컴퓨터 놀고 싶을 때.

<u>유아, 동년단계-</u>

"엄마, 나 컴퓨터 놀아 돼?"
"안 돼!"
"딱 한번만, 응?"
"안 돼!"

<u>소년단계-</u>

"엄마, 나 요구 하나 있는데 들어줄래요?"

"무슨 요구?"
"내가 젤 좋아하는 거…"
"피자?"
"아니, 거 있잖아요. 소리도 나고 네모꼴 안에서 마악 달아 다니며 신나게 노는 거…"
"너 혹시 컴게임 놀자는 거 아냐?"
"헤헤… 딱 그렇다는 건 아니구, 그러면 사기 나서 공부도 더 잘할 건데…"
"안 돼!"

보다 싶이 우회적이거나 굴절, 변형의 표현은 고학년인 소년단계에서 많이 적용하게 된다고 볼 수 있다.
인간은 유년, 동년단계를 벗어나 소년단계에 진입하면서 점차 자신을 가꾸면서 자신의 심정을 직설하는 걸 멀리 하게 된다. 성인이 된 다음엔 그런 현상이 더욱 보편화 되고 있다. 현실세계에서 사람들은 자신의 내심을 직방배기로 털어놓는 사람을 경박하다거나 경솔하다거나 신중하지 못하다고 하는 경우가 많다. 반면에 말수 적고 상징적으로 표현하는 사람을 웅숭깊고 신중하고 센스 있고 매너 넘친다고 말한다. 왜 그렇게 되는가. 삶이 그것을 요구하기 때문이다.
새로운 것을 추구하고 신선한 것을 좋아하며 자극을 좋아하는 것은 인간의 본성이다. 때문에 음식을 먹어도 색다른 음식, 거기에 여러 가지 양념까지 새롭게 만들어내느라고 애쓰며 옷을 입어도 새로운 조류에 따르는 패션을 고르기에 각별히 신경을 쓴다. 슴슴한 일상에서 살맛나는 엔돌핀을 찾기 위해 정신적 자극을 추구하게 된다.
이러한 인간 본유의 특성들이 어린이들에게도 작동하는바 동심의 표현에서도 이와 상관한 성분들이 보태지면 읽을 맛을 한결 살려낼 수 있지 않을까 인식하고 있다.
소년단계에서의 동심의 표현은 바로 이런 제반 특성들을 잘 살려내야 하는바 그에 알맞은 방법이 바로 상관물에 대한 변형의 표현하는 것이다.
  구체 사례들을 들어보기로 하자.

  별나무/ 작자 미상

  가을날
  단풍든 나무 밑에
  누워 본다

  나무마다
  빨갛게 노랗게
  별모양을
  하고 있다

  나는
  그 나무를
  별나무 라고
  불렀다

  나무에서
  별이
  날아 내린다

  빨갛게 노랗게 잘 익은
  구수한 냄새가
  내 몸을 덮는다

위의 동시를 읽어보면 직설로 된 동시들보다 안겨오는 정서의 색감과 사유의 깊이가 한결 깊어지면서 음미의 맛을 돋구어줌을 어렵지 않게 느껴보게 된다.

문학은 어디까지나 언어를 통한 표현예술이기에 동심의 발견도 중요하겠지만 그 표현예술 또한 버금으로 가는 중요한 위치에 놓여있다. 기존 동심의 양상들도 표현을 새롭게 하기만 하면 다시 새로운 예술로 부상될 수도 있다. 어런 것을 우리는 표현의 새로운 발견이라고 볼 수 있을 것이다.

그러므로 동시창작에서의 발견은 동심의 새로운 발견과 표현기교에서의 새로운 발견 즉 무엇을 쓸 것인가 에서의 새로운 발견과 어떻게 쓸 것 인가에서의 새로운 발견으로 갈라볼 수 있다. 물론 두 가지 새로운 발견을 다 겸병하게 된다면 그보다 더 기꺼울 일은 없을 줄로 알지만 그게 그리 쉬운 일이 아니므로 시 쓰는 사람들은 부단한 탐구에 노력을 기울여야 할 것이다.

능동적 가시화

소년단계에서의 동시창작에서 활용하는 변형을 통한 상징의 표현은 환각의 흐름선을 타게 되는데 여기에서 딱 짚고 넘어갈 것은 시어사용과 시적 구도 짜기에서의 유의 할 점들이다.

깊고 심오한 도리라 하여 난삽한 언어로 표현하는 병폐를 단절해야 한다.

어린이들은 세계관과 인생관과 지식체계가 제한되어있기에 반드시 어린이들이 소화해낼 수 있는 시어를 선택하여야 한다.

봄/ 작자 미상

봄이
생명의 깃발이 되어
혁명가 높이 부르며
파랗게 살아난다

봄 들판에 나선 우리는
모두 다 씩씩한 전사다
고단한 삶이며 물러가라
우리는 자랑찬 삐오넬

조국의 미래 위해
힘차게 나가는
우리는 어엿한 소년선봉대
(이하 략함)

윗 사례와 같이 관념적인 언어와 난삽한 표현은 어린이들의 이해에 소화불량이 오게 하므로 절대 단절해야 한다. 동시에서의 표현은 어디까지나 어린이들의 사유한계와 생활환경내의 익숙한 언어들의 조합이 되어야 할 것이다.
  다음 시어조합을 통한 시적구도는 능동적 가시화로 되어야 한다.
  동물의 감각기관은 정적인 사물보다 동적인 사물에 먼저 신경이 쏠리게 된다. 움직인다는 것은 생명의 약동을 뜻하기도 한다. 객관 산물로서의 동시는 하나의 생명체이다. 산출된 동시가 살아서 꿈틀거릴 때라야 만이 그것이 숨을 쉬는 생명체로 되는 것이다. 그러자면 당연히 상관물에 대한 표현을 움직이는 것을 할 수밖에 없는 것이다.
  이를테면 "꽃이 피어있다"라는 표현을 할 때 그저 피어있다 라고 할 것이 아니라 "꽃이 웃는다"라는 인격화로 바꾸어 표현하면 그 이미지가 더욱 형상적으로 안겨오게 되는 것이다. 경우에 따라 의물화 표현을 하는 것도 마찬가지라고 해야 겠다.
  다음으로는 가시화 문제가 제기된다.
  우리말에는 "행복, 기쁨, 즐거움, 그리움, 슬픔, 고통, 아픔, 고독…" 등 추상어가 많이 섞여있다. 시는 마음의 경지 즉 영혼의 경지를 화폭으로 펼쳐 보이는 것이라고 할 때 그 화폭은 눈에 보이는 것이어야 한다. 눈에 보이게 하려면 추상어를 시각적 표현으로 바꾸어볼 필요가 있다.

  추상어의 사례:

  네가 그리운 날
  나는 실컷 울었다
  널 보고 싶어
  길고 긴 일기를 썼다

  가시화의 사례:

  달리기 하다가 넘어져
  무릎에 흐르는 피
  손수건으로 닦아주던
  보들보들한 그 손이 그리워
  나는 허공에 대고
  네 이름 쓰고 또 쓴다

  일기장에 적혀있는 글자마다
  너의 샛별눈 되여
  깜박깜박 나를 지켜본다

위의 사례의 두 개 경우를 대조해볼 때 우리는 추상어의 표현보다 가시화의 표현이 더욱 확실하고 화끈하게 가슴에 맞혀오는 것임을 느껴볼 수 있을 것이다.

이러한 가시화는 하나의 이미지덩이로 구성될 수도 있고 여러 개의 이미지덩이가 내재적 연관성에 의하여 정서의 흐름, 또는 이야기의 흐름에 따라 하나의 정체를 이루면서 화폭을 구성할 수도 있다. 이런 것을 두고 하이퍼시론에서는 단선구조와 다선구조라고 명명하기도 한다. 다선구조의 경우 복합을 이루면서 성인시에서는 복합시라고 명명하기도 한다. 동시의 경우엔 복합동시라고 해야 할 것이다. 상징을 동반한 환각의 흐름을 능동적 가시화로 펼쳐보인 동시라면 복합상징동시가 될 것이다.

필자의 복합상징동시 한수를 보기로 한다.

냄새/ 문초

북경오리점에 갔다온
아빠의 몸에서 오리냄새가 난다
냄새가 뒤똥뒤똥 방안을 걸어 다닌다
냄새의 그림자 보고
애완견 푸들이는 공연히 멍멍
냄새가 놀라 창문 틈을 빠져 나간다
창밖에서 기다렸던 바람이 요놈, 하고
데꺽 갈기털 거머잡는다
위잉~ 위잉~
오리가 끌려가는 소리

위시에서는 북경오리점에 갔다 온 아빠 몸에서 나는 냄새를 썼다.

냄새에 생명을 불어넣어 동적인 상관물이 되게 하여 재미를 더해준다. 오리에게 어떻게 갈기털이 있을까. 하지만 갈기털 거머잡는다고 함으로써 상상속의 오리의 모양을 그려보게 하는 맛도 보태준다. 냄새는 무엇을 상징할까. 냄새는 그냥 싱겁게 나돌아 다니는 삶의 형상을 대변할 뿐이다.

나가는 말

　동시에서의 표현방식과 기교에는 딱 정해진 고정불변의 법칙이 없다. 각자 나름대로의 창작과 연마과정에서 터득한 기법이 존재할 뿐이다. 우리는 타인의 창작기교를 잘 학습하고 터득하는 기초에서 부단히 자기만의 표현기법을 터득하면서 자신(自身)의 심적 경지를 자기만의 목소리로, 눈에 보이는 화폭으로, 가슴에 맞혀오게 써야 할 것이다.
　이상으로 동시창작에서의 환각의 표현과 상관물의 변형에 대한 일가견을 펴보았다. 기탄없는 지적을 바라마지 않는다.

탐구를 부르는 김만석의 동시세계

들어가는 말

이른바 우리 글 동시는 최남선의 "해에게서 소년에게"로부터 시작되었다고 해야 할 것이다.

중국 땅에 사는 조선인들의 동시는 윤동주의 동시로부터 시작되었는데 조선족동시인인 채택룡, 김례삼, 윤정석, 리행복, 등 시인들의 뒤를 이어 김득만, 김만석, 최문섭, 한석윤을 대표로 하는 제2세대 동시인들에 의해 본격창작, 보급되기 시작하였다고 보아야 할 것이다. 물론 오늘날 조선족동시는 제3세대, 제4세대, 지어는 제5세대에 이르면서 광범한 창작과 보급과 탐구로 거듭나고 있는 것도 사실이다.

김만석은 조선족아동문학의 제2세대 아동문학가로서 동시와 소설, 동화, 우화 등 아동문학의 많은 장르를 아우르면서 아동문학이론을 탐구하는 학자이며 교수이며 평론가이며 아동문학작가이며 동시인이다.

　김만석은 일찍 중국당대아동문학 대가들인 포만정, 장풍, 홍신도, 조선아동문학작가 송영과 김일성 종합대학 아동문학교과서, 로씨아 쓰제반 노와의 "쏘베트 아동문학", 한국 당대아동문학 평론가이며 교수인 이재철의 문학이론영향을 받으면서 그들의 이론을 비판적으로 학습하고 실용적으로 수용하여 중국조선족실정에 알 맞는 조선족아동문학이론의 기반을 다진 최초의 유일한 조선족 아동문학가이며 평론가이며 교수이다.

　김만석의 이론탐구는 시종 동시, 소설, 동화 등 작품창작과 결부되고 있었는바 필자는 본고에서 김만석 동시세계를 조명하는 것으로 그 의미를 부여하고저 한다.

　1. 혁신이 없으면 발전이 없다

　1939년 중국 길림성 룡정현 태양향에서 태어난 김만석은 연변대학에서 아동문학을 가르치면서부터 "살아도 죽어도 아동문학과 함께"라는 구호를 내세우고 혼신을 바쳐오고 있다.

　1970년대로부터 1980년대까지 우리 동시는 형식에서 7.5조 1행, 4행 1련의 가사체 형식을 취하였고 내용에서는 정치사상성이 내포된 감동적인 사건의 한 대목을 집중조명 하는 것으로 되였고 동시의 서정성은 이른바 감탄사 "아", "오"의 연발로 되었었다. 이러한 경향은 근 30여년이라는 세월을 주름잡았다. 산천초목도 철따라 옷을 갈아입는데 중국조선족동시는 장장 30여년이나 그냥 한 본새로 같은 옷만 입었으니 그 지루함과 따분함이란 가히 상상할 수 있는 것이다.

　이러한 상황에서 최문섭은 1980년대 중반에 "동시의 때 벗이"를 주장하며 나왔고 한석윤은 1990년대부터 "7.5"조를 각을 뜨는 데로부터 시작하여 자유률을 지향하게 되었다. 그리고 지난 세기 90년대 중반부터 <옹달샘>동시동인회를 결성한 김학송, 림금산, 김철호, 김현순을 비롯한 동시인들은 신시혁명을 불러일으켰다.

하지만 이보다 일찍 지난 세기 80년대 초반부터 김만석은 동시반성기를 겪으면서 새로운 동시창작을 위하여 남모르는 모질음을 쓰고 있었다.

김만석은 아동문학이론을 연구하면서 평론문장을 위주로 하는 한편 동시, 소설, 동화 등 아동문학창작을 결부하고 있었으니 그의 동시작품은 다산이 되지 못하였으며 동시집도 "봄강아지", "내가 띄운 종이배", "제비는 스케트선수" 등 세권밖에 출간하지 못하였다. 하지만 그의 피땀 흘린 탐구적 흔적은 그 3권의 동시집에서 어렵지 않게 찾아볼 수가 있는 것이다.

주지하는바 우리의 동시는 70년대말 80년대 초부터 최문섭, 김만석, 등 시인들에 의하여 이른바 창작 반성기를 겪으면서 몸부림쳤다. 김득만은 뒤늦게 1990년대까지 동요와 가사를 쓰다가 1990년대 후반기에 이르러 창작 반성기를 거치게 되였던 것이다.

이러한 상황에서 해탈을 꿈꾸어온 김만석은 우선 동시내용상에서 아이들의 생활과 아이들의 정서를 시적내용으로 삼고 동시형식면에서도 과감한 개혁을 시도하였는데 구체적으로 살펴보면 다음과 같았다.

첫째, 정형률에서 자유률에로의 지향을 시도하였다.

동시 "기적소리"에서는 "새벽이면/ 언제나/ 지나가는 기차/ 산골마을 쩌렁쩌렁/ 뿡-/ 기차소리"라고 첫연을 떼고 있다. 이 시에서는 기적소리를 대학 간 오빠의 가르침소리로 상징하면서 전반 시에서 자유분방한 자유률을 맘껏 자랑하고 있다. 여기서부터 김만석은 정형률에서 해탈하여 나와 자유률을 지향한 것으로 된다.

둘째, 1자 1행의 시행구성을 시도하였다.

정형률에 염오감을 느낀 김만석은 시적대상의 형상을 시각화하려는 목적에서 한국시인 조유로의 기법을 학습하여 중국 조선족아동문단에서는 첫 사람으로 1980년대에 벌써 1자 1행의 모식을 창작에 인입하였다.
그의 동시 "고드름"은 아래와 같이 구성되고 있다.

처마 끝에
대롱
대롱
고
드
름
은

지난밤에
녹
아
내
린
겨울

고드름은

똘랑
똘랑
북을 치면서

새봄맞이
꽃망울
파앙!
파앙!
터진다

김만석의 이러한 시도는 초기에 적잖은 사람들의 비난을 받았다. 그런데 2000년대에 들어서면서 그렇게 비난하던 사람들이 1자 1행의 시행을 조직하는 일대 선풍을 일으켰다. 결국 시적대상의 생태적 특성을 도외시 하고 맹목적으로 1자 1행의 글자놀음을 하는 악렬한 폐단을 초래하기까지 하였다.

2. 작시법에서의 다양화

김만석은 동시창작에서의 작시법의 다양화를 위하여 줄곧 모지름을 쓰고 있는데 그 흔적들을 조명해보면 다음과 같다.

첫째, 전통적인 화적, 회화적, 동화적 상상동시 창작에서 따분한 내용전달에서부터 뛰쳐나와 시에 대한 형상성을 추구하였다.
동시 "참새 떼"에서는 나물 캐는 누나들을 참새 떼에 비유하면서 "모이 찾아/ 여기서/ 저기로/ 포르릉/ 날아가는 참새"라고 하였다. 이 시에서는 누나들의 날래고 잽싼 솜씨를 "포르릉/ 날아가/ 싹둑/ 나물 캐던"이라고 했으며 생기가 넘치고 낙천적인 누나들의 모습을

"까르르/ 웃음을/ 대굴대굴 굴리더니"라고 노래하면서 농촌을 떠나 멀리 날아가는 누나들을 "포르릉/ 떼 지어/ 우ー/ 날아가는"이라고 형상적으로 표현하고 있다. 여기서 7.5조 1행, 4행 1련의 흔적은 완전히 사라지고 말았다.

둘째, 재래식의 사색동시로부터 어린이들 눈높이에 알맞은 철리동시에로의 발전을 시도하였다.
전형적인 실례로는 "아, 별랗다"와 "꼬끼오", "눈(眼)"을 들 수가 있다.

달을
바라보는
순간

눈은
벌써
달에
갔다 온다

해를
바라보는
순간

눈은
벌써
해에
갔다 온다

-"눈(眼)"전문

이 동시에서는 재래식의 형상적인 설명을 떠나 아리숭한 형상 속에서 나이 어린 독자들이 그 시적내용의 의의를 파악하도록 꼬드겨주고 있다

셋째, 재래식의 화적동시, 회화적 동시로부터 감각동시에로 전이를 시도하였다.

조선족 감각동시는 90년대 초 한석윤의 동시 "학교냄새"에 의하여 본격 창작되었고 김학송, 김철호, 림금산, 김현순 등 동시인들에 의하여 전승되고 있는 것으로 인정되었다. 그것은 김만석이 여러 론문에서 이렇게 평론하였기 때문이다. 사실 김만석이 어떻게 자신의 동시를 평가할 수 있었겠는가!

그러나 오늘 나는 이 문제를 그대로 밝히려 한다. 김만석은 그 보다 일찍 1980년대 중엽부터 이미 감각동시실험을 하고 있었다. 동시 "단풍꽃", "봄강아지", 동요 "병아리", "금붕어" 등은 그의 사례로 된다.

동시 "시원한 꿈"에서 그 흔적을 찾아보기로 한다.

높은 다리에서
씽—
떨어집니다

구름밭을 헤치며
씽—
내려갑니다

떨어지는 것이

나는 것인지
나는 것이
떨어지는 것인지

끝없이
씽씽-
밑없이
씽씽-

몇 천 미터
떨어져 내리고
몇 만 미터
날아서 내리고…
(이하 략)

- 동시 "시원한 꿈"에서

넷째, 서구로부터 불어온 현대시작법의 우량한 기법을 받아들여 이미지동시창작을 활발히 하였다
  이미지동시는 작자의 주장을 이미지로 표현하는 것이 기본으로서 독자들의 가슴에 아름다운 화폭과 같은 미적향수를 불러 일으켜주는 것이 그 주특점이라고 볼 수 있다.
  동시 "비구름"에서는 비구름을 강아지, 꿀꿀이, 송아지 등 이미지를 "콩콩콩", "꿀꿀꿀", "음매에" 등 청각적 이미지에 결부시켜 형상적으로 보여줌으로써 긴 여운을 남기고 있다.
  동시 "까치둥지"에서 보면 "마을 앞/ 동구밖/ 키높은/ 미루나무// 눈 감으면/ 보이는 꼬리 달싹/ 알락까치// 귀강구면/ 들리는/ 깍깍깍/ 반가운 소리// 그러나/ 눈 뜨면/ 우듬지에/ 텅 비인/ 까

치둥지"라고 노래하고 있다. 여기서 오염 때문에 우리 마을을 떠난 까치의 형상을 텅 비인 까치둥지를 집중 조명하여 시적이미지를 창조하였다

　다섯째, 은유적인 상징동시를 창작하였다.
　상징동시에서 김만석은 단순은유와 병치은유를 자유자재로 활용하면서 시적상상공간을 넓히고 있다.
　동시 "기린"은 단순은유로 쓴 것이다.

　　구름 속에
　　우뚝 선
　　기린은

　　개미들이
　　하늘나라
　　올라가는

　　높다란
　　사닥다리
　　기다란
　　사닥다리

　　엉큼성큼
　　걸어 다니는
　　개미네 사닥다리

　　- 동시 "기린" 전문

여기서 기린을 사닥다리라고 노래한 것은 단순은유이다

동시 "종달새"에서는 종달새를 화살, 민들레, 돌멩이에 비유하면서 그 형상상을 살리었다.

아래 구체적으로 살펴보자.

종달새는
화살
씨잉
하늘 높이
솟아올라
하얀 구름 속에
숨바꼭질

종달새는
민들레
활짝
하늘 높이
제자리서
파들파들
노랗게 꽃피고

종달새는
돌멩이
쪼옹
감자밭에
떨어져
쫑드르르
제집 찾아가고

―"종달새" 전문

여기서 원관념 종달새를 보조관념 "화살". "민들레", "돌멩이"라고 한 것은 작자가 의식적으로 형상화한 것으로서 조선족 동시단에는 이런 병치은유로 된 동시가 예전에는 없었다는데 중시를 돌려야 할 것이다.

이상 보는 바와 같이 김만석은 동시작시법에서의 발전을 꾀하기 위하여 모질음을 써왔는바 그 성과 또한 괄목할만한 것이다.

3. 제재영역에서의 다양화

김만석은 중화인민공화국 성립 전에 태어나서 두세기를 경과한 조선족아동문학가로서 그의 문학생애 또한 장장 50여년이 된다. 그동안 아동문학이론탐구에 전념하면서 창작을 결부한 연고로 작품창작은 다산이 되지 못하였지만 그의 문학작품에서 섭렵하는 제재의 영역은 폭이 넓고 깊이 또한 깊다.

중국사회의 큰 정치운동내지 정치구호가 나부낄 때마다 동시대의 문인들 거의 다 동조하여 시대를 노래하는 찬송가 같은 문학작품창작에 정진했지만 김만석만은 시대의 조류에 따르는 작품창작을 극히 적게 한 것으로 낙인찍어진다. 기껏해야 동시 "우리 모두 손풍금수"에서 "살기 좋은 우리나라 노래 부르자", "행복한 우리 나라 노래 부르자"와 같은 표현을 한 것밖에 없다고 필자는 본다.

김만석 동시에서 다루어지는 시적대상물들을 살펴보면 해, 달, 별과 같은 우주천체들과 구름, 안개, 비, 무지개와 같은 자연현상, 시내물, 옹달샘, 단풍나무, 까치 등 이 땅우의 조화로운 산천초목과 각이한 동물들, 외갓집, 엄마의 모습, 미운 애 고운 애 등과 같은 따사롭고 화기로운 인정세태에 이르기까지 그야말로 삼라만상을 다 포용하고 있다.

시적대상물을 널리 포섭한다는 것은 그만큼 김만석의 가슴세계가 그만큼 넓다는 말로도 된다. 흉금이 넓어야 세상을 품을 수 있다는 말을 우리는 많이 하게 된다. 눈은 두개밖에 없어도 광활한 우주를 꿰뚫고 가슴은 작아도 세상을 껴안는다는 말의 묘미를 다시 음미해 볼 필요가 있다고 생각한다.

4. 샘이 깊은 물은 흐리지 않는다

오스트리아 정신분석학자 프로이트는 인간의 원초의식은 남자들로 하여금 옴폭하게 패어 들어간 나무의 옹지를 보면 여자의 성기를 떠올리게 되며 여자들은 삐죽하게 나온 나무 옹지를 보면 남자의 성기를 연상하게 된다고 말하였다.

창극 춘향전에서 성춘향에게 홀딱 빠진 이몽룡은 사또인 아버지에게 된 꾸중을 받고는 골방에 갇힌 세월을 보낸다. 와중에 이몽룡이 춘향을 그리는 장면을 대체 아래와 같이 묘사하고 있다.

책장을 펼치니 책속에서 춘향이 걸어 나오고 자리에 누워 천정을 바라보니 천정에서 춘향이 날아 내린다, 옆을 보니 춘향이 곱게 웃으며 누워있고 창밖을 바라보니 환한 보름달이 춘향의 얼굴이 되어 추파를 보낸다…

문학창작 또한 마찬가지다. 문학의 정신을 불러일으키는 샘을 어떻게 파는가에 따라서 그 문학작품의 단 맛, 신 맛, 쓴 맛, 떫은 맛이 가려지는 것이다.

내가 왜 창작을 하며 어떤 자세로 창작해야 할지는 자신의 마음속에 깊이 판 샘에 의하여 스스로 결정되는 것인데 조선족작가들에게는 적지 않게는 마음속에 그런 깊은 샘이 없는 것이 큰 탈이다.

많은 경우 동물원의 원숭이처럼 타인의 흉내나 내면서 옷을 갈아입고 있으니 모르는 사람들 눈에는 제법 그럴듯한 명작 같아 보이지만 툭 깨고 보면 패러디 내지는 모방에 그치는 병폐가 다반수다. 그야말로 눈 먼 말이 워낭소리 따라가는 격이라고 해야 할 것이다.

시대의 장단에 따라 북을 치는 시대는 지났다. 자신만의 문학신앙으로 들끓는 창작의 전성기를 맞이할 조선족문단의 앞날을 기대해본다.

김만석의 경우, 어린이들에게 생기와 희망을 주고 삶의 지혜로 정신식량을 마련해주려는 강력한 의지가 아동문학작품 속에 용해되어 흐르고 있다.

미래는 늘 희망차고 활기로 넘친다는 신념 하나로 아동문학창작의 샘을 깊이 파고 있는 김만석의 자세가 그의 작품 속에서 충분히 체현되고 있어 자못 돋보이는 시점이다.

나오는 말

이상으로 김만석의 동시세계를 조명하면서 김만석 문학세계의 한 모퉁이를 열어보았다. 지금까지 우리 문단에는 아동문학평론가가 별로 없었다. 있었다 하여도 김만석의 아동문학작품을 평론한 사람은 얼마 되지도 않았다. 하여 김만석의 동시에 대한 연구도 따라가지 못하여 김만석의 동시가 구경 우리 동시문단에서 어떤 위치에 있었고 또 어떤 역할이 있었는가를 조명하지 못한 것을 유감으로 생각하지 않을 수가 없다.

그리하여 필자는 오늘 용기를 내여 나름대로 평가하여 보았다.

김만석은 남모르게 동시의 혁신을 부르짖으면서 탐구로 거듭난 동시인이다. 그는 동시창작에서는 소문없이 남모르는 탐구를 진행하면서 자기의 시적 영역을 꾸준히 개척하여 온 동시인이라고 하여야 할 것이다.

  그는 조선족 동시의 고질인 정형률에서 남 먼저 해탈되어 나와 자유률을 지향하였고 1자1행 행조직을 도입하였으며 감각동시를 개척하고 사색적인 철리동시를 개발했으며 이미지 창출을 시도하고 은유적인 상징동시창작에서 의식적인 노력을 경주하여온 탐구적인 동시인 이라고 긍정해본다.

  김만석은 중국조선족아동문단의 제2세대작가로서 조선족아동문학이론을 집대성하여 정리, 정립한 첫 사람이다. 김만석 아동문학론은 중국조선족아동문학 발전의 밑거름으로 되며 조선족 아동문학이론 발전의 토대로 된다는 데서 특수한 의미를 가지고 있다.

조선족동시단에 피여난 10군자의 향기

 2000년대 중국조선족 10인동시집 《우리네 동시》는 새로운 시기 중국 조선족동시의 한 측면을 보여주는 무게 있는 책자이다. 책자에 수록된 시인들 또한 조선족 동시단을 꽃피우고 있는 실력 있는 시인, 동시인들로서 이채를 띠고 있다.
 이른바 동시란 동심의 눈으로 내다본 세상만사를 시의 형식을 빌어 알기 쉬운 언어로 형상성 있게 펼쳐 보이는 예술의 한 형태라고 필자는 나름대로 정의를 내리고 있다.
 여기서 선차적으로 되는 것은 동심의 포착이다.
 동심이란 어린이다운 마음이다. 어린이다운 마음이란 어린이들뿐만 아니라 성인들도 포함된다. 따라서 동시의 종류에도 어린이들이 즐겨 읽는 동시와 어른들이 즐겨 읽는 동시가 포함된다.
 어린이들이 즐겨 읽는 동시가 오늘날 어린이들의 심미세계를 객관상관물속에 용해시켜 예술적으로 표현하는 것이 주된 것이라면 어른들이 즐겨 읽는 동시에는 어른들의 지나온 삶에 대한 향수에 젖은 정서도 포함

된다고 봐야 할 것이다.

　다음으로 동시창작에서 관건의 하나로 되는 것은 시의 형태를 갖추어야 한다는 것이다.

　그럼 시의 형태란 어떤 것인가? 예술의 3형태로 미술, 음악, 문학이 탄생할 때 문학의 선두장르로 대두해서부터 시의 개념과 형태는 오늘도 내일도 부단히 탐색과 발전과 쟁명 속에서 그 양상을 굳혀갈 것이지만 필자는 시의 형태를 마음의 소리를 직관적인 감각과 심미적인 각감에 따라 나름대로의 언어조형을 만들어가는 것이라고 본다.

　대만의 저명한 화가이자 시인인 시모용(席慕容)은 구라파전역을 답사하면서 자신의 시창작관을 화시(畵詩)라고 고집하고 있다. 화시(畵詩)란 한편의 시가 독자들의 심미 속에 마치도 한 폭의 그림처럼 안겨오도록 이미지즘, 또는 형이상적인 시도내지 완성을 거듭해야 한다는 것이다. 시모용(席慕熔)의 대표적인 시들로는 우리가 잘 알고있는 "七里香", "十六岁的花季" 등이 있다.

　모더니즘, 포스터모더니즘의 경향이 조선족문단에도 영향을 미치면서 조선족 시창작에는 언어의 폭력조합과 띄어쓰기, 문장부호 같은것을 무시한 실험시들도 나타났으며 김파 시인의 "입체시" 같은 실험적인 시들도 양상을 보이기 시작하였다.

　조선족동시도 성인시의 영향을 받으면서 시행파열과 문자의 립체적인 배과열 같은 실험들로 거듭나고 있다. 김승종 시인은 동시창작에 수학방정식을 도입하였으며 김득만 시인은 재래식의 틀에서 벗어나 사물의 형태에 따라 문자배열을 시도하기도 하였다.

　하지만 그 어떤 형태의 시작품이든 간에 읽는 사람의 가슴에 즐거움을 줄 수 없고 감동을 줄 수 없다면 그것은 실패가 될 수밖에 없다.

　그다음으로는 지나치게 난삽한 언어를 회피해야 한다는 것이다.

　동시는 어린이들이 주독자이다. 어린이들의 세계는 샘물같이 맑고 깨끗하다. 맑고 깨끗한 샘물에 진흙을 풀어보라. 샘물은 더는 샘물이 아니다. 동시창작에서 난삽한 언어거나 고유어를 제쳐놓은 외래어는 진흙과도 같은 것이다. 흔들리는 조선족문화권에서는 이와 같은 진흙현상을 시급히 극복해야 할 바이다. 누구나 쉽게 리해할 수 있고 감동을 받을 수 있는 감찰맛 나고 명징한 언어를 골라 쓰는 것이 최고의 기교이다.

조선족 시단의 지나친 언어장난과 기교놀음을 두고 김학송 시인은 "무기교가 최고의 기교이다"는 명언을 던진 적이 있다. 이는 순수한 자연미의 매력을 말살해가는 시단의 일부 현상을 두고 지적한 심히 지당한 견해이다.

또 그다음으로는 형상성 문제이다.

잘된 동시라면 형상의 옷을 입지 않을 수 없다. 시적발견내지 작자의 주관정서를 그대로 치약 짜듯이 주욱 나열해놓고 시라고 하는 경향도 오늘날까지 존재하고 있다. 아무리 좋은 옥돌이라도 가공을 거친 예술품과 비교할 때 엄청난 가격차이가 난다. 요즘 세월엔 많은 것이 포장되어있다.

동시창작에서의 포장은 형상이다. 형상성 있는 동시창작을 위해서 작고한 정몽호 시인은 의상의 흐름을 대담히 접목하였다. 최룡관 시인은 변용의 기법을 담차게 접목하였다. 요즘엔 마환기법이거나 재래식의 역사유와 같은 기법도 활발하게 운용되고 있다. 이와 같은 현상은 2000년대에 새롭게 나타난 황희숙, 한설매, 신금화, 강려, 윤동길, 김봉순 등 동시인들에 의해 서서히 두각을 드러내고 있다. 극구 칭찬할만한 일이다.

하지만 포장이 아무리 멋지고 우아하다 할지라도 내용물이 그닥잖으면 선물 받은 사람은 오히려 우롱당한 느낌에 기분 잡치기 쉽상이다. 지나친 기교놀음에 시의 내함을 홀시하는 폐단 역시 시급히 극복해야 할 동시단의 한개 과제가 아닐 수 없다.

상술한 점들을 염두에 두면서 동시창작에 정진한다면 굽은 길을 적게 걸을 수 있지 않겠는가 하는 필자의 일가견이다.

2000년대 중국조선족10인동시집《우리네 동시》는 상술한 특점들을 두루 다 지니고 있으므로 필자는 감히 일일이 피력해보려 한다. 필자의 견해가 일부 사람들의 심기를 건드렸다면 작품에 대한 필자의 일가견으로 너그럽게 받아주길 바란다. 그랬으면 고맙겠다.

익살능수 강효삼 시인

동심의 표현형태의 하나가 익살이다. 강효삼 시인은 장난기가 팽창하는 동심의 눈으로 객관사물을 관찰하고 그것에 자신의 익살스러운 심정을 용해시키는데 성공하였다.

동시 "고개 숙인 벼이삭"에서는 세상 모든 것을 알고 싶어 하는 유년기의 심리를 물음표를 빌어 표현하였고 동시 "잔디"에서는 장난꾸러기 봄바람이 오솔길 걸어가다가 구멍이 뚫린 호주머니에서 봄씨앗을 흘려버린 것으로 표현하였다. 동시에서는 구멍이 뚫린 것을 "퐁", 씨앗이 흘러나오는것을 "솔-솔-"이라는 의성의태어를 사용함으로써 형상성을 높이고 있다.

동시 "산길"에서는 알몸둥이 산길이 숲을 보자 부끄러워 "쏘-옥" 숨어버리는 것으로 재미나게 펼쳐 보이고 있는데 나중에 가서 "꼭 꼭 숨어라 그래도 보인다/ 그 긴 꼬랑지"라고 어린이들이 숨바꼭질 놀 때 부르는 노래식 표현으로 작품을 승화시켰다.

하지만 동시창작에서의 유사성은 피면할수록 좋다. 동시의 유사성은 독자들의 입맛을 가신다.

"하늘의 공"과 "나팔꽃"을 살펴보기로 하자. "하늘의 공"에서는 해와 달을 두고 "축구시합 자주해도 공은 단 두개", "나팔꽃"에서는 밤낮으로 노래 불러도 "한곡밖에 못 부르니"로 표현하고 있다. 이는 윤동주 시인의 동시와 발견이 같은 것으로 본다. 윤동주 시인은 "참새"라는 동시에서 참새가 하얀 눈밭에 내려앉아 온종일 가녀린 발가락으로 글을 써도 "짹"자 한자밖에 못쓴다고 표현한 적이 있다. 이 동시는 널리, 익숙히 알려진 글이다. 이십여 년 전에 조룡남 시인도 이와 비슷한 경우를 범한

적이 있다. 본의 아닌 우연이겠지만 조룡남 시인은 참새는 온종일 "짹"자 한자밖에 못쓴다는 시를 쓴 적이 있다.

　문학창작에서 우연한 일치내지는 우연한 유사성은 피면하기 어렵다. 하지만 이러한 현상을 극복하기 위해서는 많은 독서와 학습과 각고의 노력이 필요하다.

　동시창작에서 또 하나 극복해야 할 것은 어른들의 주관적인 생각을 어린이들에게 억지로 덮어씌우지 말아야 한다는 것이다. 어른들의 생각이 어린이들의 색동저고리를 입고 "요랬죠", "조랬죠"하며 춤을 춘다면 그건 꼴불견이다. 한족말에 "쓰부썅(四不象)"이라는 말이 있다. "쓰부썅(四不象)"식 동시의 페단은 단절해버려야 한다.

　"할아버지 주름살"에서는 할아버지가 호미를 붓 삼아 밭고랑에서 풍년이란 글짓기를 한다고 했는데 오늘날 어린이들의 안광으로 농사하는 할아버지를 글짓기를 한다고 느낄 수 있을까? 앞으로 작가꿈을 꾸고 있는 극소수의 특수한 어린이들을 제외하고는 가능성이 적다. 작자는 할아버지 이마의 주름살도 글짓기라고 가득 씌어져 있다고 썼는데 이것은 순 어른들의 생각을 억지로 어린이들의 눈을 빌어 쓰는체 한 것임에 틀림없다.

　일상생활에서 보면 개별적으로 존재하는 현상도 없지는 않다. 하지만 동시창작에서 꼭 짚고 넘어가야 할 것은 공감대를 불러일으키는 감정은 반드시 객관사물특점의 보편성을 떠나지 말아야 한다는 것이다.

　"보름달"에서는 밥상에 빙 둘러앉은 화목한 온집 식솔의 행복을 노래한 시인데 이는 어른의 시각으로 객관적으로 들여다본 화폭이지 어린이 스스로 느낀 진실한 감정이라고 보기 어렵다. 꽃은 제 이름이 꽃인 줄도 모르고 피듯이 처음부터 단란한 가정환경에 살고 있는 어린이는 자신의 가정의 행복을 뼈저리게 느끼지 못한다. 행복에서 소외된 사람만이 행복의 소중함을 깊이 느끼게 된다. 이는 사물발전의 기본법칙이다. 행복한 가정에서 자라는 어린이들이 달을 보면 피자를 먹고 싶다거나 다르게 표현하는 것이 오히려 동심에 더 가까울 것이다.

동요문학의 선줄군 김득만시인

동요문학도 동시문학의 범주로 봐야 한다고 생각한다. 동요는 동시보다 먼저 이 세상에 생겨났으며 영원히 늙지 않는 어린이문학으로 자리매김하고 있다. 동요문학은 그대로 읽으면 시가 되고 곡이 붙으면 노래가 될 수 있는 것이 특점이다.

김득만 동시인은 몇 세대에 거치는 조선족어린이들이 익숙히 불러온 동요로써 각광을 받고 있으며 그 성과 또한 눈부시다. 그래서 그런지 김득만 동시인의 동시들을 두루 살펴보면 동요의 냄새가 다분하다. 동요를 그대로 풀어서 시행조직을 달리 하여 동시로 변신하였는가 하면 사물의 모양을 본따 시행조직을 하여 시각적 효과를 거둔 것도 있다.

하지만 그보다도 더욱 특징적인 것은 김득만 동시인의 시들은 거의 전부가 유아기, 유년기, 소학교 저학년을 상대로 하여 쓴 작품들이라는 것이다.

주지하는바 아동문학은 유년기 아동문학, 동년기 아동문학, 소년기 아동문학, 성장기 아동문학으로 단계별로 나누어볼 수 있다. 부동한 단계의 아동문학은 그에 따르는 특점들을 가지고 있다. 유년기 아동문학은 객관사물, 현상의 표상내지 속성에 대한 리해를 목적으로 하고 있다. 유년기 아동문학에서는 보여주려는 객관사물 또는 현상을 주변의 익숙히 알고 있는 비슷한 속성을 가진 다른 사물에 비유하는 것을 주된 수법으로 하고 있다. 거기에다가 장난기와 어리광을 보태 넣으면 한층 재미를 높일 수 있다. 여기에서 난삽한 언어는 절대 금물이다.

김득만 동시인의 작품들은 이런 견지에서 볼 때 성과작이라고 볼수 있다. "고드름", "각전 다섯잎", "합주", "광고 없이도", "숨은 합창단", "벙어리장갑"은 그 전형적 사례가 된다.

그럼에도 불구하고 흠집도 없지는 않다. 동시 "합주"에서는 "빠알간 선율의 흐름"이라는 말이 있는데 어린이들에게는 "선률"보다 "음악"이라는 알기 쉬운 말이 더욱 효과적 일것이다. 동시 "광고 없이도"에서는 가을단풍이 "갈바람/도매상/아지미들한테//광고/없이도/ 잘도 팔린다//"라고 하였는데 여기에서 어린이들은 "잘도 팔린다"는 것이 중요하므로 굳이 "도매상"이라는 알기 어려운 단어를 쓸 필요가 없는 것이다.

김득만 동시인의 "우체통", "집수리", "참 좋겠다"와 같은 작품은 동심에 살고있는 어른들이 즐겨 읽는 유년기동시라고 해야 할것이다. "우체통"에서는 우체통을 대범한 사나이라고 보는 것은 세상 삶을 살아가고 있는 어른들만이 느낄 수 있는 감수이며 "집수리"에서 "강남에서 벌어온 돈"으로 "새집 짓"는다는 의식은 돈 벌러 해외로 드나드는 어른들의 생각에서 비롯된 것일 수밖에 없다. 어린이들의 생각이라면 강남에서 돈 벌어오면 맛 나는 음식이거나 놀이감이거나 핸드폰이거나 같은 것을 먼저 생각하지 집을 짓는 것으로 생각하지 않을 것이다. 그리고 "참 좋겠다"에서 제비와 기러기들이 남쪽나라 북쪽나라 마음대로 어디든 가고 싶은 곳이면 다 간다는 것까지는 어린이들의 생각에 맞으나 "국적이 두 곳", "호적부가 두 개"여서 참 좋겠다는 것은 어디까지나 어른들의 생각임에 틀림없다.

동시 "대낮음악회"는 시적발견이나 형식상 나무릴 곳이 없는 잘된 시 같아 보인다. 하지만 기실 곰곰이 따져보면 이 시엔 문제가 있다. 밤대거리 마친 아빠와 낮잠 자는 아기가 "쿨쿨", "콜콜" 대낮음악회를 열고 있는데 뜨개질 하는 엄마가 청중이라는 내용인데 여기서 문제점은 바로 엄마가 뜨개질 한다는 것이다. 디지털이요, 글로벌이요, 스마트폰이요, 프랑스제 향수요, 독일제 크림이요 하며 야단을 피우는 요즘 엄마들 가운데서 뜨개질 하는 사람은 가뭄에 씨나 듯 보기 드물다. 웬만하면 시장에 가서 사서 입히거나 입지 뜨개옷을 자기절로 뜨는 현상은 거의 없다. 왜서 그럴까? 사는 방식이 바뀌었기 때문이다.

그럼 동시창작에서 동심의 시대성문제는 존재하는가? 존재한다. 동심 자체는 영원히 변함없지만 동심의 표현방식내지 표현양상은 시대의 변화에 따라 정비례를 이룬다. 몇 십 년 전 어린이들의 주된 놀음이 숨바꼭질, 유리알치기, 딱지치기였다면 오늘날 어린이들의 주된 놀음은 컴퓨터게임, 스마트폰게임, 채팅 등으로 바뀌었다. 낡은 터에서 이밥먹던 소리를 이젠 그만 잠재우자.

환상 많은 왕국의 주인 김만석동시인

어린이들의 또 다른 주된 특점의 하나는 다동증이다. 다동증은 어린이들뿐 아니라 동심에 살고 있는 어른들에게서도 흔히 볼 수 있다.

김만석 동시인은 어린이들의 다동적 특점에 환상으로 충만된 점을 감안하면서 마환기법을 대담히 동시창작에 인입한 전형이라고 볼 수 있다. "기린"에서는 기린의 목이 길다는 점을 과장하여 "구름 속에 우뚝 선" 것으로 표현했으며 개미들이 하늘나라 올라가는 "사닥다리"라고 비유하면서 시적높이를 한층 끌어올리고 있다. "씽씽 달리면"에서는 무엇이든 다 "내"가 주체이고 우선인 어린이들의 심성에 맞추어 달려오는 모든 것은 다 내가 반가와 달려오고 물러나는 모든 것은 다 내가 무서워 달아난다고 재미를 높여주고 있다. "꽃부채"에서는 어린이를 위하여 시원한 바람을 몰고 오는 선풍기에 생명을 불어넣어 "잠잠한 무더위를 살랑살랑 흔들어" "꿈꾸는 꼬마동생 방긋방긋 웃게" "꽃바람"을 몰아온다고 형상적으로 보여주고 있다.

객관상관물에 생명을 불어넣어 꿈틀거리게 하는 기법은 동시창작에서 없어서는 안 될 불가결의 요소인데 김만석 동시인은 바로 이점을 면바로 포착하였기에 보다 훌륭한 효과를 거둘 수 있은 것으로 된다. 동시 "나의 사진", "시내물", "눈꽃" 역시 이러한 점을 잘 보여주는 작품으로 보여진다.

환상은 이 세상을 발전시키는 동력이다. 하늘에 날고 싶은 환상이 있었기에 비행기가 발명되었고 앉은 자리에서 텔레비전을 조종하고 싶은 환상이 있었기에 리모컨이 나왔고 추운 겨울 밖에 나가지 않고 화장실에 가고 싶은 환상이 있었기에 집안에 화장실이 생겨났다.

어린이들은 그 자체가 환상덩어리이다. 환상은 엉뚱하고 괴상한 환각을 불러온다. 마환기법이란 바로 이런 환상과 환각의 통합체라고 볼 수 있다.

동시 "비구름"에서는 비구름을 보고 마을의 강아지들과 꿀꿀이들과 송아지들이 하늘에 올라가 놀고 있는가 하는 환각에 빠져있는 것으로 재치있게 표현하고 있으며 동시 "저수지"에서는 욕심꾸러기 저수지가 푸른 하늘에 둥둥 떠가는 흰 구름도 집어먹고 저 먼 하늘이 들쑹날쑹 산발들도 집어먹고 물가의 울울창창한 푸른 숲도 집어먹고 "너무너무 배불러/ 입을 하/ 벌리고 누워있다"라고 해학적 표현으로 시적높이를 끌어올리고 있다.

상술한 점들을 원만히 완성하는 김만석 동시인은 평론가임에도 불구하고 언어사용에서 미흡점들을 보이고 있다. 동시 "외갓집" 두 번째 연에서는 앞뜨락에 앵두꽃 "만발하여서"라는 표현이 있는데 "만발"이라는 단어보다도 더 감칠맛나는 고유어를 찾아 쓰는 것이 지당하다고 본다. 작자는 첫 연에서 "활짝 피어서"라는 말을 썼기에 두 번째 연에서 방법 없이 "만발"했다고 한 것 같은데 이건 어디까지나 언어의 궁핍을 보여주고 있는 것이다.

동시창작에서 될수록 알기 쉽고 감칠맛 나는 고유어를 사용해야지 난삽하거나 고유어를 제쳐놓은 외래어를 사용하는 것은 극복하여야 한다.

동심으로 목욕하는 김철호 시인

사물을 포착할 때 착안점은 사뭇 중요하다. 노란색 안경을 걸고 바라보면 노랗게 보이고 빨간색 안경을 걸고 보면 빨갛게 보인다.

김철호 시인은 동심의 안광으로 상관물을 보고 있을 뿐만 아니라 상관물속에 첨벙 뛰어들어 상관물과 한데 융합되어 함께 멜로디를 엮고있다. 동시 "낙엽"에서는 작자본신이 낙엽이 되어 나무엄마에게 작별을 고하는 내용을 담고 있다. 부모의 슬하를 떠나 사회라는 세상에서 자신을 연마하려는 포부를 품고 있는 소년기, 성장기 어린이들의 당찬 마음가짐을 감동적인 장면으로 잘 보여주고 있다.

동시 "첫눈"에서는 날아 내린 눈송이가 꽉 움켜쥔 손아귀에서 눈물 한 방울로 변신하고 있다. 서정적주인공은 그것을 보고 "아차,/몹시 아프게/쥐였나보다"라고 안타깝고 가슴 아파하는 여린 심정을 진솔하게 보여주고 있다. 여리고 동정심 많은 동심의 잘된 표현이라고 볼수 있다.

동시를 창작하기 전에 동심으로 무장할 필요가 있다. 내가 어떤 마음가짐이면 어떤 생각이 흘러나오게 되어있다. 고전설화 "춘향전"에서 성춘향에게 반한 이몽룡은 달을 봐도 춘향의 얼굴 같아 보이고 책을 보아도 책속에서 춘향이 걸어 나오는 것 같다고 했다. 오지리의 정신분석학자임 철학가인 프로이트의 "꿈의 해석"에서도 인간의 본초의식은 그에 따르는 생각과 행동을 지배한다고 말하였다. 하기에 동심으로 무장된 사람은 좋은 동시를 쓸 수 있는 기본으로 되는 것이다.

동시 "쪼각달"에서는 평소에 하얀 종이장으로 가위질 하여 여러 가지 동물을 만들다가 부스러 떨어진 종이쪼각을 "쪼각달"을 보고 연상하였는데 자유분방한 어린이들의 환상세계를 제법 신랄하게 펼쳐 보이고 있다. 동시 "산이 목욕하는 날"에서도 안개 낀 것을 산이 홀랑 벗은 몸으로 목욕하느라 피워 올린 "김"으로 환각하는 풍부한 상상의 기교를 남김없이 자랑하고 있다.

동시 "오솔길"에서는 자아주체의식으로 관통된 환각동시라고 볼 수 있다.

실존주의 철학가 칸트는 "우주는 내 마음이요 내 마음은 곧 우주다"라고 말한적이 있다. 자아주체, 기실 "나"라는 존재가 있기 때문에 세상이 존재하며 "나"라는 존재가 없으면 세상도 존재할 수 없는 것으로 우리는 착각할 때가 많다.

"오솔길"에서는 산으로 올라갈 때에는 오솔길이 마을로 내려오고 마을에 돌아올 때는 오솔길이 산으로 돌아가고 있었다고 표현하고 있다. 동심의 자아주체표현을 실현해주는 동시라고 보아진다. 아폴리네르의 "미라보다리아래"를 연상시키는 동시이다. 아폴리네르는 흘러오고 흘러가는 강물을 보고 "모든 것이 다 내게로 오고" "모든 것이 다 내게서 간다"고 표현하고 있다.

동시 "석공"에서는 석공이 해종일 돌을 쪼고 부시고 까고 하다가 어느날 멋진 소년을 만들어냈다는 기다림의 미학을 보여주는 동시이다. 한국 공영원시인의 "부처"라는 시에서는 석공이 종일토록 똑딱똑딱 돌을 까고 쪼고 있었는데 새들이 지나가다 뭘하는 가고 물어도 대답 않고 바람이 지나다가 물어도 대답않고 구름이 지나다가 물어도 대답 않는데 어느날 석공은 사라지고 그 자리에 석공처럼 말이 없는 돌부처가 들어앉았다고 표현하였다. 김철호의 동시는 공영원의 동시에 비하면 "예쁜 눈"과 "귀여운 귀"와 "오똑한 코"와 "상큼한 입술"을 가진 멋진 소년이 숨어 있은 것으로 표현을 달리 하고 있다.

시로 동화를 엮어가는 김학송 시인

동화의 주특성은 환상과 과장과 의인이다. 어린이들이 동화를 즐겨 읽는 것도 바로 이 때문이다. 동시창작에서도 동화적인 색채는 떠날 수 없다. 동화적인 색채를 가장 알기 쉽고 감칠맛 나고 명징한 언어를 골라 표현한다는 것은 웬만한 기교가 아니고서는 도저히 상상해내기 어렵다.

앞에서도 언급했지만 "무기교가 최고의 기교다"라고 고집하는 김학송 시인의 작품들은 상술한 특점들을 가장 잘 나타내고 있는 것이 특색이다.

뿐만 아니라 현실생활에 대한 세심한 관찰은 동시창작의 원천이며 동력으로 된다. 세심한 관찰은 가장 적합한 상상을 낳기도 한다. 상상에도 미세한 상상과 거폭의 상상이 있다. 어떤 사람은 꽃이요, 풀이요, 물이요 하며 주변의 사물, 현상을 두고 이런저런 비유와 상상을 하지만 어떤 사람은 하늘이요, 우주요, 별이요 하며 우주전체를 손에 들고 거폭의 상상을 하기도 한다. 하지만 어떤 상상이든 다 나름대로의 특점이 있으니 우리는 다 포용함이 지당한 줄로 안다.

김학송 시인은 동시 "봄비는 전화수"에서 구름과 봄비와 진달래와 살구꽃을 한데 등장시켜 거창한 화폭을 만들고 있다. 여기서 작자는 봄비를 줄줄이 늘인 전화선에 비유하며 하늘과 땅을 이어놓는 것으로 보여주고 있다. 한수의 짧은 동시를 통하여 어린이들에게 상상의 공간을 열어보이는 성공작이라고 보아진다. 동시 "봄바람편지" 역시 같은 기법으로 된 잘된 동시라고 보아진다.

동시 "옥수수"는 유치원 어린이들이 선생님의 구령에 따라 줄지어 놀이 하는 모습을 연상시키는 동시로서 생활 맛이 다분하다. 동시 "황소"에서는 "울음이 노랗다", "발걸음이 둥글다", "꼬리로 웃는다"라는 폭력적인 언어조합을 대담히 시도하였는데 맞혀오는 감각이 어색하지 않고 자연스럽다. 황소의 노란 털과 둥글한 발자국과 꼬리로 좋아하는 행동을 자연스럽게 떠올려주기 때문이다. 재치있는 기법이다.

동시 "청개구리"는 시골의 개구쟁이 애들이 강변에서 놀다가 홀랑 벗고 강물에 풍덩 뛰어들어 물장구치는 모습을 떠올려주는 작품으로서 지나간 삶에 대한 향수를 불러일으켜준다.

반면에 "겨울동화", "봄비", "원두막", "봄을 부르니", "구름의 집"과 같은 동시는 시적발견이 일반적이고 표현기법 또한 새롭지 않은 것이 유감이다.

환각의 세계를 열어가는 림금산 시인

아름다운 환각은 삶을 살찌게 한다. 배고픈 시절, 눈 감고 구운 통닭을 떠올리면서 잠을 청하면 미묘한 기분에 빠져들게 된다. 총각시절, 곱게 생긴 처녀를 보고 눈감고 환각에 잠기면 저도 몰래 싱숭생숭해난다.

아름다운 환각은 세상을 아롱지게 색칠한다.

림금산 시인의 동시들은 객관상관물들을 환각을 통한 마술사로 둔갑시킨다. 동시 "알나라"에서는 해님을 알을 쓰는 곤충으로 둔갑시켜 숱한 알을 낳는다고 환각에 빠져있다. 포도알이며 머루알이며 사과알이며 깸알이며 콩알이며 원두알이며 벼알… 등 모두가 해님이 쓸어놓은 알이라고 생각한다. 그리하여 가을이면 해님의 새끼들이 굴러다니는 알나라 라고 표현을 하고 있다.

동시 "가을단풍"에서는 단풍든 모습을 노랗고 빨간 개구쟁이 애들이 나무에 올라 불장난도 하고 편지도 날리면서 즐기는 모습을 그렸는데 세번째 연에서는 잔디풀을 파아란 애들이 기슭에서 아직 물장난을 그치지 않았다고 하였는데 이것은 "가을단풍"이라는 제목과 어울리지 않는 군더더기가 되었다. 또한 마지막 연에서는 해님이 따가운 볕을 쏟아 개구쟁이들 엉뎅일 지져놓는다는 뜻이겠는데 그냥 "개구쟁이들 엉뎅일?-"이라고 채 마무리를 짓지 않아 시가 완성되지 못했다.

동시 "성에꽃"에서는 지난밤 꿈에 저 세상에 간 할머니가 찾아와 숱한 이야기를 들려주었는데 그 이야기들이 창가에 꽃으로 피여 가득 웃어준다고 하였으며 동시 "고추잠자리"에서는 잠자리를 시장 모퉁이 고추장 파는 할매한테 가서 고추장 묻혀온 것으로 착각하며 시를 재미나게 엮고 있다. 동시 "아기잎"에서는 달빛 어린 호숫가에 떨어진 아기잎이 호수 속 달님이 깨어질까봐 "나붓이/가볍게 떴"다고 표현함으로써 서정적주인공의 아름다움을 아끼고 지키려는 착실한 마음세계를 살그머니 열어 보이고 있다. 작자의 미학관념이 녹아 흘러 스며든 성공된 작품이라고 점 찍어두고 싶다.

동시 "봄날의 노크"에서는 봄이 포시시 수집은 웃음 흘리고 있는데 약삭 바른 참새가 그 웃음 납작 집어먹고 가지에 포르릉 날아오른다. 그리하여 봄이 가지에서 대롱대롱 그네 뛴다고 하였다. 한 폭의 살아 움직이는 화폭이 아닌가.

림금산 시인의 동시작품들은 환각 속에 사랑과 귀여움과 활발함이 맥

박치고 있다. 그것은 동영상 같은 생생한 내함으로 더구나 빛발치고있다. 특이한 기교도 없이 그냥 환각의 흐름을 알기 쉽고 예쁜 언어로 감칠맛 나게 기술하는 기법, 기실 이러한 기법이 고난도의 기교가 아닐까.

동심의 포인트에 꿈을 심는 최룡관 시인

 무엇을 하든 포인트를 잘 잡는 것이 중요하다. 낚시질을 할 때 포인트를 잘 선정하여 채비를 투척한다면 그날의 조황은 가관을 이루지만 그렇지 못할 경우 고기 한 마리 낚지 못할 때가 많다.
 동시 짓기도 마찬가지이다. 같은 상관물이라 해도 착안점을 어떻게 잡는가에 의하여 동시의 성공여부가 결정된다. 최룡관 시인은 상관물의 착안점을 주변의 보편적인 상관물에서 남들이 노리지 못한 곳에 착안점을 두고 창작하기에 작품들 대다수가 새롭다는 신선한 느낌을 안겨주고 있는 것이다.
 동시 "나의 가방 속에서"는 가방을 새, 꽃, 나무, 열매, 바다, 별들이 가득 들어있는 보물가방으로 둔갑시킨다. 꿈으로 충만 되어있는 어린이들의 마음세계를 가방이라는 포인트를 통하여 실현시키는 재치를 보인 작품이다. 동시 "흑판"에서는 흔하디 흔한 분필이 씨를 심는다고 하였다. 씨를 심는 텃밭은 흑판이다. 빨간 분필이 심은 씨앗은 자라서 해님이 되고 하얀 분필이 심은 씨앗은 자라서 달님이 된다고 했다. 동시 "줄뛰기"에서는 뜀줄이 도는 것을 가위질하는 데에다 포인트를 맞추었다. "사각사각" 가위질 하여 "퐁퐁" 뛰는 내 발밑에 깔아준다. "나"는 고무풍선처럼 가벼워서 하늘만 밟는다고 했다. 여기에서 작자는 "살짝살짝"이라는 의태어를 적절하게 사용함으로써 하늘을 밟는 형상을 생동하게 상상하게 하고 있다. 하늘을 발밑에 깔아준다거나 하늘을 밟는다는 표현은 줄 뛰기 라는 포인트를 떠나서는 운운할 수조차 없다. 시인의 기발한 상상이 돋보이는 역작이라고 할 수 있다.

동시 "새싹2"에서는 겨울이 채운 자물쇠를 봄이 파아란 열쇠로 찰칵 연다는데 포인트를 맞추었다. 이 동시에서는 열쇠로 자물쇠를 열었다는 것이 관건이다. 문이 열리니 따슨 바람이 굴러 나오고 꽃망울이 쏟아져 나오기 마련인 것이다.

하지만 포인트를 벗어난 지나친 상상은 작품을 흐트러지게 할 수도 있다.

동시 "겨울산"에서는 나뭇잎 다 떨어져 앙상한 가지만 남은 나무들이 서있는 눈 덮인 산을 "까아만 가시/ 총총총/ 하얀 고슴도치"라고 형상적으로 표현하고 있으나 움쩍 안하는 산의 모습을 "눈보라 앵앵 울어도/ 두 눈 판들판들/ 움쩍 안 한다"로 표현하고있다. 여기서 고슴도치가 가만 있는다는 표현은 안겨오는데 "두 눈 판들판들"은 고의적인 환각적 효과를 시도한 것 같은데 느낌이 안겨오지 않는다. 겨울산의 그 어떤 본질적 특점을 틀어쥐고 적절한 상상을 펼쳐야겠는데 겨울산 이라는 포인트를 떠나 채비 투척하였기에 예기했던 효과를 이루기 어려운 것이다. 최룡관 시인의 이러한 현상은 다른 작품 "아빠눈 엄마눈"에서 나타나고 있다. 아빠눈이 오면 풍년 들고 엄마눈이 오면 또 뭣이 어떻고 하는 것인데 아빠눈과 엄마눈이 아주 추상적인 개념으로 안겨온다. 이와 같은 현상은 금후 극복하였으면 좋겠다는 필자 나름대로의 생각이다.

포용의 미학을 꿈꾼 최문섭 동시인

포용은 한사람의 그릇과 관계된다. 세상의 모든 것을 작은 가슴속에 그러안고 새김질하여 정화하는 간고한 작업이 바로 멋진 인생을 살아가는 바른 자세가 아닌가싶다. 바다를 보라. 바다는 이 세상의 모든 오물들이 다 강물을 타고 흘러들지만 언제나 그 너른 품으로 아무 말 없이 묵묵히 받아 안고 파도와 설렘으로 정화하여 다시 인간들에게 푸름을 안겨주지 않는가.

한 시인의 그릇이란 훌륭한 동시를 창작함에 있어서 불가결의 요소이다. 어려움 속에서도 희망을 바라보고 즐거움 속에서도 슬픈 날을 기억하며 행복 속에서도 불행한 이 세상 사람들을 염려하는 그런 마음가짐이야말로 진짜 멋진 자세이다.

최문섭 동시인은 세상 만물 모두를 동시창작의 상관물로 보고 있다. 꽃으로부터 풀, 시냇물, 조약돌, 해, 달, 별, 안개, 어둠, 우주 등 포용하지 않는 것이 없다. 시인은 이 모든 것을 시인의 작은 가슴속에 포용하고 동심으로 걸러내어 하나의 정교한 예술품으로 가공해내고 있다.

동시 "하늘"에서는 하늘을 하나의 커다란 욕심쟁이 보자기로 보고있다. 그 큰 보자기에 해, 달, 별, 지구를 몽땅 싸안고 도망치려 하다가 너무 무거워 그대로 멈춘 대로 있다고 표현하고 있다. 이 얼마나 거창하고 폭이 큰 상상인가.

모택동은 "심원춘 눈"에서 진시황, 한무제, 당태종, 송태조, 칭키스칸을 거론했으며 장성안팎과 흰눈과 장강, 황하와 곤륜, 하늘을 읊조리며 세상을 주무르고 있다. "북국의 풍광 천리에 얼음덮이고 만리엔 눈 날리네…" 시인은 나뭇가지며 지붕위에 내려앉는 눈을 쓴 것이 아니라 천지를 뒤덮는 만리를 아우르는 세상을 내다보고 시를 쓴 것이다. 이런 큰 가슴을 가진 위인이기에 새 중국의 초대주석으로 될 수 있었지 않나 싶다.

최문섭 동시인의 경우 포용을 꿈꾸는 모택동과 같은 너른 흉금을 가진 모습이 동시작품에서도 잘 드러나고 있다. 동시 "항아리"에서는 백두산 천지를 이 세상에서 제일 큰 물항아리 라고 비유하고 있다. 마시고 마셔도 그냥 차 넘치는 조물주가 빚어놓은 천년 물항아리 라고 하면서 겨레의 성산 백두산 상상봉에 얹혀있는 백두산천지를 소리높이 자랑하고 있다.

이런 말이 있다. "멀리서 큰 나무를 바라보면 작은 풀꽃을 보기가 힘들고, 가까운 곳에서 작은 풀꽃을 보게 되면 거창한 나무숲을 보기가 힘들다." 하지만 최문섭 동시인은 "하늘", "항아리"와 같이 거폭의 상관물

317

을 다루는가 하면 "나비", "안개"와 같은 작고 섬세한 상관물에도 관심을 엄청 들이고 있다.

동시 "나비"에서는 꽃잎에 앉으면 꽃잎이 되고 단발머리에 앉으면 꽃리본이 된다면서 나비의 모양과 형태적 특점을 잘 보여주고 있다. 동시 "안개"에서는 안개를 면사포에 비유하면서 이쁘장한 산소녀가 부끄럼 탈까봐 온몸을 감싸주는 걸 개구쟁이 바람아이 면사포 끝자락 살살 쥐어 당긴다고 하면서 안개가 덮였다 벗겨지는 장면을 형상적으로 펼쳐 보이고 있다.

동시 "새털구름"에서는 하늘을 나는 새들이 깃이 한데 모인 것으로 보았는데 시인은 그 새털구름이 해살을 모아 보듬어 안고 추워 떠는 애들을 찾아 떠간다고 시적높이를 승화시켰다. 여기서 추워 떠는 애들을 찾아 떠간다는 표현은 이 세상 어려운 사람들에 대한 시인의 지극한 사랑의 발로라고 봄이 지당할 것이다.

한 사람의 평생 쓴 동시작품을 놓고 평한다고 할 때 무릎을 칠만한 작품이 한두 편만 있어도 몹시 괜찮다고 해야 할 것이다. 최문섭 동시인의 경우 상기의 몇 수의 동시 외에는 감수가 일반적이고 새로운 발견이 없으며 표현기법도 재래식의 답습에 머무르고 마는 등 허다한 결함들이 존재함을 짚고 넘어가지 않을 수 없다. 하지만 인제는 영원히 극복할 수 없는 결함도 우리는 포용해줘야 하는 상황이라 안타까운 일이기만 하다.

이야기로 그림 그리는 한석윤 동시인

한석윤 동시인은 마음자체가 한 폭의 그림이다. 한 폭의 오염되지 않은 정갈하고 여린 순록의 그림이다. 하기에 한석윤 동시를 읽고 나면 무더운 여름날에 풋풋하고 싱싱한 오이를 한입 뚝 떼먹은 것처럼 온몸에 시원한 기운이 퍼진다.

사람은 누구나 가슴속에 화폭을 담고 산다. 그 화폭은 지울 래야 지울

수 없는 것도 있다. 하여 살아가는 동안에 가끔씩 꺼내보거나 때로는 스스로 눈앞에 펼쳐지게 되는 것이다. 그렇다면 한석윤 동시인의 화폭은 어떤 것인가.

　동시 "아기오이"에서는 뿌리엄마 짜준 젖 먹고 가슴 펴며 기지개 한번 켜보고 뿌리엄마 갖춰준 잎이불 덮고 꿈꾸면서 잔다고 표현하고있다. 현실생활에서 아기와 엄마의 사랑이야기를 새끼오이라는 상관물에 기탁하여 동화적 색채를 농후하게 잘 보여주고 있다. 동시 "웃음 한되박"에서는 아빠 따라 밥상에서 매운 고추를 먹고는 매워서 눈물을 찔끔 짜면서 즐거워 캐드득 웃는 행복한 장면을 그려내고 있으며 동시 "지붕동네 달동네"에서는 서로 자기네 아기가 곱다고 자랑하는 세상 엄마들의 형상을 박과 호박이라는 상관물을 빌어 보여주다가 세상 아기는 다 곱다는 제비네 부부의 결론으로 시를 승화시켰다.

　같은 화폭이래도 화폭의 내용에 따라 성질이 달라지게 된다. 동시 "우는 3.8선"에서는 분단된 고국의 안타까움을 3.8선 철조망에 맺힌 이슬과 철조망을 감싸 안는 안개를 빌어 보여주면서 작자의 뜨거운 민족심을 보여주고 있으며 동시 "아기풀"에서는 포장도로 틈새를 비집고 나온 작은 아기풀 하나를 보고 푸르른 지구의 생명을 걱정하고 내다보는 강렬한 생태의식을 보여주고 있다. 동시 "메아리"에서는 사람은 어려서부터 자신의 행실을 바르게 해야지 그렇잖으면 그에 따르는 보응을 받게 된다는 교육적 도리를 메아리라는 상관물을 빌어 보여주고 있다.

　하지만 어떤 화폭은 유사성을 띠고 있어 신선도를 가셔주는 것도 있다.

　동시 "아름다운 별찌"에서는 내가 별찌가 되어 "너"의 창문으로 날아가고 싶다는, 반짝하고 꺼져도 괜찮으니 "네"게 아름다운 추억으로 남으면 그만이라고 표현하고 있는데 이는 중국의 유명한 서정시인 서지마의 "눈꽃"과 그 내용상에서 유사성을 띠고 있다. 서지마의 "눈꽃"에서는 내가 한 송이 눈꽃이라면 너의 품에 날아들어 사르르 녹아버리고 싶다는 내용으로 관통되어있다.

수년전 한석윤 동시인의 다른 동시작품 "별찌"에서는 하늘에서 함께 놀던 별형제 가운데서 하나가 땅에 떨어진다는, 그래서 다른 별들 모두 슬퍼하는데 지구의 한 집에서 문이 벌컥 열리더니 어린 아이 하나 두 팔 벌리고 별찌 받으러 달려 나온다는 내용으로 된 것으로 기억된다. 그런데 한국 방정환의 "별 삼형제"에서는 하늘에서 놀던 별삼형제 가운데서 별 하나가 땅에 떨어지니 다른 별들이 슬퍼서 눈물 흘린다고 표현하고 있다.

앞에서도 말했지만 동시창작에서 유사성을 피면하기는 어렵다. 우연한 일치내지 유사성은 어디까지든 존재하기 마련이다. 하지만 이러한 현상의 극복을 위해서는 부지런한 학습과 각고의 노력이 필요하다.

생활을 기발로 추켜든 홍용암 시인

생활을 떠난 문학이란 존재하지 않는다. 생활 속에 들어가 생활을 찾아내는 작업 또한 쉽지만은 않다. 어떤 사람은 생활 속에서 울고불고 야단법석이며 어떤 사람은 즐거운 시각들을 여유 있게 보내고 있다. 뭣 때문인가? 생활 속에서 생활을 찾지 못했기 때문이다. 생활 속에서 즐거움을 찾는 것, 그것이야말로 진정으로 생활할 줄 아는 지혜라고 볼 수 있다.

홍용암 시인은 동심의 눈으로 삶을 내다보고 그것들을 시인의 가슴으로 걸러내어 재미나는 화폭으로, 이야기로 펼쳐 보이고 있는 것이 특이하다.

동시 "꽃망울"에서는 무엇에 성났는지 뽀로통해진 꽃망울을 아지랑이가 살금살금 간질이자 참지 못하고 캐드득거리며 빵긋 웃는다고 하였는데 현실생활에서 쩍하면 삐지는 어린이들이 금새 해해거리며 즐겨 웃는 모습을 떠올려준다.

동시 "봄비"에서는 손잡이뜨락또르가 지나가며 길가의 애기꽃나무에

먼지를 덮어씌웠는데 애기꽃나무가 서러워 우는것을 지나가던 봄비가 말끔히 닦아준다고 하였다. 작자는 바로 이런 사랑으로 충만된 현실생활을 "봄비"라는 동시 속에 용해시킨 것이다.

동시 "눈"에서는 흰 눈꽃을 나비에 비유하면서 흰나비가 매화꽃에 내려앉아 서로 입맞춤을 하면서 새봄을 시작한다고 표현하고 있는데 이는 청춘남녀가 서로 만나 입맞춤하면서 새로운 인생의 봄을 시작하는 섭리를 보여주고 있는 잘된 작품이다.

그런데 일부 문제점들도 없지는 않다.

동시 "꽃"은 어른의 시각으로 내다본 작품이다. 꽃송이를 술잔으로, 잔마다 향기가 넘친다고 하였는데 그 비유와 표현은 놀랍게 뛰여나다. 하지만 생각해보라. 어린이들과 어른들이 꽃송이를 보았을 때 누가 먼저 술잔으로 생각할까. 당연히 어른들일 것이다. 때문에 이 작품은 어른들의 시각으로 씌어 진 것이라고 볼 수 있다.

동시 "못"에서는 아기가 못을 밟았는데 못이 신바닥을 뚫고 꽃신우까지 나왔다. 그래서 하늘이 무너지게 아기가 울어 엄마가 달려 나와 보니 웬걸, 못이 발가락 사이를 뚫고나왔다는 것이다. 그래서 아기는 울음을 뚝 멈추었다는 것이다.

이 동시는 한국 윤석중 동시인의 동요 "아기의 울음"과 유사성을 가지고 있다. 윤석중의 "아기의 울음"에서는 아기가 꽃밭을 달리다가 넘어졌는데 일어나보니 정강이에 빨간 피가 있었다. 그래서 아기가 한참 울다 자세히 보니 그건 피가 아니고 빨간 꽃잎이었다는 것이다. 그래서 울음을 그쳤다는 것이다.

앞에서도 거듭 이야기했지만 홍용암 시인에게도 동시창작에서의 유사성 문제는 피면하기 어렵겠지만 극복의 필수를 심각히 인식해야 할 것이다.

× × ×

이상으로 2000년대 중국조선족10인동시집 "우리네 동시"를 둘러싸고 동시에 대한 나름대로의 견해를 피력해보았다. 2000년대 조선족동시문학은 10인동시집의 작자들 외에도 기량을 맘껏 자랑하는 시인, 동시인들이 적지 않다. 책자 "우리네 동시"의 작자들을 보면 연령별로 노중청을 고려하였으며 시대별로 조선족 동시단에 영향을 미친 대표적 인사들을 고려한 흔적이 엿보이고 있다. 하지만 그냥 말 그대로 "우리네 동시"로 편집자의 입지에서 펴낸 10인동시집이니 그것을 두고 왈가왈부 할 수는 없는 일이다.

  조선족동시는 송가식 제재로부터 해탈되어 삼라만상을 그러안고 다양한 기법을 자랑하는 단계의 발전과정을 겪어왔다.

  오늘날 조선족동시는 고국동시의 아름다운 언어와 서방동시의 다양한 기법과 중국동시의 내함을 한데 접목시켜 감히 이 세상에 떳떳이 두각을 선보이는데서 자리매김을 하고 있다. 중국과도 한국과도 조선과도 구별되는 조선족에게만 특유한 정서를 가지고 있는 조선족동시는 세상 유일무이한 다이아몬드이며 찬란한 신화로서 청사에 길이 빛날 것이다.

미래지향적 동화의 이미지

서론

동화의 정의는 광의적인 것과 협의적인 것에 따라 유럽과 아태지역에서 대동소이하게 내려지고 있다.

필자는 광의적인 의미에서 성인문학의 3대 장르인 시문학, 극문학, 소설문학에 따라 동시문학, 동극문학, 동화문학으로 나누어본다.

유럽에서는 17세기에 프랑스의 베러가 첫 번째로 민간이야기를 개작하여《엄마의 이야기》라는 동화집을 출판하였으며 18세기엔 독일의 그림형제가 민간에 류전되는 동화를 집대성한《아동과 가정이야기집》이라는 책을 묶었으며 19세기에 와서야 안데르쎈으로부터 창작동화집대성의 황금기가 시작되였다.

중국동화문학은 일찍 도가의 장자가 쓴《장자》에서도 어린이들에게 교훈적 이야기를 담은 흔적을 보이였으며 청나라 때 오승은이 쓴《서유기》에서도 농후한 색채가 다분하였다. 중국현대동화는 중국현대동화의 시조로 불리는 손류수(孙毓修)가 1909년에 개작한 "천묘국(天猫国)"이《동화총서》잡지에 발표되면서부터였다. "천묘국(天猫国)"은 유럽동화 "태서오자궤사"를 개작한 것이었지만 중국현대동화의 탄생을 상징하고 있었다. 그러다가 1923년 엽성도의 "허수아비(稻草人)"가 발표되면서부터 중국현대동화는 본격적으로 자체창작의 길을 걷게 되였다고 로신은 말하였다. 1932년엔 장천익의 장편동화 "대림과 소림", 1958년엔 김진이 창작한 "잉어가 룡문을 뛰어

넘다"가 선후로 발표되면서 중국동화는 전성기를 맞이하였다.

　조선반도에서 동화문학이 기본형태를 갖추기는 마해송이 1923년에 박홍근의 《샛별》잡지에, 또 1926년에 방정환의 "어린이"잡지에 "바위나리와 아기별"을 발표하면서부터라고 볼 수 있다. 그 후기엔 방정환, 이원수 등 많은 작가들에 의해 한민족동화는 발전되어왔다.

　조선족동화는 특정된 환경에서 탄생, 발전되어온 한민족동화문학의 한 갈래로서 유럽, 중국, 한국, 조선과도 다른 특점들을 가지고 있다.

　아울러 동화의 개념정립에서도 조선족은 나름대로의 견해를 가지고 있다.

　유럽에서는 신격화되고 마환기법으로 된 판타지이야기가 동화의 주선을 이루고 있으며 중국에서는 생활 속에서의 불가사이 한 환상과 과장을 대담하게 동물의 육체를 빌거나 인간들의 초인적인 언행으로 보여주는 것이 주선을 이루고 있다. 그리하여 의인화동화거나 초인간적동화를 동화(童話), 상인체동화인 생활이야기를 동화이야기(童話故事) 또는 이야기(故事)라고 구분하여 쓰고 있다. 동화이야기 또는 이야기가 본격문학에 올인이 되면 그것을 또 소설이라고 명명하기도 한다.

　한국에서는 어린이들이 읽을 수 있으며 또 즐겨 읽는 모든 산문성적인 이야기를 통털어 동화라고 한다. 한국동화는 전래동화와 창작동화로 나누고 있다. 한국동화는 때로는 판타지, 생활동화, 우화, 소설 등으로 세분하기도 하지만 아직까내용과 형식, 기법에 따르는 구체적 획분을 하지 않고 있다.

　중국조선족아동문단에는 환상과 과장과 의인을 기본으로 하는 것만 동화이며 인물형상과 이야기전형성을 기본으로 하는 것은 소설로, 본격문학에 접근하는 생활이야기는 그냥 이야기로 인정해야 한다는 김만석을 위수로 하는 류파와, 동화를 그냥 광의적인 동화로 간주하고 동화 안에 세분된 것들에 대해서는 합당한 명칭을 따로 달아줘야 한다는, 즉 환상, 과장을 기본으로 하는 판타지만 동화라고 하는 것은 종개념과 유개념의 혼돈이므로 타당하지 못하다는, 김현순을 위수로 하는 유파로 나뉘어 병존하고 있다.

동화의 개념정립이 어떻게 되든 간 필자는 동화란 어린이들을 주 독자로 동심을 가진 모든 사람들이 즐겨 읽는 이야기면 된다고 본다. 세상만물이란 조화를 위해서라면 통합과 세분을 반복하기 마련이다. 통합의 시대라면 굳이 세분할 것에 목청 돋울 필요가 없다고 본다.

중국 조선족 2천년대 동화우화집 《우리네 동화우화》는 중국 조선족아동문학의 한 측면을 보여주는 또 하나의 장거로서 사뭇 깊은 의의를 가진다. 9명 작가의 24편의 동화와 2명 작가의 19편의 우화는 2000년대 조선족아동문학의 기본양상을 남김없이 펼쳐 보이는데 있어 손색이 없는 줄로 안다.

필자는 《우리네 동화 우화》라는 책자에 수록된 동화작품에 대한 조명만을 통하여 조선족동화문학의 경향성적인 실태를 진맥하고 꼬집어보려고 한다.

1. 무훈과 전기적 색채를 띤 우상의 현란함

우리가 사는 세상은 풀, 나무, 물, 강, 바위, 돌, 모래, 벌레, 짐승, 사람, 바람, 햇빛, 안개, 무지개, 비, 구름, 번개, 천둥… 등 오만가지 사물과 현상으로 충만 되어있다. 이러한 세상을 누가 언제 어떻게 만들었는지는 잠시 따지지 말자. 아무튼 그러한 사물, 현상들은 세상이 생겨나서부터 지금까지 줄곧 자신의 존재를 보존하고 있다. 이러한 사물, 현상들이 사람들의 눈에, 더욱이 동심의 눈엔 환상과 미련과 과장과 우상으로 남게 된다. 배고픈 사람은 자갈돌이 만두라면 얼마나 좋을까 하는 환상에 잠기다가 돌을 만두로 변하게 하여 배불리 먹는 과장된 마환 이야기를 만들어 어렵게 사는 사람들에게 정신적 풍요로움을 안겨준다. 마찬가지로 힘이 약한 사람은 힘장사가 되어 무훈을 뽐내는 이야기를, 부모의 사랑을 잃어버린 아이는 부모의 품속에서 행복하게 자라나는 이야기를 상상하게 되는것이다.

사람의 욕망이란 소유하지 못했을 때 생겨나게 되는 법이다.

정문준의 동화 "죠지아도의 펭귄새"는 자기의 알을 지키기 위하여 흉악한 독수리가 목숨 걸고 사투하는 엄마펭긴새의 장거를 펴보이고 있다. 엄마펭권새는 독수리에게 두 눈알을 뽑히우고도 피못이 된 몸으로 "나의 귀염둥이를 해치지 못한다!"하고 울부짖으며 비장한 최후를 마친다. 갓난애를 남편에게 내던지고 한국으로 달아나 한국사내하고 붙어사는 요즘의 일부 조선족 여인들과는 엄청난 대비가 되는 이야기다.

이 동화에서는 엄마펭권새의 마지막 울부짖음에 설산도 격노를 참지 못하고 무너져 내린다. 그 바람에 흉악한 독수리는 둥지를 잃고 바다위에서 헤매 돈다. 뒤늦게야 엄마펭권새의 비통한 사연을 알게 된 수염고래는 분수를 내뿜어 독수리를 얼음덩이로 만들어 징벌하고 돌고래는 독수리가 떨군 펭권새의 알을 용케도 받아 주둥이에 높이 받들고 해 솟는 바다 저켠으로 힘차게 나아간다. 이제 알에서 새롭게 까날 새끼펭권새는 북극 죠지아도의 달덩이, 아니, 해덩이고 꿈덩이고 평화의 빛살이다.

정의와 사랑으로 충만된 이 동화는 선과보응의 리치 속에 긴장과 흥분으로 들먹이는 이야기와 서정장면으로 동심을 주무르고 보듬기에 너무나도 충분한 작품이다.

리영철의 동화 "미스박사"는 남다른 특유의 총명과 창발성적인 재주를 가진 미스박사가 세상의 비리와 부패를 다스리는 급시우와 같은 존재가운데 때로는 암행어사와 같은 신분으로 때로는 마음 착한 동곽선생 같은 존재로 둔갑하면서 초인간적인 재능을 마음껏 펴

내는 이야기로서 동심을 가진 사람들의 흠모와 동경을 불러일으키는 재미나는 이야기다.

　미스박사의 창조는 참 특이하다. 괴상한 흡진기는 백화청사며 은행건물까지도 통째로 삼켜버리는 공능이 있다. 머릿카락녹음기는 아주 작은 미형녹음기지만 커다란 공능을 가지고 있어 모든 것을 록음할 수 있고 또 엄청 큰 음량의 소리도 낼 수 있다. 그런데 미스박사의 창조는 나쁜 사람들에게 쉽게 이용된다. 뒤늦게야 안 미스박사는 오히려 자신의 창조물로 나쁜 사람들을 징벌한다.

　앞에서도 말했지만 동화는 사람들이 미처 행하지 못하였거나 이룩하지 못한 것에 대한 염원 내지는 아름다운 앞날에 대한 동경으로부터 대담한 환상과 과장, 및 상상을 활발하게 펼쳐가게 되는 것이다. "동화오락성"에서는 아이들이 아름답고 재미나는 동화 속에 직접 들어가 주인공이 되여보게 함으로써 아이들의 가슴을 오색영롱하고 꿈이 부푸는 가슴으로 부풀려주는 이야기이다. 이는 과중한 학습부담에 눌리어 동년의 뜨락을 잊고 사는 오늘날 어린이들을 격발시키는 좋은 문장으로 된다. 또한 진짜 그런 동화오락성이 만들어지는 앞날을 그려보게도 한다. 환상은 역사의 발전을 끄당겨오기 때문이다.

　리영철동화는 사리가 분명하고 선과보응, 권선징악의 관념이 자욱하다.

　"거짓말징벌기"에서는 정직하게 살아야 한다는 이치를 거짓말징벌기라는 도구를 이용하여 사람들께 터득시키고 으며 "머리사용의기"에서는 인간 삶의 자세를 바르게 갖추고 살아야 한다는 염원을 재미나는 이야기 속에 용해시켜 구수하게 보여주고 있다. 학습, 창조, 창업에 머리 쓰는 사람에겐 장려하고 마작, 트럼프 등 놀음에 머리 쓰는 사람에겐 벌금을 안기게끔 시비구분의 수치가 나타나는 "머리사용의기"를 머리에 모자처럼 꼭 써야 한다는 시정부의 법령은 해학적으로 취미를 불러일으킨다.

리영철의 동화는 매 하나의 작은 이야기들이 편폭 상에서 비슷하고 저마다 담고 있는 이야기들이 중복되거나 유사성을 띠지 않고 제각기 개성을 가지고 있어 중편동화이지만 지루하거나 따분한 감이 없다.

2. 동화 속에 비친 인간사회의 군상

동화는 자라나는 어린이들을 위주로 씌어지는 것이기에 인간사회에 대하여 알게 하고 삶의 지혜와 법칙을 알게 하는 사명감도 가지고 있다. 그러한 사명감은 취미라는 전제하에서 여러 가지 동식물을 등장시키고 필요시엔 귀신과 도깨비도 등장시킨다. 또 등장되는 대상물들은 사람과 똑같은 사유를 하며 행동하고 말한다. 때로는 신통력을 펼치기도 한다. 이러한 대상물들이 인간 삶의 현장을 재현하면서 독자들을 계발시킨다.

주덕진의 "팔모루각의 운명"은 사회의 부패상을 잘 보여주는 이야기다.

어느 왕국에 각마다 번쩍번쩍 빛나는 금종을 단 신비스러운 팔모루각이 있다. 그런데 언제부터 생겨났는지 누구도 그안에 들어가서는 안 된다는 철같은 규정이 있었다. 호기심 많은 동전표범은 호랑이대왕님에게 뇌물을 먹이고 팔모루각 뒷켠에 문을 하나 내고 안에 들어가 본다. 팔모루각 안엔 먹어도 먹어도 그냥 생기는 맛나는 여러 가지 과일이 있었다. 후에 이 사실을 알게 된 흰서리삵, 여우, 담비, 너구리, 족제비들도 호랑이대왕님께 뇌물을 먹이고 팔모루각에 숱한 구멍을 내고 마음대로 드나들었다. 호랑이대왕은 금은보석 장신구들로 몸을 태비하였지만 팔모루각은 무지막지한 손들에 의해 곳곳마다 할키우고 뜯기운 상처자국에 지저분히 널린 쓰레기들로 초상난 집을 방불케 했다. 번개 치고 비바람 부는 어느 날 팔모루각은 폴싹 물앉고 만다.

　이 동화가 보여주는 교훈적 가치는 엄청 크다. 한 개 가정이나 한개 단체나 조직, 한개 정당이나 한개 국가, 나아가서 전 인류사회나 우주 삼라만상에는 엄연한 규칙과 제도가 따른다. 만약 이러한 규칙이나 제도가 좀먹는다면 결국 붕괴되고 만다.

　림철의 "달수의 복권당첨기"는 노력하지 않고 행운만 바라는 애들에게 교훈적 이미지를 심어주는 상인체동화로서 매력을 자랑 하고있다.

　모든 면에서 다른 애들에게 뒤지기만 하는 달수는 어느날 세가지 소원을 들어주는 복권에 당첨된다. 달리기명스타 류상으로, 메히꼬 통신재벌 카를로스 슬림으로 둔갑한 달수는 처처에서 곤경을 치르고는 마지막 남은 기회를 자동포기하고 깨달음을 얻는다.

　요행수는 아이들뿐만 아니라 어른들도 은근슬쩍 기대하는 것이기도 하다. 하지만 자신의 신근한 노력으로 원하는 바를 성취해야지 요행수는 결국 자신을 해친다는 도리를 림철작가는 재미나는 동화세계에서 펼쳐보이고 있다.

　전복록의 "지구의 울음소리"에서는 자연을 오염시키고 생태계를 파괴하는 인간들이 태양신의 징벌을 받아 폭우와 홍수와 해일… 등 재난 속에서 아우성친다.

　정문준의 "긴팔원숭이"는 약은 수로 악어를 속여 넘기고 악어 알을 훔쳐 먹자고 하다가 갓 까난 악어새끼들한테 물리여 팔이 길게 늘어났다는 교훈적 이야기를 재미나게 보여준다.

　김미란의 "곱사등이도시에 초빙된 확실선생"에서는 서로 밑도 끝도 없이 욕설만 퍼붓는 Q도시의 주민들이 자신들의 악습으로 하여 마음속에 종양이 생긴 것을 "사랑", "친절", "배려"의 링게르병이 달린 모자를 쓰고 다니는 것으로 치유되는 과장된 이야기를 펼쳐 보이고 있다. 그러면서 사랑과 친절과 배려로 충만된 인간 삶을 지향하는 작자의 염원을 동화 속에 용해시키고 있다.

김만석의 "개미나라 참관기"에서는 인간들의 재개발공사로 인하여 삶의 터전을 잃은 개미들이 부득불 타향에서 고역살이하면서 나중에는 새로운 낙원건설의 꿈을 세우고 실천에 옮기는 장한 모습을 그려보이고 있다. 동화에서는 짤록이가 동네 개미들의 기대를 안고 당승이 서천에 가서 불경을 얻듯이 류빨록이 집정하는 개미나라에 가서 선진문화를 학습하고 자기의 고향마을을 부흥시킬 꿈을 꾸고 있다. 당대 조선족의 삶을 떠올려주는 이야기이다.

3. 동화속에 꽃펴나는 인생관

어린이들은 인생관의 맹아상태, 또는 초기상태에 처해있다. 하기에 어린이들에게 바른 인생자세를 가르쳐주는 것은 비옥한 토지에 씨앗을 심는 것처럼 사뭇 중요하다. 그런데 어린이들에게 선물하는 정신적 식량은 건전하고 맛있어야 한다. 어린이들의 음식은 맛있게 하느라고 달콤한 맛을 내기도 한다. 어린이들에게 선물하는 정신적 식량인 동화작품의 맛은 취미에 있다. 취미 속에서 인생도리를 터득하는 것, 이것이 동화의 매력이다. 취미를 높이기 위해서는 이야기의 3차 반복이거나 등장인물의 신격화, 과장, 환상과 같은 표현기법의 다양화를 기하게 된다.

괴상하고 엉뚱한 것을 좋아하는 동심세계에서는 현실생활을 초탈하거나 과장된 것, 환상적인 것을 떠날 수 없다. 그냥 사람들의 살아가는 이야기인데 영수나 영옥이라 하지 않고 토끼나 사슴이 등장하여 사람처럼 말하고 행동하면 좋아한다. 그 이유는 토끼나 사슴은 사람처럼 말하거나 행동할 수 없는 현실을 초탈했기 때문이다.

전춘식의 경우가 그러하다.

동화 "까마귀"는 늘 긍정적인 사유와 자부심을 갖고 살아야 삶이 풍요롭고 행복해진다는 도리를 보여주고있다.

작중 까마귀는 사람들의 기시를 받으며 늘 기가 죽어있다. 그러다가 어느 하루 땅에 떨어진 배 한 알을 집어먹으려다가 지나가는 트럭에 부딪쳐 머리를 상한다. 한바탕 앓고 난후 까마귀는 모든 기억을 상실한다. 심지어 자기가 누군지도 모른다. 까마귀는 스스로 자기를 공작새라고 노래 부르며 여기저기 날아다닌다. 생전 공작새를 본적이 없는 너구리며 칭찬을 받는다. 까마귀는 또 엄마 잃고 슬픔에 빠져있는 박쥐를 위로하여 춤도 추고 노래도 부른다. 그러자 박쥐의 칭찬도 받는다. 칭찬받는 바람에 신이 난 까마귀는 더구나 자부심에 잠겨 온 세상을 즐겁게 날아다닌다. 이제 까마귀는 한생을 그렇게 신나게 살 것이다.

여기서 까마귀는 거억상실증에 걸렸기 때문에 공작새라는 착각의 자부심을 가질 수 있는 것이다. 우리의 삶도 부끄러운 과거의 페허우에 긍정과 자부심의 꽃을 피우고 살아야겠다는 계시를 주는 동화이다.

동화 "깔뚜기와 꼴뚜기"에서는 해님이 하늘나라에서 버릴 데가 없어 인적이 드문 수림 속에 버린 근심보따리를 줏고는 그것이 뭔지 궁금했지만 임자가 나지기전까지는 다치지 않고 기다리다가 해님의 감동을 얻어냈다는 이야기이다. 이야기에서는 아무리 주은 물건이라도 자기 것이 아니면 마음대로 다치거나 욕심내서는 안 된다는 도리를 보여주고 있다.

동화 "퐁퐁이와 그의 벗들", "소수레의 소원"에서는 모든 일에서 자신심을 잃지 말아야 한다는 것을 보여주고 있으며 "도야지와 두루미"에서는 기회란 소중한 것이며 한번 잃으면 다시는 돌아오지 않는 것이기에 기회 앞에선 대담하고 용감하고 솔직해야 한다는 도리를 보여주고 있다.

전복록의 동화 "그림 속에 들어간 사람"에서는 그림속의 세상을 다음과 같이 묘사하고 있다. "흰 구름이 휘감긴 아아한 산봉우리, 우거진 대나무숲, 물결 잔잔한 호수… 그래도 제일 눈길 끄는 것은 호수에서 노 젓는 배사공녀인과 남편이었다."주인공은 자기도 한번 저렇게 멋진 곳에서 저렇게 예쁜 여인과 살아보았으면 하는 절절한 소원으로 가슴을 달구다가 동화이야기에서처럼 신기하게도 그림속의 남편과 위치를 바꾸게 되였다. 하지만 정작 그림 속에 들어가 보니 그림 속 세상은 실망 그 자체였다. 노 젓는 여인은 박색중의 박색이였고 주변의 환경도 얼룩덜룩한 물감들이 말라붙은 것이였다. 그림 속에서 내다 본 바깥세상은 그처럼 아름답기가 그지없었다. 하지만 이제는 그림 밖으로 나갈 수가 없어 그냥 억울한 삶을 살고 있다는 것이다.

"방관자의 눈에는 모든 것이 아름다워 보인다"는 말이 있다. 자기가 직접 체험해보지 않고서는 세상의 간고함을 알수 없다는 리치이다. "그림 속에 들어간 사람"은 이러한 이치를 상인체동화로 재미있게 엮어나갔다.

전복록의 다른 작품 "퐁퐁샘물의 이야기"에서는 바위굽에서 퐁퐁 솟는 샘물이 여름철 불볕더위에도 겨울의 눈보라에도 꿈적 않고 드팀없이 바다로 흘러간다고 하였다. 여기에서는 모든 일을 행함에 있어 명확한 목표의 중요성을 강조하고 있다.

4. 문제작에 대한 투시

이상으로 필자는 중국 조선족 2천년대 동화우화집《우리네 동화우화》에 수록된 동화작품의 경향성적인 문제들을 진맥해보았다. 하지만 심각하게 존재하는 문제점들도 꼬집지 않을수 없다.

주덕진의 동화 "삼림속의 공판대회"에서는 수많은 짐승들이 모여 삼림을 파괴한 장본인인 마구톱과 찍어도끼, 짐승들의 보귀한 생명을 직접 앗아간 장본인인 땅땅총과 푹푹칼, 개구리형제와 물고기일가친척들을 무차별 살해한 농약 pcp나트륨과 비닐그물주머니를 공소하고 판결하는 것으로 막을 내리는데 이 작품에서는 문제의 장본인은 여러 가지 도구가 아니라 결국 사람이라는 점을 홀시하고 이야기를 엮었기에 독자들로 하여금 가슴이 답답하고 안타깝게 만든다. 이 작품은 문제의 핵심고리를 틀어쥐지 못하고 빗나갔기에 아무리 표현이 새롭고 동화적 색채가 다분하다 하여도 종당엔 실패작이 될 수밖에 없다.

김만석의 "개미나라 참관기"는 구성상 미숙함을 보이고 있다. 글은 작자가 짤록이라는 개미를 만나 개미나라에 들어가 대형무극 "그리워라, 내 고향"을 구경하고 다시 현실세계로 돌아왔다는 것인데 얼핏 보기엔 제목과 부합되는 듯 싶지만 세심히 따지고 보면 글의 전반내용이 대형무극이 중심이다. 작자가 독자들에게 펼쳐 보이고저 한 것도 대형무극내용이다. 하므로 이 동화는 제목부터 잘못된 동화이다. 차라리 "개미나라이야기"라거나 "개미나라의 풍파"라고 하는 것이 퍽 더 적합했을 것이다. 그리고 서두와 결말에서 개미나라의 풍파 많은 이야기와 상관없는 작자본신을 등장시켜 짤록이라는 개미의 위촉을 받는데 이는 작자본신이 자기 자신을 자랑하고 싶은 생각이 앞선 것이 아닌가 의심된다. 서두와 결말은 필요없는 군더더기이다.

박영옥의 동화 "단추흑판"은 세절상, 논리상 어긋나는 점들이 있어 유감이다.

영민이의 숙제보도선생님은 공부하기 싫어하는 영민이의 요구를 들어 자기의 머리에 빨간색, 노란색, 파란색 단추가 달리게 한다. 영민이가 숙제하기 힘들 때 어느 단추를 누르면 선생님의 지혜가 영민이의 지혜로 바뀌는 신기한 이야기다. 영민이는 숙제공부를 잘 했기에 여러 선생님들의 칭찬을 받는다. 그런데 문제는 학교에서 시험 칠 때다. 숙제선생님이 학교까지 따라올 수 없기에 영민이는 시험에서 과목마다 미역국을 먹는다. 작자는 여기서 작중인물 영민이가 시험

날자를 은근히 손꼽아 기다렸다고 했는데 "손꼽아 기다린다"는 뜻은 무언가의 실현을 위하여 갈망한다는 뜻이다. 그렇다면 숙제선

생님이 곁에 없을 땐 시험이 두려움으로 다가오겠는데 굳이 "손꼽아 기다렸다"는 표현은 어떻게 이해해야 하겠는가? 그리고 숙제보도선생님은 시험에서 낭패를 본 영민이를 보고 게으름을 피우면 머리가 잠이 든다면서 제법 교육을 하는데 그렇다면 애당초 영민이의 요구대로 자신의 이마에 신기한 단추들을 만들어놓고 영민이를 머리 쓰지 못하게 하는 건 또 어떻게 해석해야 할것인가?

영민이는 입술을 깨물며 이제부터 잘하겠다고 하는데 놀기에 악돌이고 공부에 배돌인 영민이가 그러한 전변을 가져오도록 계기가 될수 있는 숙제보도선생님의 설교가 너무 부족하고 성의 없다.

박영옥의 다른 작품 "꿀꿀이의 질투"에서는 노래 잘부른다고 칭찬받는 개구리가 질투 나서 꿀꿀이가 보복하는 이야기인데 이야기를 자세히 읽어보면 개구리에 대한 꿀꿀이의 보복행위는 하나도 없고 애매한 꼬끼오총각과 멍멍이아줌마를 꼬드겨 초상 치르게 한다. 이야기는 나중에 꼬끼오총각과 멍멍이아줌마의 충고를 듣고 꿀꿀이가 입만 쩝쩝 다셨다는 것으로 마무리를 지었는데 작품의 제목과도 부합되지 않고 개구리에 대한 질투행위와도 부합되지 않는다. 필자가 연변뇌과병원 정태길 주임교수를 찾아 자문하여본 결과 꿀꿀이의 이와 같은 행위는 일종 전형적인 변태행위의 발로라고 하였다. 만약 이 작품을 살려내려면 제목부터 "꿀꿀이의 변태"라고 함이 지당할 것이다.

나가는 글

"우리네 동화, 우화"는 조선족동화문단을 주름잡는 부분적 중견작가들과 문학애호가들의 작품가운데서 연변주조선족아동문학연구회가 나름대로 가려 뽑은 작품들로서 2000년대 조선족동화의 한 측면을 여실히 보여주고 있다.

　조선족동화는 중국과 조선반도의 영향 하에 싹이 트고 성장했으며 개혁개방 후에는 우럽의 마환기법과 같은 선진적인 기법도 활발하게 접목하였다. 사슴이요, 토끼요, 호랑이요 하면서 어느 봄동산에서 또는 어느 꽃동산에서 있은 일을 의인화하여 표현하는 의인화, 상인체동화로부터 초인체 마환동화로 변화를 가져오고 있다. 이제 우리의 동화는 꽃과 나비와 곰과 같은 범주에서 벗어나 우주 삼라만상을 조약돌 다루듯이 등장시켜 글로벌동화시대를 맞이해야 한다고 본다.

　어떤 특정된 사물이나 환경에 의하여 신비한 일이 일어나고 또 그로부터 동화의 이야기가 전개되는 재래식 동화에서 벗어나 영국작가 조앤 K. 롤링 이 쓴 판타지동화소설 "해리포터"나 영국작가 J.R.R. 톨킨의 판타지동화소설 "반지의 제왕"과 같은 환상과 상상과 력사와 시공간을 초월하는 동화역영도 대량 개척해야 할 것이다. 또한 인간 삶을 동물의 육체를 빌어 보여주는 동화이야기도 지속적으로 발전시켜야 할 것이다.

　조선족동화문학이 하루 속히 글로벌동화문학의 대행열에 들어서기를 간절히 바랄뿐이다.